AF303760

HeimatNeuDenken

Ein Plädoyer zur rechten Zeit

Walter Wolf

Impressum

Bibliografische Information der Deutschen Nationalbibliothek:
Die Deutsche Nationalbibliothek verzeichnet diese Publikation in der Deutschen
Nationalbibliografie; detaillierte bibliografische Daten sind im Internet über
http://dnb.dnb.de abrufbar.
Cover: Walter Wolf; Foto: Birgit Engel

Herstellung und Verlag: BoD – Books on Demand, Norderstedt
ISBN: 978-3-754-30451-8

Inhalt

Autor:

Walter Wolf, Jahrgang 1951, Studium der Pädagogik, Soziologie, Psychologie und Katholischen Theologie; bis zum Ruhestand Bildungsarbeiter und Leiter von Bildungshäusern; 50 Jahre ehrenamtlich im sozialen, verbandlichen und kirchlichen Bereich, zuletzt als Geschäftsführer und Referent im Heimatverein für das Drolshagener Land.

Veröffentlichungen vor allem zu innovativen konzeptionellen Themen, u.a. bei der Bundeszentrale Politische Bildung und Arbeitskreis deutscher Bildungsstätten; Diverse Fachartikel zu regionalen, politischen und historischen Themen.

Beratung, Begleitung und Coaching von kleinen Organisationen und großen Verbänden, vor allem im NGO-Bereich.

IV

Ein Wort zuvor

Dieses Buch entstand in der Praxis, auch wenn es mit der Aufforderung, Heimat neu zu denken, durch und durch theoretisch angelegt ist. Warum und wozu dies?

Am Anfang dieses neuen Denkens zu Heimat stand bei mir eine Zukunftswerkstatt, die ich als Vorstandsmitglied des Heimatvereins für das Drolshagener Land 2017 geleitet habe. Die Zusammensetzung der Teilnehmer war, wie es Grundlage für Zukunftswerkstätten ist, gut gemischt, aus mehreren Alterskohorten, nach Herkunft und Tätigkeit, politischen Positionierungen usw. Menschen aus unserer Kleinstadt mit ganz unterschiedlichen Wertungen und Intentionen, aber einer gewissen Nähe zum Heimatverein hatten sich einen Tag Zeit genommen, um methodisch und zielgerichtet Zukunftsperspektiven für den Heimatverein zu entwickeln.

Vorausgegangen war eine Analyse, nach der der eigene Heimatverein wie auch andere uns bekannte Vereine gute Arbeit leisteten, aber häufig auf der Stelle traten. Es gab Geschichtswerkstätten mit respektablen Ergebnissen und Veröffentlichungen, es gab anspruchsvolle kulturelle Veranstaltungen und Vorträge mit Diskussionen und Ausstellungen. Das Problem war jedoch, dass diese Aktivitäten eindeutig vergangenheitslastig waren. Zudem konnten als Mitglieder und Aktivisten des Heimatvereins fast nur Menschen der alten und älteren Generation ausgemacht werden. Bei der inhaltlichen Ausrichtung dominierte eine eher bildungsbürgerliche, konservativ-etablierte Sicht, die sich auch als Leitkultur für die Heimatarbeit verstand. Diese Perspektive fand wiederkehrend Niederschlag in dem Standardsatz: „Es müsste ...". Es waren Forderungen an andere zu Windenergie und Stadtarchitektur, zu Traditionsabbruch und Plattdeutscher Sprache, zum Wiederaufbau von Denkmälern usw. Um es auch klar zu sagen: in diesen Fragen hatte sich der Heimatverein gut positioniert und wesentliche Beiträge zur Erhaltung einer lebenswerten Stadt geleistet. Aber sollte das alles sein? Wie sollte angesichts dessen die Zukunft des Heimatvereins aussehen?

Die Zukunftswerkstatt wollte den Blick von Geschichte und Gegenwart auf eine Zukunft lenken. Dazu konnten die z.T. resignierenden und anklagenden Positionen einzelner oder Passivität und Konsumhaltung nicht hilfreich sein. So wurde die Zukunftswerkstatt zum Wendepunkt und leitete einen – noch zaghaften – Perspektivwechsel ein. Neu denken, Neues Denken in die Praxis umsetzen, breiter aufgestellt und jüngere Generationen in den Blick nehmend.

Parallel wurde in dieser Zeit auch der inflationäre, beliebige und von der politischen Rechten instrumentalisierte Gebrauch des Begriffes Heimat virulent. So musste sich auch der Heimatverein von diesen Tendenzen absetzen. Das bedeutete aber auch, eine Selbstvergewisserung zu erreichen, was er unter Heimat versteht, verstehen wollte.

Dies war dann der Beginn eines intensiven Umdenkens zum Begriff Heimat, die meinerseits in der vorliegenden Analyse mündete und in Vortragsabenden auch einem breiten Publikum zugänglich gemacht wurde. Dazu wurde viel Neues erarbeitet, wie den milieutypischen Unterschied des Heimatverständnisses anhand sozialwissenschaftlicher Untersuchungen oder den pseudoreligiösen Charakter von Heimat aufzudecken. Zwei dieser gut besuchten Veranstaltungen konnten stattfinden, die dritte fiel den Beschränkungen in der Corona-Pandemie zum Opfer, wird aber nachgeholt.

Teilnehmende der Vortrags- und Diskussionsveranstaltungen baten dann wiederholt um die Manuskripte, um diese neuen, offensichtlich diskurswürdigen Themen nachzuarbeiten und für die eigene Arbeit weiterzunutzen. Dem bin ich durch zwei Veröffentlichungen in den Heimatstimmen des Kreises Olpe nachgekommen. Diese fanden sehr gute Resonanz, u.a. mit dem Kommentar „Das ist eine ganz fundierte Analyse zum Thema, vielleicht das Beste, was ich bisher dazu gelesen habe". Zudem habe ich den zweiten Vortrag „Wie sinn-voll ist Heimat?" in der Form des Redemanuskripts auf Wunsch auch verschickt. Der dritte Vortrag zu den theologischen und religionssoziologischen Implikationen wird, sobald es die Corona Situation wieder erlaubt, abschließend das Thema behandeln.

Da zudem bei den Recherchen und Denkprozessen viele Aspekte sichtbar wurden, die in einer zeitlichen und didaktischen Beschränkung der Referate nicht zu Worte kommen konnten, habe ich beschlossen, diese in Form eines Buches zu veröffentlichen und damit öffentlich zugänglich zu machen.

Das nun vorliegende Plädoyer für ein Verständnis von Heimat, das seine weit zurückliegende Herkunft ebenso wenig leugnet, wie Ge- und Missbrauch des Begriffes und das mit guten Gründen eine radikale Veränderung argumentativ vorstellt, fasst nun eine Materialfülle zusammen, die ich gerne zur Verfügung stelle. Und dass dieses Plädoyer zur „rechten Zeit" kommt, ist sowohl angesichts populistischen und instrumentalisierten Gebrauchs von Heimat als auch der Zunahme rechtspopulistischer und rechtsextremer Positionen verständlich.

Mir war und ist dabei wichtig, das zur Sprache zu bringen, was den Begriff rationaler und damit auch einen Diskurs darüber möglich macht. Ich verstehe meinen Beitrag als eine Moderation des Wandels.

Dabei weiß ich sehr wohl, dass dieser Wandel nicht allein durch Gedanken eines einzelnen geschafft wird, sondern durch das Selbstdenken und die Selbstbildung der Menschen. Es soll Aufklärung im besten Sinne sein.

Dazu lade ich mit den Worten meines „pädagogischen Ziehvaters" Paulo Freire ein: „Es gibt weder vollkommene Weise, noch vollkommene Ignoranten, sondern nur Menschen, die sich auf das Wagnis des Lernens einlassen".

Drolshagen im Sommer 2021   Walter Wolf

TEIL 1

Heimat - ein Begriff, über den man reden muss

Hätten wir so über Heimat nachgedacht und gesprochen, wie wir es tun, wenn dieser Begriff nicht in der jüngsten Zeit von verschiedenen Seiten missbraucht oder instrumentalisiert würde? Wenn nicht Matratzen oder Joghurt mit Heimat verkauft würden, wenn nicht eine Ausstellung der Volkshochschule das große Thema Heimat wählte und kleine Amateurwerke zeigt? Aber auch, wenn statt einer Regionalförderung in Nordrhein-Westfalen es nun nicht hieße „Heimat fördern"? Wenn wir nicht ein Ministerium für Heimat, Inneres und Bauen hätten, und dessen Minister eher spalterisch als integrierend tätig wurde?[1] Wenn nicht die Rechtspopulisten den Heimatbegriff für sich reklamierten und Menschen für dumm verkauften? Wenn nicht die Parteien der Mitte von CSU bis Grüne sehr pointiert mit dem Begriff Heimat werben würden? Wahrscheinlich nicht. Was ist geschehen?

Heimat ist auch heute noch ein schillernder Begriff und nicht vom Kitsch der 50-ger Jahre und dem Missbrauch der Bindung an Blut und Boden zu trennen. Dennoch: Heimat rehabilitiert sich und darf vor allem nicht rechtspopulistischen Strömungen und Typen, machtpolitischen Singulär-Interessen oder der Werbung überlassen werden. Deshalb hier einige Gedanken, Erkenntnisse und Fakten, um Heimat neu zu denken.

Es geht um einen rationalen Zugang zum Thema, um Abgrenzungen zu überkommenen oder instrumentalisierten Vorstellungen von Heimat vor einem theoretischen Hintergrund, der von der Systemtheorie, den Sozial-

---

[1] *Seehofer, Horst: „Migration ist die Mutter aller Probleme". Nachdem er sich zu den Vorfällen in Chemnitz lange nicht geäußert hatte, wählte der Innenminister offenbar sehr harsche Worte am Rande einer Klausurtagung der CSU-Landesgruppe im brandenburgischen Neuhardenberg. Spiegel online 05. 09. 2018: Eine eindeutige Distanzierung ist bis heute nicht erfolgt.*

und Humanwissenschaften sowie zeitgemäßen ethischen Grundlagen geprägt ist. Von diesen leite ich auch die zuversichtlichen Perspektiven ab, wie Heimat heute verstanden, gestaltet und genossen werden kann, im Blick nach vorne und auf der Höhe der Zeit.

Denn Heimat ist mehr als der schönste Name für Zurückgebliebenheit. Heimat, das ist ein Thema, dass man neu denken und ein Begriff, über den man reden muss.

Heimat - eine konstruierte Wirklichkeit

Heimat an sich gibt es nicht - trotzdem haben Menschen Heimat. Und sie sprechen wie selbstverständlich darüber. Genauer gesagt, über ihr Verständnis von Heimat, und das ist ebenso unterschiedlich, wie die beteiligten Personen oder Institutionen. Damit ist auch klar, dass Heimat ein unscharfer Begriff bleibt, der sich zunächst einer Eindeutigkeit entzieht.

Hermann Bausinger hat daher versucht, eine Begriffsgeschichte zu Heimat zu entwickeln und dabei die „verschiedenen Facetten des komplexen Gebildes Heimat herauszuarbeiten und nachzuzeichnen, und zwar nicht nur im Blick auf die gegenwärtige Bedeutungsbreite des Begriffs, sondern auch im Rückblick auf die historische Entwicklung"[2]. Er konzediert, dass in vielen Fällen nicht die Präzision der Begriffe, sondern gerade die Unschärfe und Mehrdeutigkeit des Gesagten die Kommunikation aufrechterhält und entlastet. Für eine Untersuchung, wie ich sie hier vornehme, ist aber weder eine unscharfe Bestimmung, noch „der Versuch einer strikten Definition, die Bedeutungswucherungen abschneidet und den Begriff auf eine ganz bestimmte Qualität eingrenzt"[3] ein gangbarer Weg. Dabei „besteht die Gefahr, dass ... die zum Teil weit auseinanderlaufenden Implikationen des Begriffes

---

[2] *Bausinger, Herrmann: Heimat in einer offenen Gesellschaft. Begriffsgeschichte als Problemgeschichte in: J. Kelter (Hrsg.): Die Ohnmacht der Gefühle. Heimat zwischen Wunsch und Wirklichkeit, Weingarten: Drumlin 1986. S. 76*
[3] *Bausinger, Herrmann 1986 S. 77*

Heimat ausgeblendet, dass wesentliche Problemzüge verfehlt werden"[4]. Um daher sowohl den individuell unterschiedlichen Verstehensweisen gerecht zu werden, wähle ich den Zugang über das „Konstrukt Heimat".

Heimat stellt in diesem systemtheoretischen Verständnis einen subjektiven Ausschnitt der umfassenden sozialen Wirklichkeit dar.[5] Heimat wäre dann eine Form der Wahrnehmung sozialer Vorgänge in definierbaren Kontexten, eine Konstruktion des menschlichen Geistes, ein System. Sie grenzt sich gegenüber anderen Systemen wie Region, Familie, Freundschaften ab und ist für denjenigen, der diese Abgrenzung vornimmt, von anderen Dingen unterscheidbar. Es kommt darauf an, was der einzelne aus der Komplexität der Wirklichkeit in sein Verständnis von Heimat einbezieht und was nicht. Dasselbe Element wie ein Ort (Territorium) oder eine soziale Beziehung gehört für den einen zu seiner Heimat, während es für andere bedeutungslos bleibt. In diesem Verständnis ist Heimat nicht ein fester Begriff, auch wenn er in Übereinkunft entstanden ist, sondern als „Konstruktion der Wirklichkeit" durch die subjektive Wahrnehmung von zentraler Bedeutung. Einfach gesagt: „Man kennt nicht etwas, weil man es sieht, sondern man sieht etwas, weil man es kennt"[6].

Dieser Zugang ermöglicht es nun im weiteren Fortgang der Überlegungen Heimat als einen inkludierenden Begriff zu gebrauchen, der nicht generell andere Vorstellungen (Konstrukte) ausschließt. Dies wird zu einem späteren Zeitpunkt bei der Betrachtung, wie verschiedene soziale Milieus Heimat überindividuell verstehen, noch von entscheidender Bedeutung sein. Daher kann eine von außen vorgegebene Definition nicht Heimat sein. Es würde eine Identifikation mit einer externen Sicht gefordert, die keine

---

[4] Bausinger, Herrmann 1986 S. 77

[5] Vgl. dazu Ulrich, Hans / Probst, Gilbert J.B.: Anleitung zum ganzheitlichen Denken und Handeln – Ein Brevier für Führungskräfte; Bern: Haupt Verlag, 1990 S. 27 ff

[6] Formulierung in Anlehnung an Goethes Mitteilung an Friedrich von Müller, 24. April 1819 „Man erblickt nur, was man schon weiß und versteht"; in: Schriften zur Kunst, Einleitung, zitiert nach: Gedenkausgabe der Werke, Briefe und Gespräche, Zürich und Stuttgart: Propyläen 1948 ff, Bd. 13, S. 142

Abweichung duldet. Damit gibt es von vorneherein Einbezogene und Ausgeschlossene, Einbezogenes und Ausgeschlossenes. Dazu noch einmal Bausinger: „Es gibt heute in unseren Städten und Dörfern ein, wie mir scheint, ein recht sicheres Kriterium dafür, ob Heimat noch immer als Arsenal schöner Überlieferung verstanden wird, aus dem man sich bedienen kann, oder als die Idee, menschenwürdige Verhältnisse zu schaffen. Dieses Kriterium ist der Umgang mit den ausländischen Arbeitsimmigranten. Ein Heimatbegriff, der ihnen keinen Platz einräumt, greift zu kurz, auch wenn er sich noch so sehr mit historischen Requisiten drapiert"[7].

Heimat - Annäherung an einen Begriff

In dem folgenden Abschnitt geht es um eine Annäherung an den Begriff von Heimat in seiner Vielfalt und Divergenz. Dazu werden philosophische, psychologische und soziale Aspekte zusammengeführt. Mir ist es dabei wichtig, den aktuellen Diskurs vorzuziehen gegenüber traditionellen Herleitungen und historischen Exkursen. Auf eine auch nur annähernde Vollständigkeit der Aspekte wird bewusst verzichtet.

Die Bedeutung des Begriffes Heimat hat zugenommen, das ist nicht zu bestreiten. Bestätigten dies in einer Spiegelumfrage 1999[8] nur 56 % der Befragten, wuchs die Zustimmung in einer 2012 erfolgten Umfrage[9] auf 69 %. Es ist davon auszugehen, dass dies heute, noch einmal 9 Jahre später, weiter gewachsen ist.

Das Dilemma ist, dass das, was unter Heimat verstanden wird, in den seltensten Fällen zu einer Übereinstimmung zu bringen ist. Der Kulturanthropologe Hermann Bausinger verglich diese Situation mit dem berühmten Zitat aus den „Confessiones" des Augustinus. Dieser beschreibt die Frage nach der Zeit so: „Was ist Zeit? Solange mich niemand danach fragt,

---

[7] Bausinger, Herrmann 1986 S. 90

[8] Spiegel 21/1999

[9] Spiegel 15/2012

ist es mir, als wüsste ich es. Fragt man mich aber und ich soll es erklären, dann weiß ich es nicht mehr." Ähnlich, so Bausinger, ist es mit der Frage nach Heimat. Aber es ist auch eine Antwort, löst doch das Stichwort Heimat schon lange keine einheitliche Reaktion mehr aus. Bausinger weiter: „Der Begriff Heimat provoziert nicht nur die Gefahr von Missverständnissen, sondern gibt auch Chancen der Vermittlung zwischen sehr verschiedenartigen Positionen"[10].

Heimat ist nicht - Heimat wird erst

Der nüchterne Blick, der den retrospektiven Aspekt in Kindheit und sein Durchscheinen in die Gegenwart hinter sich lässt, wird erkennen, dass jeder soziale Raum kein statisches Faktum, sondern prozessbezogene Aufgabe ist. Damit verändert sich auch die Zeitperspektive von der Genese und der legitimen emotionalen Aufladung des Heimatbegriffs, von der abgeschlossenen, wenn auch „in principium" (fortlaufender Anfang) weiter wirkenden Kraft zur Gegenwart und Zukunft schaffenden „Task-force". Heimat ist nicht, Heimat wird immer, auch immer wieder anders und immer wieder neu. Dieser Ansatz setzt voraus, dass Heimat jetzt und in Zukunft geschaffen werden muss, dass Heimat ein permanentes Projekt und kein Ergebnis oder Besitz ist.

Was Heimat ist, kann man nicht ermessen, solange man in ihr weilt

Hans Eisler hat einmal gesagt: Wer nur etwas von Musik versteht, versteht auch davon nichts. Was heißt das für Heimat? Hier ist ein Bezug von Heimat und ihrem Verlust, von Exil und Sehnsucht nach Heimat zu spüren. Auch wenn heute Heimat als sozialer Raum vielfältig und virtuell sein kann,

---

[10] *Bausinger, Herrmann 1986 S. 90*

bleibt ein - meinetwegen auch sentimentaler - Zug real: Wer nie etwas Anderes als Heimat erlebt hat, erfährt nie wirklich, was Heimat ist. In einer Metapher: Heimat ist wie Atmen. Solange Luft vorhanden ist, bemerkt man sie kaum; geht sie aus, wird sie zum kostbaren Gut. Oder mit den Worten von Jean Améry: Schätzen kann man Heimat erst, wenn man sie verloren hat. Dann zählen auch Erinnerungen an Kindheit nicht mehr, ebenso wenig wie Kenntnisse über einen oder Sehnsucht nach einem Ort. Das Entscheidende bleiben die sozialen Beziehungen, die Geborgenheit, Heimat bieten.

Heimat und Umwelt als etwas Gewordenes, in denen sich Geschichte vollzieht.

Heimat wurde und wird zumeist und zunächst als Ort und als etwas dort Gewordenes verstanden. Nach der jahrelangen Zurückhaltung aufgrund des Missbrauch des Heimatbegriffs durch die Nationalsozialisten wurde in den 70ger Jahren mit der Ökologiebewegung Heimat in Verbindung mit einer gesunden Umwelt auch territorial gebraucht. Die Bestrebung gerade aus der Alternativen Szene, der Region mehr Bedeutung zu geben, aber sie auch einzubinden in globale Entwicklungen zeigten sich in dem Slogan: „Global denken - regional handeln". Ebenso beziehen Heimatvereine sich auf ein Territorium und benennen sich nach Städten oder Regionen. Hier also ist Heimat ein territorialer Raum.

Die Kulturanthropologin Ina-Maria Greverus merkt dazu an, dass der Territoriumsbegriff sich von kleinen Einheiten wie dem Haus, bis hin zu einer (regional-)geographischen Ebene erstreckt und sich auch auf einen Staat beziehen kann. Es lässt sich nachweisen, dass das menschliche Grundbedürfnis nach Sicherheit, als ein zentrales Element von Heimatgefühl, durch Raumgebundenheit befriedigt wird. Territorialität ist eine anthropologische Konstante. Greverus erachtet es als absolut notwendig, dass sich der Mensch aktiv einen Raum aneignet, ihn gestaltet und dadurch zur Heimat macht.[11]

Dieses Territorium wird in weiterer Folge zum soziokulturellen Bezugsraum, in dem Identität erfahrbar wird. Der Raum ist Voraussetzung für materielle Existenzsicherung und gesellschaftliche Integrität. Heimat ist somit Bindung an Örtlichkeit, die aber der Ergänzung durch soziale und kulturelle Gegebenheiten bedarf. Die soziale Kategorie benennt Andrea Bastian mit dem Terminus „Gemeinschaft" und subsumiert darunter auch gemeinschaftsstiftende und -erhaltende Aspekte wie etwa Traditionen und Rituale.[12]

Schon die Arbeiterbewegung des 19. Jahrhunderts als Internationale Bewegung verstand Heimat nicht in erster Linie als Territorium. Dieses werde ihnen gerade durch Ausbeutung und Unterdrückung geraubt. Sie sahen vielmehr in der Bewegung als einer Gruppe von Menschen selbst ihre Heimat. „Eine Reduzierung des Heimatbegriffs auf die territoriale Komponente greift also zu kurz. Unwidersprochen benötigt der Mensch einen konkreten Raum, der Sicherheit, Identität, aber auch Stimulation bereitstellt, ohne die soziale Komponente ist der Heimatbegriff jedoch zu kurz gefasst. Erst durch soziale Beziehungen und Interaktionen erhält der geographische Raum die nötigen emotionalen Bindungen"[13].

---

[11] *Vgl. Greverus, Ina-Maria. Der territoriale Mensch. Ein literaturanthropologischer Versuch zum Heimatphänomen. Frankfurt/Main: Athenäum 1972, S. 25.*
[12] *Vgl. Bastian, Andrea: Der Heimat-Begriff. Eine begriffsgeschichtliche Untersuchung in verschiedenen Funktionsbereichen der deutschen Sprache. Tübingen: Max Niemeyer 1995, S. 49*
[13] *Peinbauer, Rene: Zurück in die Antiheimat, Wien 2007 S. 7 https://www.univie.ac.at/germanistik/publikation/zurueck-in-die-anti-heimat*

Heimat ist Raum der Kindheit

Wenn Heimat in der Verbindung von Ort, Beziehung und Emotion einen Ursprung hat, dann ist es Kindheit. Das heißt: Heimat ist die kindliche Umgebung, die so erlebt wird, als verstünde sie sich von selbst.

Die konkrete Heimat eines Kindes ist nicht per se eine heile Welt, aber nichts präsentiert heile Welt so wie sie. Aus diesem - nostalgisch bis verklärend zu verformenden - Ansatz kann auch das unzureichende Verständnis des Blochschen Satzes, das Heimat ist, was allen in die Kindheit scheint, verstanden werden.[14]

Kindliche Vertrautheit ist und bleibt der Nerv von Heimat. In diesem Bezug von Heimat zu Kindheit, mit dem fraglosen Daseindürfen, erwächst auch die Kraft, die viele heute aus der Wahrnehmung ihrer Umgebung und ihrer Beziehungen als Heimat ziehen. Gerade darin kommt die dritte Dimension, die Emotion zum Tragen. Auch die vertraute Umgebung ist keine heile Welt, aber der auch als Erwachsener noch kindliche Blick in diese vertraute Umgebung ist vielleicht der schönste Anschein von heiler Welt. Hier wäre auch ein theologischer Bezug zu diskutieren, der sich mit der „ewigen Heimat", den „Kindern Gottes" und der „Geborgenheit in den Händen des Vaters" befassen würde. Oder wie es Christian Schüle profaner ausdrückt: „Heimat ist gleichermaßen Raum wie Idee religiöser Rückbezüglichkeit. Ihre Möglichkeit zur Ambivalenz-Bewältigung ermöglicht vielen Individuen welcher Religion auch immer eine Religiosität ohne Gottesbezug... Ein Geborgenheitsraum also, der dem jeweiligen Individuum sein Ur-Vertrauen ermöglicht. Das Urvertrauen ist eine Ursprungserfahrung"[15]. Er führt weiter aus, dass es eine Gier nach mystischer Erfahrung gebe. „Theologisch gesprochen: nach Gott. Spirituell gesprochen: nach aktiver Bewusstseins-

---

[14] *Siehe auch Kapitel zu Ernst Blochs Heimatbegriff S. 34. Der Ansatz von Bloch ist kein psychologischer, sondern ein philosophischer.*

[15] *Schüle, Christian: Heimat- ein Phantomschmerz, München: Droemer Verlag 2017 - 2 Auflage S. 37. Dazu unter „Wie sinn-voll ist Heimat" ab Seite 112 mehr.*

änderung... Die Anthropologie nennt dieses Bedürfnis: Selbsttranszendenz... Also glaubt der Mensch, weil er, wenn er über sich hinausdenkt, eine transzendente Geborgenheit braucht. Ein metaphysisches Dach über dem Kopf. Eine Heimat"[16].

Der Rückblick in Kindheit wäre aber nostalgisch oder reaktionär missverstanden, wollte man Heimat als sozialen Raum wie zu Kindertagen umformen. Vielmehr ist Heimat dann kindlich (und nicht kindisch), wenn sie erlebt wird, als verstünde sie sich von selbst. Und erst aus der Perspektive des Erwachsenen ist es möglich, vom Glück des Kindes sprechen zu können. Dies heißt zugleich, dass Heimat als sozialem Raum bezogen auf Kindsein die Bedeutung erst im Nachhinein zuwächst.

„Die Kindheit spielt in allen ... Konzepten (von Heimat, der Verf.) eine wichtige Rolle. Besonders aus der Ferne betrachtet, erscheint die Welt der Kindheit oft als verklärte Idylle, deren Rückeroberung ein lohnenswertes Ziel darstellt. Selbst wenn die Kindheit nur ein Mindestmaß an Geborgenheit und Heimat geboten hat, aus zeitlicher und räumlicher Distanz betrachtet, tendiert der Mensch zu einer positiveren Sicht der vergangenen Zeit. Dass aber eine Rückkehr in die Welt der Kindheit nicht möglich ist, liegt auf der Hand. Kindheit ist ein unwiederbringlicher Abschnitt im Leben des Menschen, durch die voranschreitende Zeit und die damit einhergehenden Veränderungen, sowohl der Umgebung, als auch des Menschen selbst, endet eine Rückkehr oft in Enttäuschung. Wohl aber wird in der Heimat der Kindheit der Grundstein für die menschliche Identitätsentwicklung gelegt. Eine Heimat zu haben, irgendwo daheim zu sein, ist ein elementares menschliches Bedürfnis"[17]. Wie sich die Suche nach Heimat beim Einzelnen gestaltet und wovon der Erfolg letzten Endes abhängt, lässt sich nicht verallgemeinern: „Heimat ist demnach kein festschreibbarer kollektiver Wert,

---

[16] *Schüle, Christian, 2017 S.37 -38.*
[17] *Peinbauer, Rene,2007, S. 11*

sondern ein offenes System, das vom einzelnen Individuum im fortschreitenden Prozess der Identitätsfindung erworben und modifiziert wird"[18]. „Ob tatsächlich die Kindheit als einzige Heimat bezeichnet werden kann, darf hinterfragt werden. Wahrscheinlicher ist schon die These, dass die Fähigkeit, sich aufgrund der in der Kindheit erworbenen Konzepte neue Lebensräume als Heimat anzueignen, eine wichtige Voraussetzung für jeden Menschen ist. Speziell in der heutigen Gegenwart, die ein Höchstmaß an Mobilität bietet und auch verlangt, und vor dem Hintergrund immenser Migrationsbewegungen werden an das Heimatkonzept des modernen Menschen völlig neue Anforderungen gestellt"[19].

Heimat der Erwachsenen

Gehen wir nun zum Heimatbegriff für Erwachsene. Implizit wurde bereits an vielen Stellen vorausgesetzt, dass Heimat als sozialer Raum, als Ort von Kennen, Gekannt und Anerkanntsein, auch für Erwachsene gilt.

Erwachsensein heißt in diesem Zusammenhang in Abgrenzung von kindlicher Psyche die Überwindung der egozentrischen Perspektive und der symbiotischen Verschmelzung. Dies geht von der Erfahrung aus, dass Gemeinschaft kein bloß naturgegebener Zusammenhang ist, sondern aus gelingender Kooperation von unterschiedlichen Individuen mit partiell divergierenden Interessen, aber immer gemeinsamen Zielen, resultiert.

Heimat als gemeinschaftlicher Raum, als (sozio-) kultureller Raum, als Raum politischer Gestaltung besagt, dass unterschiedliche Menschen mit unterschiedlichen Ansichten sich auf etwas einigen müssen und zwar so, dass die Interessen möglichst aller Gruppen (außer denen, die die Gemeinschaft aufkündigen oder zerstören wollen) wenigstens partiell berücksichtigt werden. Permanente Privilegierung und Interessensdurchsetzung einer

---

[18] *Prahl, Eckhart: Das Konzept „Heimat". Eine Studie zu deutschsprachigen Romanen der 70er Jahre unter besonderer Berücksichtigung der Werke Martin Walsers, Frankfurt/Main: Peter Lang 1993, S. 37, zitiert nach Peinbauer, R. 2007 S. 12*
[19] *Peinbauer, Rene, 2007. S. 16*

oder weniger Gruppen auf Kosten anderer zerstört Heimat für alle, auch für die Privilegierten.

Insofern ist Heimat weniger als meist proklamiert, eine Gefühlsgemeinschaft, sondern eine Verantwortungsgemeinschaft. Verantwortung hat auch der Nicht-Integrierte: sich um Zugang zu bemühen, Regeln zu erkennen, zu kommunizieren, Interessen zu verhandeln, zu partizipieren. Ob ihm Integration gelingt, liegt aber auch in der Verantwortung der Schon-Integrierten.

An dieser Stelle ist ein Hinweis auf die politischen und gesellschaftlichen Widerstände von Personen und Personengruppen wichtig, gerade in der schwierigen Situation der Inklusion von Migranten, insbesondere von Geflüchteten. Mit großem, nicht immer widerspruchsfreien Engagement sind Ende des letzten Jahrhunderts die sogenannten Russlanddeutschen in unsere Gesellschaft integriert worden. Nun kommt gerade aus diesem Teil unserer Bevölkerung ein massiver bis militanter Widerstand und weit überdurchschnittlich hohe Stimmenanteile für die Rechtspopulisten.[20]

Heimat als psychologische Chiffre

In zweierlei Hinsicht ist Heimat auch psychologisch zu betrachten. Zum einen sind die psychischen Mechanismen, die dem Gefühl für Heimat zugrundeliegen, zu beschreiben, zum anderen ist auch ein Blick auf die Fluchtmechanismen zu werfen, denen Heimat als Chiffre[21] dient. Der Schlüssel ist „Identität". „Identität ist ein Akt sozialer Konstruktion: Die eigene Person

---

[20] *Mir liegen dazu persönliche Erfahrungen vor, die durch regionale Recherchen gestützt werden.*

[21] *Als Chiffren werden Wörter bezeichnet, die als verrätselte Symbole in einem Text in einem Zusammenhang mit meist komplexen Bedeutungen aufgeladen sind. Chiffren sind dabei nicht nur in einzelnen Texten, sondern auch im Gesamtwerk eines Autors, in einer Denkrichtung, einer Zeit oder eines Diskurses zu finden*

oder eine andere Person wird in einem Bedeutungsnetz erfasst. Die Notwendigkeit zur individuellen Identitätskonstruktion verweist auf das menschliche Grundbedürfnis nach Anerkennung und Zugehörigkeit"[22].

Rückgriff auf Piaget und Bronfenbrenner

Wie Menschen ihren Begriff von Heimat entwickeln, erleben, fühlen und gebrauchen, lässt sich anhand der Untersuchungen des Schweizer Biologen und Psychologen Jean Piaget gut nachvollziehen. Piaget betrachtet den Menschen als ein offenes System. Darunter versteht er einen Organismus, der sich wandelt, auf Einflüsse der Umwelt reagiert, sich anpasst und die Umwelt selbst beeinflusst. Somit gliedert der Mensch seine Welt.[23]

Kinder haben für Heimat noch ein egozentrisches Konzept: sie stehen in der Mitte und Heimat ist da, wo die Mutter wohnt. Erst in einem späteren Entwicklungsschritt ist dies der Bereich, wo auch andere Leute leben. Diese Erkenntnis ist erst dann möglich, wenn das Kind eine kategoriale Über- und Unterordnung entwickelt. Urie Bronfenbrenner hat dies in der „Ökologie der menschlichen Entwicklung" als Entwicklung in zunehmend größeren, konzentrischen Kreisen beschrieben. Den Übergang, oder mit Piaget die Entwicklung einer neuen, umfassenderen Kategorie, bezeichnet Bronfenbrenner als „Ökologischen Übergang". Diese Übergänge sind nicht auf die ersten Lebensjahre beschränkt, sondern wiederholen sich in verschiedenen Formen das ganze menschliche Leben hindurch.[24]

In beiden systemischen Ansätzen vollzieht sich die menschliche Entwicklung immer an Orten und in der Begleitung von Personen, zu denen das

---

[22] *Vgl. Wikipedia „Identität"; https://de.wikipedia.org/wiki/Identität*

[23] *Piaget hat zwei verschiedene Formen der Anpassung definiert, die der Assimilation und der Akkomodation, auf die ich an dieser Stelle nicht eingehen kann. Sie sind jedoch in einem erweiterten Zugang zum Thema Heimat noch einmal von hohem Interesse. Siehe dazu das Kapitel „Wie kann Heimat sinn-voll sein?"*

[24] *Bronfenbrenner, Urie: Ökologie der menschlichen Entwicklung, –Frankfurt/Main: Fischer 1981 S. 43 f*

Kind und später der erwachsene Mensch Beziehung aufnimmt und die auch durch emotionale Bindungen gestützt oder defizitär gestaltet wird. Bei der Bestimmung der im Zusammenhang mit Heimat und Populismus zu erläuternden Fluchtmechanismen nach Erikson und Fromm sowie der Theorie der Symbiotischen Beziehung nach Kast ist dies angesprochen, insbesondere im Blick auf Retardierungen persönlicher und gesellschaftlicher Ausprägung.[25]

Gehen oder gingen Kinder zunächst von einem relativ geschlossenen System in einer sesshaften und monokulturellen Gesellschaft aus, in der alle wissen, wo sie hingehören, hat sich dies in den letzten Jahren deutlich verändert. Dies bezieht sich auf innerfamiliale Vorgänge wie Partnerwechsel, Scheidungen und ähnliches, aber auch Veränderungen im unmittelbaren Umfeld. Das Wissen, woher Menschen kommen und wohin sie gehören, kommt schon Kindern abhanden.

Die Auswirkungen der permanenten Kultur- und Ortswechsel bei Diplomatenkindern, die durch Mobilität und (Binnen-) Migration geprägt sind und die sich vor allem an Störungen des Selbstkonzepts und der Verweigerung intensiver persönlicher (Freundschafts-) Kontakte zeigte, wurden 1989 untersucht.[26] Die Ergebnisse sind unverändert richtig, haben sich sogar darüber hinaus z.T. als Normalerfahrung verfestigt. Die Tatsache, dass Menschen kommen und gehen, ist heute zu einer gängigen Erfahrung von Kindern geworden, Menschen verschwinden und andere kommen, ziehen zu, mit anderen Verhaltensweisen, Gebräuchen und Sprachen. Dies ist sowohl Bereicherung und Bedrohung als auch Relativierung der eigenen Situation. Dabei müssen es nicht immer die eigenen Erfahrungen sein, sondern auch die der anderen Kinder, die kommen und gehen. In dieser Situation und im Rückgriff auf die Studie von 1989 zeigt sich, dass es für Kinder normal ist, mit Heimatfragmenten zu operieren, mehrere Heimaten

---

²⁵ *Dazu später mehr.*
²⁶ *U.a. bei Mitzscherlich, Beate: Heimat als sozialer Raum- Heimat als Raum des Sozialen, philosophie.ch, swiss portal for philosophie, https://www.philosophie.ch/philosophie/highlights/nachdenken-ueber-heimat*

zu nennen; evtl. wird Heimat als Ortsbestimmung verweigert oder ganz traditionell das als Heimat bezeichnet, wo sie gerade sind.

Tragischer als ein Ortswechsel wird der Verlust von vertrauten Personen erfahren. Von Bedeutung für die Kinder ist ein sozial sicherer Ort, verlässliche Zugehörigkeit, Vertrautheit und Einbindung, zuerst in der Familie, dann in den sich erschließenden Kreisen um Familie herum.[27]

Heimat hat viel, aber eben nicht nur mit Territorium zu tun. Heimat ist auch sozialer Raum, ist verbindliche Beziehung von Menschen. Ergebnisse aus den Studien zu innerdeutscher Migration von Kindern haben ergeben, dass sich nach einem Umzug die Werte für Depressivität und Ängstlichkeit erhöhen. Sie sanken wieder, wenn Freunde gefunden wurden. Voraussetzung für Heimat (bei Kindern) ist es, nicht nur einen Ort, sondern einen sicheren Ort zu haben. Sicherheit nicht im populistisch-politischen Sinne als Schutz vor kriminellen Übergriffen, sondern ganz schlicht die Erfahrung von Vertrauen und Verlässlichkeit. Die Studien haben auch gezeigt, dass die Trennung von Menschen und Tieren tragischer ist als ein Ortswechsel.

Heimat ist für Kinder - aber eben nicht nur für sie - eine Einbindung, nicht immobile Verwurzelung, sondern aktive Einwurzelung und damit Ergebnis sozialen Handelns. Heimat kann man wie andere Beziehungen auch nicht erzwingen, sondern diese entstehen durch Korrespondenz und Resonanz[28], in denen sich Menschen nahe kommen und bleiben. Dies ist im Alltag auch ständiges Bemühen.

Heimat ist demzufolge ein Ort, an dem dieser soziale Zusammenhang existiert, der Zugehörigkeit und damit Identität stiftet. Gleichzeitig ist, wie die Kinderstudien auch zeigten, Heimat mehrere Orte. So kann man gerechtfertigter Weise auch von Heimaten im Plural sprechen. Heimat ist dem sozialen Wesen Mensch also dort, wo er viele andere Menschen kennt und Bindungen eingegangen ist.

---

[27] *vgl. Bronfenbrenner, Urie, 1981*
[28] *Vgl. dazu die Ausführungen zu Rosa, Hartmut ab Seite 105*

Gefühle, die Heimat zugrunde liegen

Gefühle[29] sind Bewusstseinszustände, die nur dem Erlebenden selbst zugängliche Ereignisse darstellen. Diese Bewusstseinszustände werden aktiviert über äußere Reize, beim Thema Heimat durch einen vertrauten Geruch, das Geläut heimatlicher Glocken, durch die Begegnung mit einem Menschen oder dem Dialekt. Vielfach ist das Gefühl eine reaktivierte Kindheitserfahrung. Aber auch innere Reize wie das Gefühl der Ungeborgenheit, Ohnmacht oder Verlustempfindungen können eigene subjektive Bewusstseinszustände auslösen, die den Komplex Heimat aktivieren.

Gefühle, die zunächst mit Heimat in Verbindung stehen, sind Erinnerungen und retrospektive Sehnsucht. Sie werden geprägt von einem Idealbild, oftmals imaginiert, verbunden mit einem territorialen Ort und sozialen Beziehungen. In einer tiefenpsychologischen Perspektive ist auf eine starke Verbindung von Heimat und Mutter zu verweisen. Das Heimwehgefühl, das in der Literatur häufig durch allegorische Beschreibungen der vermissten Heimat als begehrenswerter und/oder mütterlich-fürsorglicher weiblicher Gestalt zum Ausdruck gebracht wird, macht Heimat selbst zu einem ödipal besetzten Begriff: „Schon seit der Jahrhundertwende verschmelzen in den Heimatphantasien Mutter und Geliebte oder Ehefrau zu einer einzigen imaginären Gestalt. Eines der häufigsten Bilder, das für die (ersehnte) Heimat in der Literatur verwendet wird, ist dementsprechend der Mutterschoß"[30].

Damit verbunden ist auch eine symbiotische Beziehung zur Heimat. Dazu Verena Kast, Tiefenpsychologin der Schule von C.G. Jung: „Unter Symbiose verstehe ich das Verschmelzen eines Menschen mit einem anderen Menschen, einer Gruppe, einem Land usw., das soweit gehen kann, dass alles Trennende aufgehoben zu sein scheint. Der, der in der Symbiose lebt, fühlt sich aufgehoben in etwas, das ihm Schutz und Geborgenheit gibt und

---

[29] *Hier kann nur ein kurzer Exkurs über die Genese und Charakter der Gefühle erfolgen. Vgl. dazu auch „Gefühlvoll – die Basis der Moral?" im Anhang ab Seite 212*
[30] *Irchenhauser, Maria Regina: Heimat im Spannungsfeld Globalisierung. Promotionsarbeit an der Queen's University Kingston, Ontario, Canada (September, 2009)*

ihm die Qual des ewigen Entscheidens abnimmt"[31]. Auch hier liegt eine Verbindung von Mutter, Mutterschoß und Heimat nahe. Wieweit gesunde symbiotische Beziehungen auch immer in der Spannung zwischen Loslösung und Wiederannäherung gestaltet werden wird weiter unten detaillierter thematisiert.

Das zentrale Gefühl, das mit Heimat verbunden ist, ist die Sehnsucht nach einer heileren, wenn schon nicht heilen Welt. Je weniger dies als passiv erlebt wird und je stärker Heimat und das Gefühl für (oder gegen) sie Medium und Ziel praktischer Auseinandersetzung wird, um so belebender kann dies subjektiv und in der Interaktion erfahren werden. Nicht zuletzt ist es das Gefühl, anerkannt zu sein.

Symbiose und Fluchtmechanismen - Identität und Identifizierung

An dieser Stelle werde ich einen Blick auf die Symbiotischen Beziehungen zu Heimat richten. Symbiotische Beziehungen setzen auf Identifizierungen mit Menschen oder Begriffen, die eine Ganzheit anstreben, tendieren aber zum Gleichen, eben Identischen. Ihnen fehlen die Eigenständigkeiten, die aus einer gesunden und fortschreitenden Wechselseitigkeit erwächst. Jeder Teil dieser als Ganzes erfahrenen Einheit bleibt im letzten Fall mit sich, nicht mit dem anderen identisch, das, was man Identität nennt[32].

Heimat bietet als Chiffre leicht die Versuchung zur Identifizierung und Symbiose. Ein reflektierter Zugang ermöglicht jedoch auch, das, was als Heimat verstanden wird, als Kontext zu begreifen, als kulturelle Erscheinung, die es ermöglicht, ein gesundes Selbstbild in einem vielfältigen, aber nicht grenzenlosen „heimatlichen" Umfeld zu entwickeln. Erikson: „Mut

---

[31] *Kast, Verena: Wege aus Angst und Symbiose. Märchen psychologisch gedeutet, Olten: Walter Verlag 1986 / 8. Auflage S. 105*
[32] *Vgl. Kast, Verena, 1986. Unter dem Fokus Heimat und Sinn werde ich detaillierter auf dieses Thema eingehen.*

zur eigenen Vielfalt zu haben ist ein Zeichen der Ganzheit bei Individuen und in Kulturen. Aber auch eine Ganzheit muss bestimmte Grenzen haben"[33].

Wege aus der Symbiose

Die Versuchung, mit einer Vorstellung von Heimat in die Geborgenheit einer Symbiose einzutreten, ist nicht zu verkennen. Verena Kast: „Es ist aber keine ruhige Geborgenheit, es ist eine Geborgenheit, die immer ängstlich aufrecht erhalten werden muss - meist um den Preis der totalen Anpassung, denn der symbiotisch Gebundene hat große Angst, dass diese 'Beziehung' ... zerfällt"[34]. Dies betrifft gerade die traditionellen und prekären Milieus, auf die im weiteren Verlauf dezidiert eingegangen wird.

Der symbiotisch Gebundene kann nicht trennen zwischen sich und dem anderen. „Er kann nicht feststellen, welche Wünsche nun seine Wünsche sind, welches die Wünsche des anderen sind"[35], es herrscht unbewusste Identität.

Festzuhalten ist aber auch, dass es zu einer normalen Entwicklung gehört, dass sich Loslösung und Wiederannäherung in einer symbiotischen Beziehung abwechseln. „Phasen von vermehrtem Symbiosestreben folgen immer wieder Phasen der Loslösung und der Individuation, wobei Loslösung das Auftauchen aus der Verschmelzung meint und Individuation gewonnene Handlungen, die zeigen, dass individuelle Merkmale als solche angenommen sind.... Und auf einer neuen Ebene besteht das Bedürfnis nach Symbiose wieder, und diese sollte gelebt werden dürfen... und dies nicht nur im Säuglingsalter"[36].

---

[33] Erikson, Erik H.: Jugend und Krise. Die Psychodynamik im sozialen Wandel, hier: Über Totalitarismus. Stuttgart: Klett 1974 / 2
[34] Kast, Verena, 1986 S. 105
[35] Kast, Verena 1986 S. 105
[36] Kast, Verena 1986 S. 107

Sozialpsychologische Grundlagen zu Heimat

Identität hängt auch von der Unterstützung ab, die das Individuum vom kollektiven Identitätsgefühl erhält, das die für es signifikanten sozialen Gruppen charakterisiert; seine Klasse, seine Nation, seine Kultur. Gerade traditionelle und rechtspopulistische Gruppierungen bieten Menschen eine Identifikation mit einem Begriff von (nicht gleichbedeutend mit tatsächlicher) Heimat an. Dieser führt jedoch zu Identifikationen und Symbiosen, wie weiter unten ausgeführt.

Sozialpsychologisch gesehen kommt es darauf an, wie der soziale Kontext, also der soziale Raum Heimat, definiert wird. Heimat als selbst mitgeschaffene Welt gibt Verhaltenssicherheit, die weitgehend ungefährdet ist. Sie ist Prozess und nicht Instant-Fertigprodukt von dritter Seite. Gerade in der lebendigen Wechselbeziehung kann Identität sich ausbilden statt einer schlichten Identifikation mit ausschnitthaften und dogmatisch vorgegebenen Konstrukten von Heimat.

Fluchtmechanismen nach Erich Fromm

Unter psychologischem Blickwinkel sind auch die Fluchtmechanismen zu betrachten, denen Menschen aller Milieus und Gruppierungen bezogen auf Heimat unterliegen können. Ausgangspunkt dieser Betrachtungen sind die von Erich Fromm 1941 vorgenommenen sozial-psychologischen Analysen des, wie er es nennt „Nazismus", die bei genauer Betrachtung heute genauso von Bedeutung sind.[37]

Fromm geht davon aus, dass die zunehmende Personwerdung in der Neuzeit, die er Individuation nennt, immer auch eine Trennung zwischen

---

[37] *Fromm, Erich: Die Furcht vor der Freiheit. Frankfurt / Main: EVA 1980*

sich und der Welt und zu anderen bedingt. „Es ist der Weg aus der Identifizierung mit anderen oder Sachen"[38]. Der Mensch hat die Möglichkeit, spontan „in Liebe und Arbeit mit der Welt in Beziehung zu treten und auf diese Weise seinen emotionalen, sinnlichen und intellektuellen Fähigkeiten einen echten Ausdruck zu verleihen"[39]. Der andere Weg, der ihm offensteht, ist, zu regredieren, seine Freiheit aufzugeben und den Versuch zu machen, die Trennung zu beseitigen. „Dieser Ausweg hat Zwangscharakter wie jede Flucht vor einer drohenden Panik"[40]. Für die Diskussion um den Heimatbegriff haben die von ihm beschriebenen Fluchtmechanismen auch heute noch Bedeutung.

Fromm geht von drei verschiedenen Fluchtmechanismen aus, mit denen Menschen sich einer Realität verweigern und der Personwerdung entziehen. Der für ihn bedeutendste Mechanismus ist die Flucht ins Autoritäre. Diesem liegt zunächst eine Sehnsucht nach Vergangenheit zugrunde und die Auffassung, was einmal war, muss „in alle Ewigkeit so bleiben. Sich etwas noch nie Dagewesenes zu wünschen oder darauf hinzuarbeiten, ist Verbrechen oder Wahnsinn"[41].

„Der erste Fluchtmechanismus...ist die Tendenz, die Unabhängigkeit des eigenen Selbst aufzugeben und es mit irgendjemand oder irgendetwas außerhalb seiner selbst zu verschmelzen, um sich auf diese Weise die Kraft zu erwerben, die dem eigenen Selbst fehlt ... Deutlich erkennbare Formen dieses Mechanismus sind das Streben nach Unterwerfung und nach Beherrschung... Die häufigsten Formen, in denen diese ... Strebungen auftreten, sind Gefühle von Minderwertigkeit, Ohnmacht und individueller Bedeutungslosigkeit"[42]. Wir werden dieser Tendenz in den Heimatbegriffen, wie sie von rechtspopulistischer Seite propagiert werden wieder begegnen. Was dort Heimat ist und wer dazu gehört und was in dieser Heimat erlaubt ist

---

[38] *Fromm, Erich 1980 S. 114*

[39] *Fromm, Erich 1980 S. 115*

[40] *Fromm, Erich 1980 S. 115*

[41] *Fromm, Erich 1980 S. 116*

[42] *Fromm, Erich S. 116*

und was nicht, wird von einer sich selbst rekrutierten Elite bestimmt. Der Riss, der sich - wie an anderer Stelle ausführlich dargestellt[43] - quer durch unsere Gesellschaft zieht, zeigt auch diesen Fluchtmechanismus.

Ein weiteres Charakteristikum ist auch die Erwartung, dass man alles, was man vom Leben erwartet, bekommt, ohne selbst tätig zu werden. Allerdings muss auch betrachtet werden, wie gerade den prekären Milieus diese Selbsttätigkeit durch ökonomische und gesellschaftliche Prozesse und Prioritäten versagt bleiben.[44]

Bedeutung hat der Mechanismus „Flucht ins Destruktive" überwiegend für die Gruppe der Identitären und sogenannten Reichsbürger, aber mittlerweile auch für Teile des rechtspopulistischen bis rechtsterroristischen Milieus[45]. Für diese ist auch der bewaffnete Kampf Teil ihrer „Heimatstrategie".

Von erheblicher Bedeutung – und wie Fromm es selbst auch sieht - ist die Flucht ins Konformistische. Fromm: „Dieser Fluchtmechanismus besteht darin, dass man sich so total von der Welt zurückzieht, dass diese ihren bedrohlichen Charakter verliert"[46]. „Dieser Mechanismus stellt die Lösung dar, für die sich die meisten normalen Menschen in unserer Gesellschaft entscheiden. Er besteht kurz gesagt darin, dass der einzelne aufhört, er selbst zu sein; er gleicht sich völlig dem Persönlichkeitsmodell an, das ihm seine Kultur anbietet, und wird deshalb genau wie alle anderen und so, wie alle anderen es von ihm erwarten"[47]. Hier sind bezogen auf Heimat vor allem kollektive Heimattümelei und standardisierte Erfahrungen, wie sie in Veranstaltungen der sogenannten neuen Volksmusik (Kastelruther Spatzen Festival in Südtirol und ähnliches) zu nennen. Der Konformismus ist auch ein besonderes Zeichen der traditionsorientierten Milieus.

---

[43] Siehe Kapitel „Riss durch die Gesellschaft" ab Seite 51
[44] Vgl. dazu die Ausführungen zu Wolfgang Merkel ab Seite 59
[45] Siehe dazu vor allem die in 2019 und 2020 erfolgten Massaker rechtsterroristischer (Einzel-?) Täter in Halle, Hanau und Kassel.
[46] Fromm, Erich 1980 S. 150
[47] Fromm, Erich Furcht 1980 S. 150

„Dagegen ist Mut zur eigenen Vielfalt zu haben, ein Zeichen der Ganzheit bei Individuen und in Kulturen. Aber auch eine Ganzheit muss bestimmte Grenzen haben. Im augenblicklichen Zustand unserer Kultur ist es noch nicht möglich vorauszusehen, ob es eine universelle Identität verspricht, all die Vielfältigkeiten und Dissonanzen, die Relativitäten und tödlichen Gefahren zu umfassen, oder nicht, die zusammen mit dem technologischen und wissenschaftlichen Fortschritt auftreten"[48].

Philosophischer Zugang zu Heimat

Heimat ist in unterschiedlicher Hinsicht auch ein philosophisches Thema, wie sich u.a. in der Zeitschrift „der blaue reiter" zeigt. Vielfach entstammen philosophische Reflexionen auch dem erfahrenen Verlust von Heimat, klassisch am Beispiel von Jean Amérys Reflexion zu Heimat und Heimweh. An dieser Stelle werden einige exemplarische Positionen, aber auch Klarstellungen beschrieben. Ich werde in diesem Abschnitt auch kontroverse Positionen gegenüberstellen.

Heimat als Narrativ

Wenn Heimat sich - wie Zeit - einer Definition entzieht, bleibt also nur, von ihr zu erzählen. Und dieses Erzählen kommt aus konkreten Erfahrungen, spricht von Orten, Menschen, Beziehungen, Emotionen. In den Erzählungen geschieht Resonanz[49], werden auch unbewusste Welten wach. Immer ist der Mensch auch an eine erzählte Welt gebunden, an eine Tradition und an die wirkliche Geschichte. Was kann diese Erzählung umfassen, was kann sie zu Heimat aussagen? Sie wird die Sehnsucht nach bestimmten

---

[48] *Erikson, Erich H. Totalitarismus S. 89*
[49] *Zu Resonanz siehe auch Ausführungen zu Hartmut Rosa ab S. 122*

Menschen, der heimatlichen Sprache, den Angehörigen, der heimatlichen Küche, der Kneipe an der Ecke, das Durchstreifen der Landschaft, kurz: den gewohnten Alltag, das herkömmliche Leben in einem bestimmten Milieu und Umkreis erzählen.

Erzählte Heimat kann auch Einwurzeln bewirken. Wurzelschlagen ist ein Prozess, der festen Halt schafft, nicht voraussetzt. Wurzelschlagen statt Verwurzelt sein ist Arbeit an Heimat. Und darauf kann ich stolz sein, mir über Erzählen, Handeln, Beziehungen schaffen eine Heimat anverwandt[50] zu haben - im Gegensatz zum „Alteingesessenen", der ohne sein Zutun, vielleicht nur als ein Produkt der Immobilität seiner Vorfahren, an diesem Ort und in diesen Beziehungen ist. Heimat braucht keinen Stolz, der letztlich nur für Geleistetes berechtigt ist. Oder was kann ich für das Sauerland, als dass ich stolz darauf sein könnte?

Eine deutsche Umfrage ergab, dass Heimat für 31 Prozent der Befragten der Wohnort, für 25 Prozent die Familie, aber nur für elf Prozent das Land selbst ist[51]. Aus diesem Ergebnis folgert Peinbauer in der Folge von Schlink, dass „das Land als Nation nach wie vor historisch diskreditiert ist, um den Platz der Heimat unverfänglicheren und außerdem näheren, überschaubareren, ausfüllbareren Orten zu überlassen"[52]. Durch die Kriegsschuld war die Nation als Heimat kein Thema mehr, wenn man an Heimat dachte, orientierte man sich an kleineren oder abstrakteren Begriffen. Diese Erfahrungen von Orten der Heimat werden jedoch erst aus der Distanz gemacht. Aus der Distanz sind es vor allem Erinnerungen und Sehnsüchte, die das Heimatbild ausmachen. Améry setzt Heimat mit Sicherheit gleich, das Exil evoziert in ihm das Gefühl des Torkelns über schwankenden Boden. Ähnliches meint auch Schlink, wenn er vom Recht auf Heimat als elementarem Menschenrecht spricht, und sich dabei auf einen Ort bezieht, an dem der Mensch rechtlich anerkannt und geschützt leben und arbeiten, sowie Familie,

---

[50] *Ein Begriff den Hartmut Rosa im Zusammenhang mit Heimat gegen den Begriff des „aneignen" setzt.*
[51] *Vgl. Peinbauer, Rene 2007 S. 9*
[52] *Peinbauer, Rene 2007 S. 9*

Freunde, Erinnerungen und Sehnsüchte haben kann. Für Schlink ist das „Heimweh das eigentliche Heimatgefühl"[53].

Heimat manifestiert sich also nicht im Konkreten und ist folglich ein NichtOrt, eine Utopie: „Die Erinnerungen machen den Ort zur Heimat, die Erinnerungen an Vergangenes und Verlorenes, oder auch die Sehnsucht nach dem, was vergangen und verloren ist ... Heimat ist ein Ort nicht als der, der er ist, sondern als der, der er nicht ist"[54]. Doch nicht nur für räumlich von ihrer Heimat getrennte Menschen ist Heimat eine Utopie. Auch wenn ein Mensch sein ganzes Leben lang am selben Ort gelebt hat, ist dieser Ort als Heimat für ihn Utopie, denn dieser Ort beinhaltet nicht nur die Erinnerungen an konkrete vergangene Geschehnisse, sondern dazu noch alle vergangenen Träume, Hoffnungen und Sehnsüchte und trägt somit die Utopien des gesamten Lebens. Die Heimat der Vergangenheit, egal ob real oder von Träumen und Sehnsüchten dominiert, ist unwiederbringlich, „weil niemals der Wiedereintritt in einen Raum auch ein Wiedergewinn der verlorenen Zeit ist"[55].

Heimat konstituiert sich auch durch Vergangenes, Erinnerungen, Projektionen und durch Mangel. Auch damit wird Heimat zu einer Utopie. Der Blick aus der Ferne in die Heimat, aus der Gegenwart in die Vergangenheit, wirkt oft verklärend. Einigkeit besteht darin, dass ein definierter, überschaubarer Raum als Voraussetzung für das Entstehen von Heimatgefühl notwendig ist.[56]

Auf die Bedeutung der Kindheit für das Verständnis von Heimat wurde bereits verwiesen. Ob tatsächlich die Kindheit als wesentliche Wurzel von Heimat bezeichnet werden kann, darf hinterfragt werden. „Wahrscheinlicher ist schon die These, dass die Fähigkeit, sich aufgrund der in der Kindheit erworbenen Konzepte neue Lebensräume als Heimat anzueignen, eine

---

⁵³ *Peinbauer, Rene 2007 S. 9*
⁵⁴ *Schlink, Bernhard: Heimat als Utopie. Frankfurt / Main: Suhrkamp 2000. zitiert nach Peinbauer, Rene 2007 S. 10*
⁵⁵ *Peinbauer, 2007 S. 10*
⁵⁶ *Vgl. dazu abweichend den Heimatbegriff moderner und junger Milieus ab S. 55.*

wichtige Voraussetzung für jeden Menschen ist. Speziell in der heutigen Gegenwart, die ein Höchstmaß an Mobilität bietet und auch verlangt, und vor dem Hintergrund immenser Migrationsbewegungen werden an das Heimatkonzept des modernen Menschen völlig neue Anforderungen gestellt"[57].

Heimat, der „Noch-Nicht-Ort" bei Bloch

Auch nach 70 Jahren kommen wir zum Verständnis von Heimat nicht an Ernst Bloch und seiner epochalen Definition vorbei. Heimat ist Utopie, so wird er auch heute zitiert. In vielen Fällen allerdings verkürzt auf den letzten Teil seines letzten Satzes in seinem Großwerk „Prinzip Hoffnung": dass Heimat etwas sei, „was allen in die Kindheit scheint"[58]. Damit ist allerdings die Gefahr einer Romantisierung von Heimat oder das Verweisen in Irreales, also eines Utopismus, verbunden.

Daher ist es von Bedeutung, den ganzen letzten Abschnitt zu zitieren. Bloch schließt sein Werk mit den Worten: „Die Wurzel der Geschichte aber ist der arbeitende, schaffende, die Gegebenheiten umbildende und überholende Mensch. Hat er sich erfasst und das Seine ohne Entäußerung und Entfremdung in realer Demokratie begründet, so entsteht in der Welt etwas, das allen in die Kindheit scheint und worin noch niemand war: Heimat."[59]

Zunächst ist wichtig, dass Bloch sagt, dass Heimat in die Kindheit scheint und nicht, was man romantisierend vielleicht hören möchte: was aus der Kindheit scheint[60]. Im Blick in die Kindheit ist Heimat der Inbegriff des erfüllten Augenblicks, nicht der Ort, wo ich geboren und aufgewachsen bin.

---

[57] Peinbauer, Rene 2007 S. 12

[58] Bloch, Ernst: Das Prinzip Hoffnung. Werkausgabe. Band 5. Frankfurt/Main: Suhrkamp 1985, S. 1628.

[59] Bloch, Ernst 1985. S. 1628

[60] Vgl. dazu die Ausführungen im Kapitel „Heimat ist Raum der Kindheit", in dem Heimat unter psychologischem Aspekt als Erinnerung und fundamentale Prägung

Es ist die existenzielle Situation der Vertrautheit, die Auflösung aller Entfremdung, für die Kindheit steht.

Heimat steht also nicht am Anfang, sondern ist das Ergebnis menschlichen Handelns. Erst wenn der arbeitende Mensch die Gegebenheiten so umgebildet hat, dass er zu sich selbst gefunden und in realer, nicht gedachter oder gewünschter Demokratie begründet hat, entsteht Heimat. Sie ist Basis, nicht erst Erfüllung. Der „Umbau der Welt zur Heimat"[61] ist die kämpferisch-emanzipatorische Parole von Blochs Philosophie und es ist das radikale Gegenteil dessen, was im romantischen und reaktionären, erst recht im faschistischen Heimatbegriff gemeint ist.[62] Damit ist die aktive Gestaltung angesprochen, dass etwas getan werden muss, damit diese Welt zur Heimat wird. Heimat ist deshalb U-Topos, eine Utopie, positiv konnotiert, ein Ort, der noch nicht ist, der „Noch-Nicht-Ort" (Bloch). Diese Sicht verbietet jeden Rückzug auf Heimat als starres Identitätskonzept, das nur die eigene, momentane Verfassung als Norm setzt, als konfektioniertes Fertigprodukt. „Die wirkliche Genesis ist nicht am Anfang, sondern am Ende, und sie beginnt erst anzufangen, wenn Gesellschaft und Dasein radikal werden, das heißt, sich an der Wurzel fassen. Die Wurzel der Geschichte ... ist der, arbeitende, schaffende, die Gegebenheiten umbildende und überholende Mensch. Hat er sich erfasst und das Seine ohne Entäußerung und Entfremdung in realer Demokratie begründet, so entsteht in der Welt etwas, das allen in die Kindheit schien und worin noch niemand war: Heimat."[63].

---

von Urvertrauen (Erikson) verstanden wird. Dort ist Heimat Chiffre für dieses Urvertrauen, hier das Ergebnis eines politischen Handelns, das erst in verwirklichter Demokratie wirksam wird und von dort an den Anfang gesetzt wird.
[61] *Bloch, Ernst 1985 S. 334*
[62] *Vgl. hierzu u.a. Zudeick, Peter: Heimat.Volk.Vaterland. Eine Kampfansage an Rechts, Frankfurt: Westend 2018*
[63] *Bloch, Ernst Hoffnung 1985 S. 1628*

Heimat ist geschichtliche Arbeit

Heimat ist für Bloch - und ich darf mich ihm anschließen - geschichtliche Arbeit, Arbeit in der Geschichte, nicht im Sinne historischer Rückblicke. Um Heimat zu schaffen, was für ihn ja erst die Genesis, der erste Schöpfungsakt ist, ist politisches Handeln in Prozessen notwendig. Damit wendet er sich auch gegen den „Besitzbegriff" von Heimat, der gegen Andere, Fremde zu verteidigen sei oder aus dem man die anderen ausgrenzen muss. Heimat ist etwas, das man sich anvertraut machen muss, wie Freunde sich anvertraut machen, Schritt für Schritt, wie Exupéry's Kleiner Prinz.

Heimat ist somit auch nicht (einfach) der Ort, auch nicht der Ort meiner Kindheit, meiner Sprache, an dem mein Herz hängt, sondern ist etwas Umfassenderes, was ich nicht habe, sondern dass ich mir erst zu eigen machen muss. Heimat ist nachfolgendes Ergebnis, nicht einfach durch Geburt und Abstammung ein Voraus. Heimat ist nicht, Heimat entsteht in der Welt, wenn der „arbeitende, schaffende, die Gegebenheiten umbildende und überholende Mensch" sich erfasst, also sich versteht, und das Seine ohne Entäußerung und Entfremdung in realer Demokratie begründet.

Heimat ist - noch einmal - Ergebnis menschlichen Handelns, ein philosophischer Begriff gegen Entfremdung. Heimat ist ein utopischer Begriff, weshalb Bloch selbst von der Gefahr spricht, dass jemand dieses utopische Moment im Begriff Heimat übersieht und Heimat damit erklärt, dass irgendwer in Amerika ist und sich zurücksehnt.[64] Diese Sicht verbietet jeden Rückzug auf Heimat als konfektioniertes Fertigprodukt. Heimat als Utopie ist auch kein theologischer oder romantisierender Verweis auf die „eigentliche Heimat" in die wir „hineingehen".

Heimat ist nicht der Ort an sich, sondern etwas, was sich jemand zu eigen macht, Raum in umfassenden Sinn. Und das kann auch der Herkunfts-

---

[64] Vgl. Traub, Rainer u. Wieser, Harald: Gespräche mit Ernst Bloch; Frankfurt am Main: Suhrkamp 1985 S. 206

ort sein, sofern er nicht als feindlich erfahren wurde. Wir sprechen von Erfahrungsraum oder das etwas „Spielraum" hat, womit niemals dreidimensionale Gebilde mit vier Wänden, Boden und Decke gemeint sind.[65] Raum ist vielmehr eine Metapher für etwas, das geschieht und nicht einfach ist. Einen solchen Raum kann ich nicht einfach verfügbar machen, wohl aber, mich von ihm ansprechen lassen.

Nehmen wir die Metapher „Raum" statt als geografischen Ort, dann erwarten wir, dass dieser Raum antwortet. Verfügbar machen von Welt würde heißen, sie zu verdinglichen, starr werden lassen, was letztlich als unwandelbar und damit Entfremdung bedeuten würde.[66]

Bloch hat den ökonomischen Fortschritt gesehen, aber auch, dass dieser in Form des Zweiten Weltkriegs in ein Desaster geführt hat. Deshalb setzte er auf die „reale Demokratie", die Voraussetzung, nicht Ergebnis oder Erfüllung des menschlichen Zusammenlebens ist. Dies ist für ihn der Auftrag der Menschheitsgeschichte. Das heißt aber auch, dass wir solange noch nicht von Heimat sprechen können, wie diese Erfüllung nicht erreicht ist.

Bloch, der selber mehr als die Hälfte seines Lebens im Exil verbrachte, setzt Heimat auch gegen Fremde. Er spricht von „unvertrauter Fremde" und „vertrauter Fremde". Heimat und Fremde sind nur als dialektische Einheiten denkbar. Ohne Fremde keine Heimat. Heimat lebt davon, dass es das Fremde gibt und dass man sich mit dem Fremden vertraut machen muss. Wichtig ist: an keiner Stelle setzt Bloch dem Begriff Heimat den oder die Fremden entgegen, wie das rechtspopulistische und leider auch gemäßigte Parteien tun. Dabei ist es verständlich und evolutiv erklärbar, dass Menschen Angst vor Fremdem haben und Abgrenzungen, Grenzen zur eigenen

---

[65] *Sofern wir es nicht tatsächlich wörtlich meinen: z.B. Spielzimmer der Kinder.*
[66] *Hierbei handelt es sich auch um Positionen in der Folge einer Veranstaltung des Ernst-Bloch-Zentrums „Talk bei Bloch - Heimat als Utopie" vom 9. März aus dem Ernst-Bloch-Zentrum Ludwigshafen an dem u.a. auch Hartmut Rosa teilnahm; siehe dazu auch die Ausführungen über Resonanz in dieser Abhandlung*

Identität gehören.[67] Jedoch kann die diffuse Angst nur verwandelt werden, wenn man sich mit dem Fremden konfrontiert und auseinandersetzt. Das heißt letztlich auch: nur wer das Fremde erkennt, zulässt als das Nicht-Ich, das Nicht-Wir, kann ein dynamisches, wandelbares Verständnis von Heimat entwickeln.

Heimat als starres Identitätskonzept, das nur die eigene, momentane Verfassung als Norm setzt, kann und darf nicht genügen. Problematisch wird es, wenn es politisch missbraucht wird. Heimat ist nicht, Heimat ist immer im Werden. Heimat will geschaffen werden und für Bloch war immer die politische Dimension entscheidend. Was, wie, wo Heimat ist haben wir nie ganz unter Kontrolle, was jeder Bergsteiger von seinen Touren kennt, bei denen immer das Unerwartete droht. Ein Raum, den wir unter Kontrolle bringen, kann nicht Heimat sein.

Heimat als Reaktion auf postmoderne Erscheinungsformen

Übereinstimmung besteht im sozialwissenschaftlichen und philosophischen Diskurs darüber, dass der Boom von Heimat eine Reaktion auf postmoderne Erscheinungsformen ist.

Der zunehmenden Forderung der Moderne und der Postmoderne nach immer mehr Mobilität, Flexibilität und Beschleunigung folgte als Gegenbewegung eine Neu-Beheimatungsstrategie. Je weniger die (Post-)Moderne heimatlich geprägt ist, umso größer die Sehnsucht nach Heimat, da der Einzelne ständig herausgefordert ist, seine Identität gegenüber vielfältigen Einflüssen von außen zu behaupten und dabei auch auf eine Vielzahl von Auswahlmöglichkeiten (Patchwork-Identität) zurückgreifen kann. Da ist

---

Heimat, was auch der einzelne darunter verstehen mag, der Kitt, der das
Bedürfnis des Einzelnen nach Oasen der Verlässlichkeit stillt[68].

Heimat als sozialer Raum

*In dem folgenden Abschnitt werde ich einen ersten operationablen Begriff
von Heimat entwickeln, der sich implizit und zum Teil auch explizit in der
zeitgenössischen Literatur zu Heimat wiederfindet. Mit der Beschreibung
von Heimat als sozialem Raum ist dieser Begriff gegeben. Er ist anschlussfähig in vielerlei Hinsicht, im sozialpolitischen, im philosophischen, im kul-
turanthropolgischen und im alltäglichen Diskurs, er beschreibt, ohne zu definieren, ist also eher inklusiv als exklusiv.*

Heimat hat vor allem drei unterschiedliche Bedeutungsdimensionen: die
ortsbezogene, die soziale und die emotionale. Unter sozialer Dimension
werden die Aspekte von Heimat zusammengefasst, die mit anderen Menschen in Zusammenhang stehen. Dieser Aspekt steht im Vordergrund der
folgenden Ausführungen.

Der Begriff „Heimat als Sozialer Raum" steht im engen Zusammenhang
mit der „Sozial- und Lebensraumanalyse" in den Sozial- und Kulturwissen-
schaften sowie der Sozialen Arbeit.[69] Diese wiederum beruht auf einem systemischen Ansatz, der die materielle Struktur, abgebildet in territorialen
und sozialstrukturellen Daten, und die Perspektive der Akteure in ihrer subjektiven und qualitativen Dimension in den Vordergrund stellen. „Als Ver-
schränkung dieser beiden Dimensionen wird im sozialräumlichen Para-
digma eine grundsätzlich interaktive Perspektive betont: Soziale Räume
sind keine fertig vorgegebenen 'Container' sondern relationale Anordnun-
gen von Lebewesen und sozialen Gütern und Strukturen an bestimmten

---

[68] *Ausführlicher in den Kapiteln „Wie sinn-voll ist Heimat?"*
[69]*U.a. Spatscheck, Christian: Theorie- und Methodendiskussion. In: sozialraum.de
(1) Ausgabe 1/2009. URL: https://www.sozialraum.de/spatscheck-theorie-und-me-
thodendiskussion.php, Datum des Zugriffs: 01.04.2020 ohne Seitenangaben*

Orten, die dynamisch und interaktiv veränderbar sind"[70]. „Im Prozess des 'Spacing' eignen sich Menschen die materiell vorgefundenen Orte an, gehen dabei untereinander Beziehungen ein und machen damit letztlich erst Orte zu Räumen mit einer eigenen Qualität. In diesem Sinne können an einem Ort auch mehrere soziale Räume bestehen und auch schnell wieder verschwinden. Sozialräume in diesem Sinne sind immer auch Gesellschafts- und Handlungsräume"[71].

Sozialer Raum

Mit dem Verständnis von Heimat als sozialer Raum ist eine Verbindung der örtlichen Gegebenheiten mit den sozialen Beziehungen zu verstehen. In einer - den modernen Milieus entsprechenden - Erweiterung, kann der soziale Raum auch alle Beziehungen umfassen, in denen ein Mensch agiert und empfindet. Dazu gehören gerade in den modernen Milieus auch virtuelle Räume, in denen Kommunikation intensiv, regelmäßig und ernsthaft betrieben wird.

Der Schlüssel zum Verstehen der Lebenswelt der Beteiligten liegt in der Feststellung, wie Menschen ihre Beziehungen aufbauen, gestalten, halten und aufgeben. Dabei funktionieren die sozialen Räume vollkommen subjektiv und enthalten eigene Sinn- und Kommunikationsstrukturen. Soziale Räume sind auch nicht zwangsläufig identisch mit territorialen Räumen, mit Orten. Gerade in der Stadtgesellschaft sind sie weitgehend vom Wohnort entkoppelt. Hierbei spielt die Mobilität städtischer Milieus eine besondere Rolle und dass für diese die administratorischen Grenzen mit der Wirklichkeit nur sehr wenig zu tun haben.

---

[70] *Spatscheck, Christian 2009*
[71] *Spatscheck, Christian 2009*

Heimat als Territorium

Wie bereits ausgeführt, merkt die Kulturanthropologin Ina-Maria Greverus an, dass der Territoriumsbegriff sich von kleinen Einheiten wie dem Haus, bis hin zu einer (regional-)geographischen Ebene erstreckt und sich auch auf einen Staat beziehen kann. Es lässt sich nachweisen, dass das menschliche Grundbedürfnis nach Sicherheit, als ein zentrales Element von Heimatgefühl, durch Raumgebundenheit befriedigt wird. Territorialität ist eine anthropologische Konstante. Greverus erachtet es als absolut notwendig, dass sich der Mensch aktiv einen Raum aneignet, ihn gestaltet und dadurch zur Heimat macht.[72]

Dennoch: „Eine Reduzierung des Heimatbegriffs auf die territoriale Komponente greift ... zu kurz. Unwidersprochen benötigt der Mensch einen konkreten Raum, der Sicherheit, Identität, aber auch Stimulation bereitstellt, ohne die soziale Komponente ist der Heimatbegriff jedoch zu kurz gefasst. Erst durch soziale Beziehungen und Interaktionen erhält der geographische Raum die nötigen emotionalen Bindungen"[73].

Heimat als soziale Beziehung

Die Kulturanthropologin Ina-Maria Greverus habilitierte 1970 an der Universität Gießen mit der Arbeit „Der territoriale Mensch", einer Analyse der Phänomene Heimat und Identität. Sie verbindet wiederkehrend in ihren Werken das Territorium mit der Beziehung von Menschen, das von mir als „Sozialer Raum" benannte Konstrukt, das ich für eine Beschreibung von Heimat gebrauche. Sie erachtet es als absolut notwendig „...dass sich der Mensch aktiv einen Raum aneignet, ihn gestaltet und dadurch zur Heimat

---

[72] *Siehe dazu auch Kapitel „Heimat und Umwelt als etwas Gewordenes"*
[73] *Greverus, Ina-Marie. zitiert nach Peinbauer 2007 S. 7*

macht. Dieses Territorium wird in weiterer Folge zum soziokulturellen Bezugsraum, in dem Identität erfahrbar wird"[74]. „Erst durch soziale Beziehungen und Interaktionen erhält der geographische Raum die nötigen emotionalen Bindungen"[75]. „Eine Reduzierung des Heimatbegriffs auf die territoriale Komponente greift also ... zu kurz"[76].

Von ihr stammt der Dreischritt zu diesem Thema „Kennen, Gekanntwerden und Anerkannt-sein"[77], den sie wesentlich für das Phänomen Heimat sieht. Kennen ist zunächst nur oberflächliche Zuordnungsleistung, im Weiteren das Bestreben, etwas über diesen Menschen wissen zu wollen. Gekannt werden besagt, in dem Territorium einen Platz zu haben, der mit dem einzelnen als Person zu tun hat. Es ist die Leistung des Umfelds, die Person wiederzuerkennen.

Soziale Einbindung aber braucht Anerkennung, Daraus resultiert emotionale und soziale Zustimmung, die notwendig für Verhaltenssicherheit im sozialen Kontext ist. Wir vertrauen denen, die wir kennen. In ihren Grenzen, die wir kennen.

Heimat als Emotion

Wenige Begriffe sind mit einem vergleichbaren Ausmaß mit Gefühl verbunden, wie der Begriff Heimat. Schon beginnend mit der romantischen Sehnsucht nach Heimat als Gegenbegriff zur Rationalität der Aufklärung und Industrialisierung und dem Heimweh, das in Eichendorffs Leben eines Taugenichts ebenso aufkommt wie in den Liedern der Romantik.[78] Der Gebrauch zu nationalistischen Zwecken Anfang des 20. Jahrhunderts, der Missbrauch durch die Nazis in der Verbindung mit Volk und Vaterland und

---

[74] *Greverus, Ina-Marie. zitiert nach Peinbauer 2007, S. 7*

[75] *Greverus, Ina-Marie. zitiert nach Peinbauer 2007 S. 7*

[76] *Greverus, Ina-Marie. zitiert nach Peinbauer 2007 S. 7*

[77] *Greverus, Ina-Maria: Auf der Suche nach Heimat. München: Beck 1979, S. 13*

[78] *Siehe dazu die ausführlichen und kritischen Anmerkungen zum Heimatbegriff der Romantik ab S. 123*

nicht zuletzt die Heimatfilme sowie die Schlager der 50ger Jahre trafen das „Gemüt".

Soll Heimat ein Gefühl hervorrufen, genügt es nicht, sie als Ort zu verstehen. Es kommt vielmehr darauf an, sie mit alltäglichen Situationen und Menschen aus dem Alltag zu verbinden. Das gilt heute immer noch, schaut man sich die regionalen Krimis, die sogenannte neue Volksmusik oder die Werbung, die mit dem Heimatbegriff gleich ganze Interpretationsmuster mitliefert, an.

Im bürgerlichen Blick auf die Romantik zu Anfang des 20. Jahrhunderts, erst recht in den späteren Jahren war Heimat „Besänftigungslandschaft". Heimat war und ist heute noch überwiegend unberührte, allenfalls durch sorgsame Pflege des Landmanns (möglichst des adligen, nicht des Bauern) veredelte Natur. Damals Industrialisierung, heute Modernisierung und ihre Folgen mit Eingriffen in Ökosysteme schaffen durch dramatische Veränderungen eine neue Realität. Dagegen steht dann Heimat als das Dauernde der Natur und dem Gleichmaß menschlichen Lebens.[79]

Reinhold Messner, der „Ur-Südtiroler", kantig und welterfahren, meint dazu: „Trotzdem will ich es mir auch morgen mit dem Begriff 'Heimat' nicht leicht machen. Er bleibt gefährlich, weil sich ihm so leicht keiner entziehen kann und weil er so häufig missbraucht wird. Er kann als Waffe, als Liebeserklärung, als Ausgrenzung und als Propagandamittel benutzt werden. Dabei sind das Bedürfnis und die Sehnsucht nach Heimat durchaus etwas Notwendiges."[80]

---

[79] *Siehe dazu auch den rechtspopulistischen Missbrauch des Begriffs „Ökologie" im Anhang ab S.191*
[80] *Messner, Reinhold: Heimat, deine Klischees. In: Hans-Gert Pöttering: Wir sind Heimat. Annäherungen an einen schwierigen Begriff, St, Augustin: Konrad-Adenauer-Stiftung 2012*

Heimat als Sozialer Raum – ein erstes Fazit

Die Trias von Territorium, Beziehungen der Akteure untereinander und die inhärenten Emotionen beschreiben Heimat als ein Konstrukt, das weder extern-ideologisch definiert noch diffus-emotionalisiert bestimmt ist, sondern zu einem operationalen Begriff wird, der einerseits ein Erkennen und Wiedererkennen ermöglicht, andererseits auch Werkzeug für Planen und Handeln darstellt. Es lässt sich der Ort oder der Nicht-Ort beschreiben, die Größe dieses Territoriums vom kindlich-mütterlichen Umfeld bis zur Region, es lassen sich die Menschen mit ihren Beziehungen erkennen, nicht monokulturell, sondern in miteinander verwobenen und sich voneinander abgrenzenden Systemen und die Gefühle, die mit „Kennen - Gekannt-sein - Anerkannt sein" Identität schaffen. Er schließt auch die Geschichte von Menschen in dem Territorium mit all den Beziehungen im engeren Umfeld und in den historischen Vernetzungen, die Kultur als eine Gewordene und sich Verändernde, die regional- bis ortstypische Sprache mit ihren eigenen Kommunikationsstandards ein.

Diese Kriterien ermöglichen es, Heimat mit rationalen Kriterien zu beschreiben, von ihr zu erzählen und verbieten es, sie zu definieren, das heißt die Grenzen extern zu bestimmen. Heimat als Sozialer Raum legt nicht aus selektivem Geschichtsverständnis oder durch eine angebliche „Leitkultur" fest, sondern versteht sie als ein sich mit Menschen, wandelnden gesellschaftlichen, ökonomischen und politischen Einflüssen und Emotionen sich stets neu bildendes Ganzes, dass in gesellschaftlichem Handeln Ausdruck, Ziel und Sinn findet. Mit einem Pleonasmus umschrieben: wo Menschen ihre Heimat finden.

Weitere Aspekte zu Heimat

In diesem Abschnitt werde ich weitere Aspekte zum Begriff Heimat auf-
führen und sie auf der Folie des „Sozialen Raums Heimat" einer Deutung
zuführen.

Heimat ist Gegenbegriff

Romantisierendes Verständnis von Heimat galt und gilt als Inbegriff der
vorindustriellen ländlichen Räume, nach denen man sich sehnt. Urlaubs-
sehnsucht in angeblich unberührter Natur, der Wanderboom und die hohen
Auflagen der „Landzeitschriften" sind heute beredtes Zeichen dafür. Während die renommierten Magazine Spiegel, Stern und focus mit sinkenden
Auflagen zu kämpfen haben, zeigt das Flaggschiff „Landlust" wie ähnliche
Zeitschriften nicht nur weitere Steigerungen, sondern hat sie - einzeln ge-
messen - überholt.

Seit den 1990ger Jahren wird auch der Heimatbegriff in der sozialwissenschaftlichen Forschung wieder aufgenommen, ausgelöst unter anderem
durch die ökologische Diskussion zum Erhalt der natürlichen Lebensgrund-
lagen und der lebenswerten Region. Nach der Nationalisierung Anfang des
20. Jahrhunderts, dem Blut-und-Boden Missbrauch durch die Nazis, der
verschämten Distanzierung in den 50ger Jahren bei gleichzeitigem Sehn-
suchtsschmalz von Freddy oder Lolita, der Verteufelung in den 60ger und
siebziger Jahren ist es heute wieder „en-vogue", von Heimat zu reden und
zu forschen.

Mit der Ökologiediskussion hat der Heimatbegriff auch wieder einen
stärkeren politischen Gegenwarts- und Zukunftsbezug gewonnen. Gleichzeitig gewann er zu dem territorialen Charakter soziokulturelle Merkmale
hinzu. Als Gegenbegriff geht es aber vor allem um einen emotionalen bzw.
emotionalisierenden Charakter von Heimat.

Heimat als Utopie

Geblieben ist der Charakter der Heimat als Utopie. Im Rekurs auf Bloch wird dieser Charakter betont, einmal romantisierend, einmal als utopistisch verworfen, aber nur in ganz wenigen Ansätzen in der tatsächlichen konsequenten Folge von Blochs „Noch-Nicht-Ort" und seinem Anspruch, Heimat zu schaffen.

Da in der seriösen Diskussion Heimat immer mehr als ein Ort war und ist, lassen sich aus diesem Diskurs drei Grundbedürfnisse destillieren. Das erste und wohl wichtige Grundbedürfnis ist das der sozialen Einbindung. Dies kann man sogar der populistischen Rhetorik nicht versagen. Ein weiteres Bedürfnis ist das der Gestaltung, die Heimat nicht als Vorgegebenes, als Voraus, sondern als Handlungsraum im territorialen und sozialen Sinne meint. Heimat ist nicht Fertigprodukt, das nur konsumiert oder besessen werden kann, sondern Herausforderung des Handelns.

In einem dritten Sinne gilt der Heimatbegriff als sinnstiftend, da die Post-Moderne gerade die Grunderfahrung der Nicht-Zugehörigkeit und des Nicht-Eingebundensein generiert hat.[81] Hier ist auch ein Ansatz, die Erlösungserwartungen und Sinnmomente, die Heilserwartungen, die mit Heimat verbunden sind als säkular-religiös zu untersuchen. Dazu wird ein eigenes Kapitel folgen.

Heimat als Resonanzboden für Sinnzusammenhänge

Heimat erweist sich in der Rhetorik auch als ein Resonanzboden für Sinnzusammenhänge. Über Heimat kann es wieder möglich sein, ein Gefühl des Eingebundenseins in konkrete, alltags- und lebensweltlich relevante Gemeinschaft zu erfahren, die über das Eigene hinausgeht und auf

---

[81] *Sinnstiftung zu Heimat kann nur über soziale Beziehungen und Emotionen erfolgen, nicht allein über Orte. Eine abstrakte oder transzendente und damit (quasi-)Religiöse Sinngebung kann nur eingeschränkt und über bestimmte Wahrnehmungsmuster erfolgen. Siehe auch Anmerkungen von Christian Schüle.*

Existenzfragen verweist: Woher komme ich? Was macht mich als Individuum aus? Letztlich auch religiöse Fragestellungen. Der Resonanzboden ist aber nicht der Sinn selbst, oder, um im Bild zu bleiben: der Resonanzboden verstärkt den woanders erzeugten Ton.[82]

Heimat ist Gestaltungsraum

Heimat ist notwendigerweise auch Raum zum Gestalten, wie dies in Aktivitäten der Heimatvereine, aber auch in Aktionen wie zu „Stuttgart 21" oder zum Hambacher Forst in den Widerständen deutlich wurde. Über diese Aktionen entsteht dann auch das Gefühl des Eingebundenseins in Handlungs-, nicht nur Diskursfelder.

Dies tritt auch in lokalen und regionalen Kontexten auf und ist besonders erfolgreich, wenn Kenntnisse der konkreten Umgebung vorliegen und Möglichkeiten zu veränderndem oder bewahrendem Handeln erkannt werden.

Entscheidend ist weniger, wo der Ort ist, als vielmehr, dass man einen solchen Ort hat

Gerade im Blick auf die modernen Milieus - dazu später eine ausführliche Darstellung und Wertung - ist es nicht entscheidend, wo ein solcher Ort ist, sondern dass man einen realen oder virtuellen Ort hat. Heimat als sozialer Raum wird wertvoll dadurch, dass man sich zu einer realen oder virtuellen Gemeinschaft zugehörig fühlt, diese subjektiv erfahrbar ist und dass man anerkannt wird. Statt der Verwurzelung und Entwurzelung wird hier der Begriff der wiederkehrenden oder erstmaligen Einwurzelung bedeutsam.

---

[82] *Dazu mehr unter „Wie sinn-voll ist Heimat?" ab Seite 112*

Zuordnung anderer Heimatbegriffe

Der von mir gewählte Zugang zum Thema Heimat kann auch den Eindruck erwecken, dass Begriffe wie „Kultur", „Sprache" oder „Geschichte", die mit Heimat in Verbindung stehen, unzureichend berücksichtigt wurden. Die Bezeichnung von Heimat als sozialer Raum schließt sie aber ein, indem z.B. Kultur immer ein von und mit Menschen produzierter Vorgang ist, der zum einen mit bestimmten Verhaltensweisen (Subkulturen der Gesellschaft), zum anderen mit Wertungen, die auch milieukonform gesetzt werden, zu tun haben. Das gleiche gilt für Sprache, auch die des Dialekts, das nur lebendig im sozialen Miteinander bleibt. Nicht zuletzt ist Geschichte ein Geschehen von und mit Menschen, hat etwas mit Beziehungen und Emotionen, erst danach mit Territorien zu tun. Insofern sind auch diese Begriffe in der Trias von Territorium, Beziehung und Emotion als Substanz von Heimat aufgegriffen.

Heimat und Sprache

Heimat und Sprache - das ist in erster Linie der Dialekt, der vom Plattdeutsch bis zur regionaltypischen Einfärbung (Regiolekt) geht. Dabei übernimmt der Dialekt sowohl inklusive als auch exklusive Funktionen. Inklusion und damit Identitätserzeugung bewirkt das Gespräch im Dialekt für diejenigen, die ihn beherrschen, Ausgrenzung jedoch, wenn jemand ihn nicht versteht.

Eine Untersuchung zum Dialekt in Bayern[83] besagt dass die Gruppe der Dialektsprecher nicht von der Umwelt abgeschottet, sondern immer wieder verschiedenen Sprachkontakten ausgesetzt ist, auf die sie reagieren muss. Zunächst ist der Dialekt in der Lage, durch seine bloße Anwesenheit Heimat zu erzeugen. Schöbel stellt in ihrer Untersuchung fest: „Für die persönliche Identität ist es wichtig, dass man auch den Dialekt der Heimat versteht und

---

[83] *Schöbel, Sarah: Mundart und "Heimat to go". Dialekt als identitäts- und kulturstiftendes Medium. Magisterarbeit, Otto-Friedrich-Universität Bamberg, 2012*

sprechen kann… Dialekt schafft also Heimat und grenzt diese ein – wird aber gleichzeitig als Produkt und Merkmal dieser Heimat verstanden, die wiederum eng mit der eigenen Identität verknüpft ist. In diesem Zusammenhang kommt mit dem Dialekt auch ein Regionalstolz auf"[84].

In 2019 machten die Kölner Karnevalisten ihren Dialekt zum Sessionsmotto. In der Ankündigung dazu heißt es: „Mit dem Motto der Session 2019 'Uns Sproch es Heimat' rückt die kölsche Sprache in den Fokus vieler karnevalistischer Aktivitäten … Sprache ist die Basis für das Miteinander in jeder Gesellschaft. Sie stiftet Identität und Gemeinschaftsgefühl. Gerade die kölsche Sprache lässt Sprecher und Zuhörer enger zusammenrücken", so Christoph Kuckelkorn, Präsident des Festkomitees Kölner Karneval. „Gleichzeitig ist das Sessionsmotto eine Einladung an all jene, die kein Kölsch sprechen, unsere Sprache und damit auch unsere Lebensart besser kennen zu lernen"[85].

So sind auch Plattdeutsche Runden, die auch von „Muttersprachlern" besucht und gestaltet werden, identitätsstiftend und Heimat-vermittelnd. Gleichzeitig ist es eine aussterbende Sprache, wenn sie nur nostalgisch und anekdotisch gesprochen und vermittelt wird. Sie wird zum Kulturgut, wenn sie zum Selbstverständlichen wird, mit dem auch zeitgemäß kommuniziert werden kann. Noch sind in Dörfern (mein Herkunftsort ist ein gutes Beispiel) alltägliche Kommunikationen im Plattdeutschen möglich, gewünscht und praktiziert. Der Klang ist immer auch heimatlich – inklusiv und exklusiv.

---

[84] Schöbel, Sarah 2012 S. 27
[85] https://www.uns-sproch-es-heimat.com/

Heimat und Politik

In den nun folgenden Ausführungen wird es darum gehen, angesichts der gesellschaftlichen Spaltungen in Modernisierungsgewinner und Modernisierungsverlierer in der deutschen und europäischen Gesellschaft, aber auch weltweit im Zuge der Globalisierung, einen adäquaten politischen Heimatbegriff zu entwickeln. Dabei werde ich nach einem kurzen historischen und sprachwissenschaftlichen Aufriss eine Analyse auf der Basis verschiedener sozialwissenschaftlicher Studien vornehmen und zu einem zeitgemäßen politischen Heimatbegriff vorstoßen. Grundlage der Reflexionen ist wiederum, Heimat als Sozialen Raum zu verstehen und Blochs handlungsorientierten Heimatbegriff vorauszusetzen.

Heimat als politischer Begriff

Bis ins 19. Jahrhundert hinein fasste Heimat als rechtlicher Begriff das Eigentum von Haus und Hof zusammen.[86] Die weitere Entwicklung des Begriffs knüpft Bausinger[87] eng an die Industrialisierung der Städte und die neue Mobilität der bürgerlichen Bevölkerung. Heimat sei um 1900 zum oppositionellen Schlagwort geworden, das die ländliche Bäuerlichkeit gegenüber der zivilisierten Großstadt pries.[88] Auch die Politik machte sich die neu entdeckte Liebe zur Heimat zunutze und deutete sie nach der Gründung des Deutschen Kaiserreiches zur „Vaterlandsliebe" um. Doch: Die Identifikation mit dem größeren Vaterland hob – auch und gerade im Bürgertum – die

---

[86] *Vorläufer des Begriffs Heimat und entsprechende Stammworte deuten auf einen ursprünglichen Beziehungsbegriff hin. Dies wird im Kapitel „Klärungen" weiter unten erläutert.*
[87] *Vgl. dazu Bausinger, Herrmann 1986 und Schöbel, Sarah 2017*
[88] *Siehe hierzu meine Ausführungen im Kapitel „Klärungen", insbesondere zum Heimatbegriff der Romantik*

Loyalität gegen die kleineren Vaterländer nicht auf; sie konnte die aus der engeren Region stammenden Heimatgefühle nicht ersetzen.[89]

Nach dem ersten Weltkrieg war das Gefühl der Geborgenheit in eben diesem Vaterland zunächst verloren und wurde später im Nationalsozialismus erneut für politische Zwecke ideologisiert und missbraucht. Die Nachkriegszeit brachte auch hier die Wende: Heimat wurde vor allem ab den 1970er Jahren wieder positiv konnotiert, anfangs noch als „verstaubt" belächelt, erlebte der Begriff bald eine Renaissance, die auch mit neuen Definitionsversuchen und wissenschaftlichen Analysen einherging.

Der Riss durch die Gesellschaft

Um die politischen Implikationen des Heimatbegriffs herauszuarbeiten, ist es zunächst notwendig, auf aktuelle sozialwissenschaftliche Erkenntnisse zurückzugreifen. Hier sind für mich insbesondere die Ergebnisse der Untersuchungen des Sinusinstituts anlässlich der Bundestagswahlen von 2017[90], die Studie zu „Nostalgie in Europa" der Bertelsmann-Stiftung[91] und die analytischen Wertungen des Demokratieforschers Wolfgang Merkel von Bedeutung. Ich werde diese Ergebnisse ausführlich vorstellen und in Bezug auf ein politisches Verständnis von Heimat bringen.

Die gegenwärtigen, unterschiedlichen Zugänge zu Heimat sind ein deutliches Signal für eine Spaltung der Gesellschaft, nicht nur in Deutschland, sondern in ganz Europa.[92] Gleichzeitig ist eine Welle zu Heimat auch au-

---

[89] *Siehe hierzu Zudeick, Peter 2018*

[90] *Vehrkamp, Robert und Wegschaider, Klaudia: Populäre Wahlen - Mobilisierung und Gegenmobilisierung der sozialen Milieus bei der Bundestagswahl 2017, Gütersloh: Bertelsmann Stiftung, Oktober 2017*

[91] *de Vries, Catherine E. und Hoffmann, Isabell: Die Macht der Vergangenheit Wie Nostalgie die öffentliche Meinung in Europa beeinflusst. Gütersloh: Bertelsmann Stiftung, November 2018*

[92] *Siehe oben erwähnte Studien*

ßerhalb der populistischen Polit-Rhetorik in der Werbeindustrie und kulturellen Veranstaltungen zu verzeichnen. Dass diese nur in seltenen Fällen ein dem Thema angemessenes intellektuelles Niveau erreichen, ist bedauerlich, aber nicht zu verhindern.

Der Riss durch die Gesellschaft, den ich im Folgenden genauer betrachten möchte, wird übereinstimmend als Teilung der Gesellschaft in Modernisierungsbefürworter und Modernisierungsskeptiker, auch benannt als Konflikt zwischen Kosmopoliten und Kommunitaristen (Wolfgang Merkel), in Modernisierungsgewinner und Modernisierungsverlierer beschrieben. In diese Diskussion gehört auch eine genaue Betrachtung des Populismus, insbesondere des Rechtspopulismus, der den Begriff Heimat okkupiert und als perspektivlosen Kampfbegriff benutzt.

Wie Nostalgie die öffentliche Meinung in Europa beeinflusst - Die Macht der Vergangenheit

Ein Großteil der Europäer ist durch Globalisierung und andere Veränderungsprozesse verunsichert. Dies zeigt sich auch in den parteipolitischen Präferenzen. Die populistischen Strömungen werden unter dem Fokus der Nostalgie deutlich und belegen auch eine Spaltung der Meinungen in Europa. Die Bertelsmann-Stiftung hat 2018 eine europäisch angelegte repräsentative Studie unter dem Titel „Wie Nostalgie die öffentliche Meinung in Europa beeinflusst"[93] in Auftrag gegeben und veröffentlicht. Der Leitgedanke „Die Macht der Vergangenheit" wird ohne große Überraschung, aber mit belastbaren Zahlen deutlich.

Danach bejahen europaweit 67 % aller Befragten die Aussage, dass die Welt früher ein besserer Ort war, während 33 % dies verneinen. In Deutschland sind es immerhin noch 61 % gegenüber 39 % Ablehnung. In

---

[93] *de Vries, Catherine E. und Hoffmann, Isabell, 2018. Die folgenden Angaben entstammen dieser Studie.*

den Altersschichtungen zeigen sich zwar auf Europa bezogen Schwerpunkte im mittleren Alter von 36 - 45 Jahre mit 72 % Zustimmung, während die jüngsten Befragten - denen man keine unmittelbaren und über einen längeren Zeitraum generierte eigene Erfahrungswerte zubilligen kann - immerhin noch mehr als zur Hälfte davon ausgehen, dass die Welt früher besser war. Die weiteren Daten ergeben, das vor allem Männer aus den prekären Milieus nostalgische Positionen vertreten. Nicht verwunderlich ist auch, dass sie in ihrer Selbsteinschätzung eher rechts bis Mitte rechts verortet sind. In den weiteren, detaillierten Befragungen zu einzelnen Politikfeldern zeigt sich ebenfalls ein deutliches rechtspopulistisches Meinungsspektrum. Gemeinsam ist ihnen auch eine überproportional starke Konzentration auf die Vergangenheit bei - paradoxerweise - Forderung nach einem radikalen Bruch mit der Gegenwart. Abkehr vom Status-quo und radikale Rolle rückwärts ohne konkrete Vorschläge für die unsichere Zukunft.

Trennung Modernisierungsbefürworter und Modernisierungsskeptiker

Vor diesem Hintergrund, dass Heimat wieder Bedeutung gewonnen hat, wenn auch, wie noch zu zeigen sein wird, mit unterschiedlichen Konnotationen und Intentionen, ist nun angebracht, die Trennungen, die dieses unterschiedliche Verständnis bedingen, genauer zu betrachten. Als Quellen dienen hier die Sinusuntersuchung zur Bundestagswahl 2017 im Auftrag der Bertelsmannstiftung sowie die analytischen Ausführungen von Wolfgang Merkel,[94] Politologe am Wissenschaftszentrum Berlin.

Die Studie des Sinus-Instituts[95] hat aufgezeigt, dass die Trennung zwischen Modernisierungsbefürwortern und Modernisierungsskeptikern diagonal

---

94 *W. Merkel leitet die Abteilung Demokratie und Demokratisierung.*
95 *„Die Sinus-Milieus sind eine Gesellschafts- und Zielgruppentypologie, die Menschen nach Lebensauffassungen und Wertehaltungen in 'Gruppen Gleichgesinnter'*

durch die Milieus geht. Zu den Modernisierungsbefürwortern gehören überwiegend, aber nicht ausschließlich die gehobenen sozialen Lagen einschließlich Teilen des modernen Mainstreams. Leitideen sind für diese die Grenzüberwindung, Beschleunigung und die Wahrnehmung der Chancen der Modernisierung. [96]

Dem stehen die Modernisierungsskeptiker, die überwiegend das traditionelle und prekäre Milieu umfassen mit ihren Vorstellungen von Tradition und Besitzstandwahrung gegenüber. Sie fühlen sich von der Modernisierung überrollt und als Verlierer dieser Prozesse, überfordert und verunsichert. Aus diesen zwei gegenläufigen Tendenzen sind auch die Verständnisse von Heimat leicht abzuleiten.

Traditionelle Milieus

Die traditionellen Milieus suchen die Verwurzelung und die Verbindung mit Menschen der unmittelbaren Umgebung. Sie stehen in ihrem Selbstbild für Verlässlichkeit, Berechenbarkeit, Stabilität, Geborgenheit und ein stark vom Ort her geprägtes Heimatgefühl. Die besondere Rolle von Verwurzelung und Gewohnheit hat allerdings auch ein gesteigertes Maß an Inflexibilität zur Folge.

---

zusammenfasst. ...Die Sinus-Milieus liefern ein wirklichkeitsgetreues Bild der soziokulturellen Vielfalt in Gesellschaften, in dem sie die Befindlichkeiten und Orientierungen der Menschen, ihre Werte, Lebensziele, Lebensstile und Einstellungen sowie ihren sozialen Hintergrund genau beschreiben. Mit den Sinus-Milieus kann man die Lebenswelten der Menschen somit 'von innen heraus' verstehen, gleichsam in sie 'eintauchen'. Mit den Sinus-Milieus versteht man, was die Menschen bewegt und wie sie bewegt werden können. Denn die Sinus-Milieus nehmen die Menschen ganzheitlich wahr, im Bezugssystem all dessen, was für ihr Leben Bedeutung hat.
Die Sinus-Milieus gruppieren Menschen in 'Gruppen Gleichgesinnter' entlang zweier Dimensionen (Soziale Lage und normative Grundorientierung... Das Modell der Sinus-Milieus wird kontinuierlich an die soziokulturellen Veränderungen der Gesellschaft angepasst." (Selbstbeschreibung des Sinus-Instituts auf seiner Internetseite).
[96] Grafische Darstellung in der oben angeführten Studie. Aus Copyrightgründen hier keine Abbildung.

Ihr sozialer Raum deckt sich mit dem nahen räumlichen Lebensfeld. Deshalb verbleiben diese Milieus auch länger im Quartier[97] oder Ort (auf dem Land), auch wenn die Störungen im Umfeld zunehmen oder sich die Bewohnerstruktur sehr negativ entwickelt. Einzelne nennen dies dann auch „Heimatliebe", was aber letztlich eine Rationalisierung bleibt.

Ihr Nachbarschaftsverständnis ist auf das unmittelbare und möglichst homogene direkte Umfeld bezogen. In einem Soziogramm bei der Studie der Bertelsmannstiftung haben sie eine Darstellung in konzentrischen Kreisen gewählt und die Radien sehr eng um ihr eigenes Wohnquartier gezeichnet. Man möchte die Nachbarn kennen und hofft auf gegenseitige Hilfe, die man auch anbietet. Soziale Harmonie, Wertehomogenität und Konformität haben einen hohen Stellenwert, ebenso wie das Gefühl, in der Nachbarschaft sozial geborgen zu sein. Im Vergleich haben die traditionellen Milieus der Alteingesessenen und der Migranten bei aller kulturellen Differenz hohe Ähnlichkeiten in den Vorstellungen von Ordnung und nachbarschaftlichen Beziehungen. Man hat den Anspruch, in einem ordentlichen und gesitteten Milieu zu leben und sich z.B. von einer Spaßkultur abzugrenzen. Die traditionellen Milieus sind rückläufig, während die zukunftsorientierten modernen Milieus wachsen.

Junge, moderne Milieus

Die jungen, modernen Milieus, die z. T. Nachfolger des Postmateriellen Milieus sind, zeigen in vielen Punkten genau die gegensätzlichen Haltungen und Verhaltensweisen der traditionellen Milieus.

Geht man von einem Soziogramm aus, das von diesen im Rahmen der Untersuchung der Bertelsmann-Stiftung gezeichnet wurde, zeigt sich hier ein verzweigter und vernetzter Beziehungsraum, der weit über das Wohnquartier hinausgeht. Ebenso weit gestreut ist der Bekanntenkreis.

---

[97] *Quartier ist ein sozialwissenschaftlich gebrauchter Begriff für ein klar abgegrenztes Gebiet innerhalb einer Stadt. Es ist klarer begrenzt als ein Stadtviertel.*

Dies ist u.a. erklärbar über die hohe Mobilität und die Selbstverständlichkeit, auch mit den räumlich nahen Bekannten über das Internet zu kommunizieren. Auch für die jungen Milieus ist die Wohnung sehr wichtig, aber die Nachbarschaft nur solange, wie sie keine gravierenden Probleme bereitet. Auch sie zeigen negative Reaktionen, wenn Probleme oder Störfaktoren aus dem räumlichen Umfeld die Grenzen ihres persönlichen sozialen Raums überschreiten.

Das Quartier, also der erweiterte Lebens- und Nachbarschaftsraum bis hin zu Dorf oder Stadtviertel, darf für die modernen, vor allem jungen Milieus flexibel und sozial und ethnisch gemischt sein. Auch hier sind die vielfachen Kontakte über das unmittelbare Umfeld einschließlich Internet von Bedeutung. Diese Milieus verfügen über weitere, räumlich unabhängige und nur über ihre Person verknüpfte Beziehungsräume. Kennzeichnend ist auch die Tendenz, diese Beziehungsräume immer weiter auszuweiten, während parallel die Nachbarschaft von geringer Bedeutung ist. Ihr Einsatz für Belange geht nicht vom Quartier aus und richtet sich nicht auf dieses, wohl aber auf verbundene soziale Räume.

Die modernen Milieus zeigen ein stärkeres Wachstum, das über die demographischen Größen hinausgeht. Nicht nur, weil die traditionellen Milieus zu den Ältesten in der Gesellschaft gehören, sondern auch weil die modernen oder zur Neuorientierung neigenden Milieus Trendsetter, Leitmilieus, sind[98].

Spaltung nach Wolfgang Merkel

Der Demokratieforscher Wolfgang Merkel berichtet wiederkehrend im Rahmen seiner Forschungsarbeit und Politikberatung über Gefahren für die Gesellschaft - und über Lösungsansätze. Er sieht eindeutig einen kulturellen

---

[98] *Dies wird u.a. noch einmal aufgegriffen, wenn es um die Perspektiven einer Veränderung geht*

Riss durch die deutsche, aber auch weitergehend die europäische Gesellschaft gehen. „Das hat viel mit der Individualisierung der Gesellschaft und der Globalisierung der Märkte zu tun"[99].

Was aber hat diese „Nebenfolge" der ökonomischen Entwicklung mit Heimat zu tun? Das wirtschaftlich schwächste Drittel in der Gesellschaft verharrt am unteren Rand, gewissermaßen generationell vererbend, so Merkel in der SZ. „Die ökonomisch stärksten zehn Prozent der Gesellschaft sind auf Sozialsysteme und andere staatliche Strukturen praktisch nicht mehr angewiesen. Sie können sich diese auf dem Markt kaufen, …Das untere Drittel hingegen ist stark auf diese Transfersysteme angewiesen, wird abgehängt und ist politisch kaum zu erreichen"[100].

„Jetzt …gibt es breite Gruppen in der Bevölkerung, die mit dem raschen Wandel ihrer Lebenswelt nicht zurechtkommen. In Zeiten des beschleunigten gesellschaftlichen Wandels und der zunehmenden Vielfalt unserer Gesellschaft steigt die Nachfrage der Bürger nach Identität und Geborgenheit, also Heimat"[101].

Die Spaltung, die er benennt, läuft zwischen den Gruppen in der Gesellschaft, die als Kosmopoliten mit der Moderne und Neuorientierung zurechtkommen, und denen, die sich von dieser Entwicklung abgehängt fühlen.

„Es ist eher eine kulturell definierte Konfliktlinie zwischen Kosmopoliten – Grenzen auf für alle und alles – und denen, die ich Kommunitaristen nenne. Die wollen Grenzen stärker schließen"[102].

„Liberale und Linke haben sich lange darauf zurückgezogen, dass das Grundgesetz als Leitidee von Heimat genügt. Ich gehörte auch dazu. Das genügt aber nicht. Es gehört noch mehr dazu, zum Beispiel eine Umgebung,

---

[99] Merkel, Wolfgang: im Interview mit Lindner, Peter: Eine kulturelle Trennlinie durchschneidet Deutschland. München: Süddeutsche Zeitung vom 25. 07. 2018
[100] Merkel, Wolfgang 2018
[101] Müller-Gerbes, Sigrun: Themenwoche „Heimat". Interview mit dem Politologen Wolfgang Merkel, Bielefeld: Neue Westfälische 23.10.2017
[102] Merkel, Wolfgang 2017

in der man gerne lebt. Wenn sich Menschen etwa wehren, weil zu viele Flüchtlinge die Nachbarschaft, Schulen und Lebenswelt rasch und drastisch ändern, kann man ihnen nicht mit kosmopolitischem Hochmut aus den privilegierten Vierteln zurufen: Das müsst ihr hinnehmen, es gibt keine Obergrenzen, seid tolerant. Man muss die Ängste ernst nehmen. Tut man das nicht, fühlen sich immer mehr Menschen nicht mehr zuhause und suchen bei Rechtspopulisten ihre Heimat"[103] und deren Festlegung auf das, was für sie Heimat ist: ein Fertigprodukt aus der Vergangenheit

Spaltung durch Globalisierung

Der Riss durch die Gesellschaft in Modernisierungsskeptiker und Modernisierungsbefürworter, in vielen Fällen auch Verlierer und Gewinner der Modernisierung, ist auch realen und vermuteten Folgen der Globalisierung geschuldet. Tatsache ist, dass die Ungleichheit von Vermögen und Einkommen weltweit gestiegen ist.[104] Dies ist nur sekundär die Folge wirtschaftlicher Entwicklung einschließlich Digitalisierung, sondern eine Folge politischer Entscheidungen, „die diese besondere Form der Marktermächtigung bei gleichzeitiger Staatsentmachtung seit nunmehr drei Jahrzehnten antreiben. ... Parallel zu dieser Entwicklung gehen in der OECD-Welt die Wahlbe-

---

[103] Merkel, Wolfgang 2017

[104] So u.a. der Bericht vom Januar 2019 für Deutschland. Der Sechste Armuts- und Reichtumsbericht der Bundesregierung „Lebenslagen in Deutschland" von 2021 bestätigt dies ebenfalls. Die Corona Pandemie hat diese Situation noch einmal verschärft. Dazu u.a. Oxfam Deutschland e.V.: „Wir brauchen eine Wirtschaft für alle! Dass das derzeitige Wirtschaftssystem von neoliberalen Prinzipien der Gewinnmaximierung, patriarchalen Strukturen und der Vorherrschaft einer kleinen Gruppe, die vor allem aus weißen Männern besteht, geprägt ist, führt zu extremer Ungleichheit und Armut. Die Corona-Krise verdeutlicht dies in erschreckendem Ausmaß. Dies ist das Resultat politischer Entscheidungen und kann somit auch verändert werden." Quelle: Wie die Corona-Pandemie soziale Ungleichheit verschärft und warum wir unsere Wirtschaft gerechter gestalten müssen – Das Ungleichheitsvirus; Herausgeber: Oxfam Deutschland e. V., Januar 2021; S. 13

teiligung sowie die Mitgliedschaft in Parteien und gesellschaftlichen Groß-
organisationen zurück. Aus der Politik ausgestiegen ist vor allem das untere
Drittel der Gesellschaft"[105].

Daraus hat sich sowohl ein Rückzug als auch eine Polarisierung des
Wahlverhaltens ergeben – und hier finden wir auch Gründe für ein rigides
rückwärtsgewandtes Heimatverständnis. Idealbild ist immer noch eine monokulturelle und monoethnische Gesellschaft. Merkel: „Kulturell homogene
Gesellschaften sind leichter zu regieren. Heterogene Gesellschaften tendieren dazu, ethnische Konfliktlinien zu ziehen, sich in Subkulturen zu frag-
mentieren und dabei eigene Zivil- und Parallelgesellschaften auszubilden.
Das klingt beunruhigend, weil heterogene Gesellschaften unsere Zukunft
sein werden und manche ihrer Aspekte auch ausgesprochen positiv sein
können: Etwa kulturelle Vielfalt, wirtschaftliche und soziale Kreativität sowie die Einübung von Toleranz gegenüber dem Anderen"[106].

Ein weiterer Konflikt hat sich hier aufgetan, den Merkel als einen
schichtspezifischen oder in unserem Sinne zwischen Milieus beschreibt:
Der „Konflikt zwischen kosmopolitischen Eliten ... und den geistig, geographisch wie sozial eher immobilen Teilen unserer Gesellschaften. Kosmopoliten wollen offene Grenzen, liberale Zuwanderung, erleichterte Einbürge-
rung, kulturellen Pluralismus sowie eine globale Verantwortung für
universell gültige Menschenrechte und Umweltschutz (also ein Heimatverständnis, das soziale Beziehungen in den Vordergrund stellt, der Verf.). Kosmopoliten betonen die Chancen der Globalisierung, Kommunitaristen dagegen betonen die Gefahren. Letztere bevorzugen solidarische
Gemeinschaften, kontrollierte Grenzen, sie befürworten eine Beschränkung
der Zuwanderung, beharren auf kultureller Identität und legen Wert auf
sozialen Zusammenhalt, der leichter in kleinen abgrenzbaren Gemeinschaften herzustellen sei als in unbegrenzten sozialen Räumen (hier wiederum
stärker territorial gedacht, der Verf.) .... Kosmopolitische Einstellungen sind

---

[105] *Merkel, Wolfgang: So spaltet die Globalisierung die Gesellschaft – Cicero online
03.02. 2016*
[106] *Merkel, Wolfgang 2016*

vor allem unter den gebildeten Mittelschichten zu finden. Viele von ihnen sind Globalisierungsgewinner. Sie verfügen über das entsprechende Humankapital, um mit kulturellen Unterschieden und wirtschaftlichen Mobilitätsansprüchen umgehen zu können. ... Die untere Hälfte der Gesellschaft ist weniger mobil und kritischer gegenüber offenen Grenzen, Zuwanderung, Mobilitätszumutung, Multikulturalismus; auch fürchtet sie Konkurrenz in den weniger qualifizierten Bereichen des Arbeitsmarktes. Sie sind eher die Verlierer der Globalisierung. Gleichzeitig tragen insbesondere sie die Hauptlasten offener Grenzen, und zwar im Wohnquartier genauso wie im Alltags- und Berufsleben – während die oberen und Teile der mittleren Schichten davon profitieren"[107].

Für Merkel hat dies eindeutige politische Konsequenzen: „Das sozioökonomische Auseinanderdriften der Globalisierungsgewinner und Verlierer muss gestoppt werden; ein starker Staat äußert sich nicht nur als verlässlicher Rechtsstaat, sondern auch als Garant von sozialem Aufstieg und gleichen Lebenschancen für alle"[108]. So hat auch staatliches Handeln und auch Nicht-Handeln bedeutsamen Einfluss auf das, was Menschen Heimat sein kann.

Unverhandelbar aber sind die rechtsstaatlichen Positionen und kulturellen Werte einer offenen Gesellschaft. Das gilt gegenüber Fremdenfeindlichkeit auf der einen wie gegenüber der religiösen Intoleranz gegenwärtiger Islamdeutungen auf der anderen Seite. Ließen wir diese Prinzipien fallen, dann würden unsere Überzeugungen in der normativ taub gewordenen Gemengelage multikultureller Indifferenz verschwinden.

Merkel verweist auf ein Paradox unserer liberalen Demokratie. „Die Qualität der Demokratie ist heute einerseits deutlich höher als in den 60er oder 70er Jahren, auch in Deutschland. Das lässt sich beispielsweise an

---

[107] *Merkel, Wolfgang 2016*
[108] *Merkel, Wolfgang 2016*

Frauen- und Minderheitenrechten festmachen. Andererseits zeigt sich eine neue Zerbrechlichkeit westlicher Demokratien."[109]

Dies mache sich am Niedergang der Volksparteien fest, an den zunehmenden Schwierigkeiten von Regierungsbildung, heterogenerer und instabilerer Koalitionen und nicht zuletzt in einem Vertrauensverlust gegenüber Parteien, Regierungen und Parlamenten. „Politische Gestaltung ist heute deutlich schwieriger als noch vor 50 oder 60 Jahren. Das hat viel mit der Individualisierung der Gesellschaft und der Globalisierung der Märkte zu tun. Die Märkte sind nicht mehr national zu kontrollieren. Entsprechend lassen sich manche Probleme national nicht mehr lösen, selbst wenn sich die jeweilige Regierung einig ist"[110].

Handlungsspielräume würden allerdings zu wenig genutzt. „Zum Beispiel, wenn es um die ökonomische Ungleichheit geht, eine der größten Gefahren für das Gleichheitsprinzip der Demokratie. Darauf hat Merkel schon öfter hingewiesen und dies u.a. mit dem Begriff „Weg in eine Mittelschichtsdemokratie" beschrieben. Die untere Schicht werde abgehängt, während sich die Reichen aus den gesellschaftlichen Risiken „herauskaufen" würden.

Merkel konzediert auch, dass diese Schichten die Demokratie nicht nur gestalten, sondern auch stützen durch die stärkere Wahlbeteiligung und ein hohes ehrenamtliches Engagement. Aber, so betont er, die gebildeten Schichten dominieren Politik und Debatten. „Die unteren Schichten brechen weg. Von Politikern wurden sie als Klientel zum Teil aufgegeben, da sie sich schwer mobilisieren lassen. Und waren damit bei Wahlen recht erfolgreich!"[111]

---

[109] Merkel, Wolfgang 2018. Die Coronapandemie in 2020/21 wird auch als eine Bewährungsprobe für Demokratie verstanden.
[110] Merkel, Wolfgang 2018
[111] Merkel, Wolfgang 2018

Die kulturelle Spaltung

Die Spaltung der Gesellschaft betrifft aber nicht nur den ökonomischen und sozialen Bereich, sondern auch den kulturellen. „Der Diskurs ist vor allem geprägt von den Kosmopoliten und den gebildeten Mittelschichten, von ihren Themen und Sichtweisen. Teilweise war der Diskurs auch abgehoben und spiegelte kaum die Lebenswirklichkeit der unteren Hälfte der Gesellschaft wider"[112]

Die Polarisierung wächst. Kosmopoliten und Kommunitaristen sprechen unterschiedliche Sprachen, haben unterschiedliche Werte. Sie sind sich selbst genug, die anderen wollen sie nicht verstehen. Dies drückt sich auch in der Debattenkultur aus, die zunehmend rigider wird. Den Grund dafür sieht Merkel auch in „der Polarisierung zwischen bisweilen hoffärtigen Eliten und der Unkultur rechtspopulistischen Protests. Rechtspopulisten nutzen Sprache gezielt als Provokationsinstrument. Manche Medien haben mit ihrer Suche nach allzu korrekten Formulierungen zu diesem Phänomen beigetragen, genau wie die Echokammern in sozialen Medien, wo Hasstiraden den Diskurs vergiften"[113].

Gibt es einen Ausweg? Merkel schlägt vor: „Die etablierten Parteien sollten sich nicht permanent vor sich hertreiben lassen von monothematischen Diskursen über Migration und Flüchtlinge. ... Auch das Verwenden von Begriffen wie „Asyltourismus"[114] kann eine verhängnisvolle Dynamik in Gang setzen: Es ist gefährlich für die Demokratie, wenn sprachlich Dämme brechen. Deshalb ist es wichtig, Worte verantwortungsvoll zu wägen, aber nicht abgehoben zu sprechen. Das heißt aber auch, dass Politiker Probleme nicht verschweigen, sondern klar benennen"[115].

---

[112] *Merkel, Wolfgang 2018*

[113] *Merkel, Wolfgang 2018*

[114] *Söder, Markus: u.a. Spiegel am 20.06.2018; auch in der Debatte um die Kanzlerschaft in den Unionsparteien 2021 hat er sich nicht davon distanziert.*

[115] *Merkel, Wolfgang 2018*

Und wie kann man jene „Abgehängten" wieder erreichen? Merkel: „Gerade die ökonomisch und sozial Schwachen müssen sehen können, dass für sie Politik gemacht wird. Dass sich ihre Situation verbessert. Und dass ihnen und ihren Kindern Lebenschancen geboten werden. Bildung muss allen zugutekommen, nicht nur der Mittelschicht; prekär Beschäftigte müssen besser geschützt und Armut im Alter und bei Alleinerziehenden wirkungsvoll bekämpft werden. Das wären wichtige Schritte, um die Spaltung in unserem Land zu überwinden"[116].

Heimat in der Spaltung

Welche Bedeutung hat nun Heimat in der gesellschaftlichen Spaltung? Hier noch einmal die Position von Wolfgang Merkel: „Die (Kosmopoliten) kommen überall auf der Welt zurecht. Sie sind auf den Wandel eingestellt, sie treiben ihn und sind auch dessen größte Nutznießer"[117]. Es sind „hoch ausgebildete, gutverdienende und kulturell divers ausgerichtete Menschen ... Aber auch die oberen Mittelschichten – Anwälte, Ärzte, Professoren, Journalisten – haben es leicht, den gesellschaftlichen Wandel und die Öffnung der Grenzen zu begrüßen und von ihm zu profitieren"[118].

„Auf der anderen Seite haben wir aber immobilere Gruppen von Menschen, die auf regulierte nationale Arbeitsmärkte und heimatlich geschützte Umgebungen angewiesen sind. Der von ihnen nicht beeinflussbare Wandel ihrer Umgebung wird als Entzug der Heimat empfunden"[119]. Hier stehen die, „die sagen: Wir wollen uns in unserer Lebenswelt zurechtfinden. Wir wollen gerne in ihr leben, und wir wollen mitsprechen, wie stark Grenzen fallen dürfen und wie schnell sich unsere Umgebung verändert"[120].

---

[116] *Merkel, Wolfgang 2018*

[117] *Merkel, Wolfgang 2017*

[118] *Merkel, Wolfgang 2017*

[119] *Merkel, Wolfgang 2017*

[120] *Merkel, Wolfgang 2017*

Unter diesen „gibt es zwei Varianten. Die nationalistisch-chauvinistische, die den Nationalstaat rigide abschirmen will. Sie sind gegen Asylsuchende, Flüchtlinge und Andersgläubige"[121]. Es gibt aber auch welche, die sagen „Gesellschaft ist dann lebenswert, wenn sie auch eine gelebte Gemeinschaft ist. Die das Gefühl der Zugehörigkeit betonen. Gemeinschaft und Zugehörigkeit heißt wechselseitiges Vertrauen, Verstehen, Solidarität, Mitbestimmung und letztendlich Heimat"[122].

Die Spaltung ist nach seiner Auffassung nicht überwindbar. „Aber politisch praktisch müssen beide Seiten aufeinander zugehen. Wir müssen Kompromisse finden. Die finden wir aber nicht, wenn die Kosmopoliten mit belehrender Hybris auftreten. Und es geht nicht, dass gerade die, die offene Grenzen predigen, die geringsten Lasten zu tragen haben, und jene, die sie nicht wollen, die größten"[123].

Aber mit dieser Spaltung leben und sie in eine Konvergenz zu überführen hält er für möglich. Zentral dafür ist, dass auch die Abgehängten ihre Heimat selbst bestimmen. Im Wortlaut: „Toleranz gerade gegenüber dem Fremden ist ein hoher Wert. Aber diese Toleranz müssen die, die an ihrer hergebrachten Heimat hängen, nicht von den Kosmopoliten gelehrt bekommen. Sie können sie selbst lernen, wenn sie über ihre Heimat selbst bestimmen dürfen. Wenn die weniger privilegierten Schichten nur die Kosten auf Arbeits- und Wohnungsmarkt, in den öffentlichen Schulen oder der öffentlichen Sicherheit zu tragen haben, werden sie sich nicht zurechtfinden. Das ist dann nicht mehr ihre Heimat"[124].

---

[121] *Merkel, Wolfgang 2017*
[122] *Merkel, Wolfgang 2017*
[123] *Merkel, Wolfgang 2017*
[124] *Merkel, Wolfgang 2017*

Zeitgemäßer politischer Begriff von Heimat

Abgesehen von der mentalen Heimatzerstörung durch den Rechtspopulismus kann auch heute der Heimatbegriff ein politischer Terminus werden, ein Programm, das den Ort als Territorium, den sozialen Raum der Menschen und ihrer Beziehungen und die Emotionen als handlungsrelevante Motivationen eint.

So zeigt sich ein erheblicher Widerstand gegen das, was als Heimatzerstörung verstanden wird, die nicht mehr resignativ erduldet werden will, sondern die sich als Widerstand am Ort z. T. quer durch verschiedene Milieus formiert. Dazu gehören Bürgerinitiativen und Projekte (eher zu den modernen Milieus gehörig) gegen die Übernahme von Windkrafträdern durch ortsfremde Investoren oder Baumaßnahmen, die nicht die Ästhetik oder den Gebrauchswert von Häusern berücksichtigen (eher bei traditionsorientierten Milieus).[125]

Auch die spontanen Hilfsaktionen 2015, als eine große Zahl von Geflüchteten nach Deutschland und in die Kommunen kam, zeugt von einem politischen Heimatbegriff, der gegen die populistischen Bestrebungen und Verbalattacken praktizierte Nothilfe leistete. Und damit ein Zeichen setzte, denn wer in seinem Heimatbegriff den (Arbeits-) Migranten keinen Platz einräumt, verkürzt ihn unzulässig.[126]

Auch hier zeigte sich eine Spaltung in der Gesellschaft. Während den aus den Kriegsgebieten Geflohenen in einem durchaus breiten Konsens geholfen wurde, auch im Blick, dass die Vorfahren vieler heutiger Einheimischer Zugezogene, Geflohene und Vertriebene (Weltkrieg) oder Arbeitsemigranten waren, zeigt sich häufig massiver Widerstand aus dem Migrantenmilieu der aus der ehemaligen Sowjetrepublik oder Polen zugewanderten,

---

[125] *Die milieutypischen Unterschiede werden im Kapitel über die Sozialen Milieus in Anlehnung an die Sinusstudien präzisiert.*
[126] *Siehe Bausinger 2007*

deutschstämmigen Menschen[127]. Gerade „Stammbaumsüchtige" erleben wiederum oft eine multinationale und multiethnische Ahnenreihe. Bemerkenswert ist auch, dass damit auch Karnevalsschlager zur politischen Botschaft werden, wenn die Bläck Föös singen: „So simmer all hierhin jekumme, mer spreche all dieselbe Sproch. Mir sin wie mer sin... dat is wo mer stolz drup sin".

Klar ist, dass sich Heimat und offene Gesellschaft nicht ausschließen, auch nicht ausschließen dürfen. Menschheit lässt sich nicht in nationale Grenzen einsperren. Ob damit gleich das Bekenntnis der neuen Milieus: „Unsere Heimat ist die Welt", einschließt, bleibt zunächst dahingestellt.

Heimat ist auch insofern politisch, dass sie sich immer auch mit anderen angeeignet werden will und ein zeitgerechter Umbau durch alle erfolgt. Heimat lässt sich nicht konsumieren, sondern nur mit dem Begriff von Hartmut Rosa gesagt: anwandeln. Und das ist anstrengende Arbeit.

Der ehemalige Bundespräsident Roman Herzog hat in diesem Sinne auch ein eindrucksvolles Beispiel gegeben, wie sich Heimat und Welt verbinden lassen. Wenn er „Laptop und Lederhose" versöhnen will, zeigt er, dass zur Heimat auch eine Abkehr vom „Kult des Eigenen" zu einer weltoffenen Haltung gehört, ohne dass man jedem Unsinn, der von außen kommt, Tür und Tor öffnet. Für uns hieße dies, dass das „ok" und „cool" im Dialekt ihren Platz finden dürfen, wie immer gerade im Plattdeutschen fremdsprachige Begriffe ihren selbstverständlichen Platz gefunden haben.

Zwei letzte Akzente zu einem politischen Heimatbegriff: Zwar hat die Wirtschaftseuphorie in den 50ger und 60ger Jahren vorübergehend den Heimatbegriff im öffentlichen Diskurs verabschiedet, doch spätestens in der erkennbaren globaler Vernetzung von heimischer Region - ein neuer Begriff

---

[127] *Ein ganz vorsichtiger, möglicherweise reigionaltypischer Schluss für meine Stadt ist auch aus dem Ergebnis der Bundestagswahlen 2017 zu schließen. In den Wahlbezirken, in denen überproportional Russlanddeutsche wohnen, liegt der Anteil der Erst- und Zweitstimmen für die AfD um mehr als 30% über dem Gesamtergebnis.*

wird hier eingeführt - mit weltweiten Unternehmungen[128] wird der Zusammenhang, den die Alternativen in den 70ger Jahren aufgebracht haben und der auch von konservativen Kreisen übernommen wurde, verbindliche Vision: „Global denken - regional handeln".

Und eine zweite Perspektive darf nicht aus den Augen verloren gehen: Heimat ist gestaltete Umwelt, aber nicht nur auf dem Lande und in der Ästhetik der Landzeitschriften, sondern auch die städtischen (urbanen) Quartiere sind Heimat.[129]

Gesellschaftliche Spaltung in der Stadt und auf dem Land

Der städtische Raum

Die Spaltung kann auch im städtischen Bereich beobachtet werden, in denen sich vorher gemischte Quartiere zunehmend entmischen (sogenannte Segregation) und sich die Tendenz zu einer Polarisierung und räumlichen Aufteilung gemäß bestimmter Eigenschaften beobachten lässt. Diese Entmischung geht von der Mitte der Gesellschaft aus und wird von Gruppen in gehobener sozialer Lage vollzogen, die über genügend finanzielle Spielräume verfügen. Der Antrieb dazu ist die Störung ihrer Kultur durch fremde Menschen, erst recht, wenn sie in Gruppen in einem Quartier auftreten oder durch verstörende Ereignisse, zu denen auf dem Lande auch der unkontrollierte Einsatz von Windkraft gehört.

Auch in den modernen Milieus führt eine „überzogene Vielfalt" und Heterogenität der Lebensweisen nicht zu mehr Kontakt und Konvergenz, sondern eher zur Abgrenzung. Dies ist an Untersuchungen zu den Migrantenmilieus in Deutschland festgestellt worden, und zwar für beide Seiten.

---

[128] *Die Region Südwestfalen (Sauer- und Siegerland) weist 150 Weltmarktführer in der Industrie auf.*
[129] *Auf diesen Aspekt gehe ich im zweiten Teil bei der Entwicklung eines ökologischen Verständnisses von Heimat ausführlicher ein.*

Ähnliches konnte schon bei früheren, osteuropäischen Migrantenmilieus beobachtet werden.

Stadtgesellschaft

Wie ist eine Stadtgesellschaft im Blick auf Heimat zu beschreiben? Entgegen den Bemühungen, Städte und vor allem Großstädte als ein homogenes Gebilde zu beschreiben, lassen sie sich nicht über Verwaltungsgrenzen definieren. Was im Umkehrschluss bedeutet, dass Heimat im städtischen Kontext sich über Quartiere (z.B. Kölner Südstadt), über Lebensstile und Beziehungsnetze definiert. Auch hier ist also eher der soziale Beziehungsraum als der Ort mit Heimat verbunden.

Die Segregation in der städtischen Gesellschaft der Gegenwart betrifft weniger jene Quartiere, die vorwiegend von prekären Milieus genutzt werden, sondern vor allem die der Gruppen, die sich einen Wegzug leisten können. Ohnehin ist die Nachbarschaft hier nachrangig - im Gegensatz zum ländlichen Lebensraum -, sodass die sozialen Beziehungen trotz Wohnungs- und Quartierwechsel weiter aufrecht erhalten bleiben können. Lokale Identifikationen werden zunehmend entgrenzt.

Entmischung wird erwartungsgemäß gefördert, je stärker eine Lebenssituation für Spannungen empfänglich erscheint und wenn zusätzlich Unterschiede sichtbar gemacht oder stärker empfunden werden. Heimat ist nach Bausinger auch immer „ein vages, verschieden besetzbares Symbol für intakte Beziehungen"[130]

Wenn aus Sicht der Teilnehmenden das Zusammenleben schwierig bis unmöglich erscheint, werden auch Migranten als Übel benannt. Auch hierbei ist das Bedürfnis vorhanden, die Komplexität des Zusammenlebens mittels Vorurteilen und Generalisierungen zu vereinfachen. Diese müssen

---

[130] *Bausinger, Hermann: 2007 S. 11*

nicht auf eigenen Erfahrungen basieren, sondern können auch durch Informationen Dritter oder selektiver Medien und deren Echoraum bewirkt werden.

Die Entmischung vollziehen vor allem flexible und mobile Betroffene insbesondere, wenn sich der Markt entspannt und bessere wirtschaftliche Verhältnisse zu erwarten sind. Sie wird beschleunigt, je demonstrativer die Unterschiede zu anderen Milieus sichtbar gemacht oder empfunden werden.

Moderne Milieus in der Stadtgesellschaft

Wenn wir hier wiederum die modernen Milieus betrachten, zeigt sich, dass für sie auch als urbane Gruppierung das Quartier zunehmend an Bedeutung verliert. Durch die vielfältigen, über das Quartier hinausgehenden Kontakte wird das ohnehin emotionsfreie Wohnumfeld zur Kulisse, die auch austauschbar wird. In ihrer Grundhaltung, dass für intensive Bindung an das Quartier oder Nachbarn weder Zeit übrigbleibt noch dies zum eigenen Ideal gehört, hält man Distanz und bleibt unabhängig. Aus der Sicht eher traditioneller Milieus ist dies Entwurzelung, für die modernen Milieus jedoch Normalfall.

Das Quartier verliert also an Bedeutung, auch wenn eine Segregation nicht vollzogen wird. Da die Infrastruktur, die soziale Zusammensetzung, die Nachbarschaft und das Wohnumfeld sekundär sind, wird es ersetzbar. Der Ersatz ist jedoch auch nicht beliebig, da auch von ihnen ein „Typ von Quartier" gesucht wird. Entsprechend wird das Umfeld definiert. Die abnehmende Bedeutung des Quartiers beeinflusst auch die Fluktuation, aber auch den Verbleib unter der Maxime: Warum umziehen, wenn sich soziales Leben ohnehin jenseits des Wohnumfelds oder Wohnorts vollzieht?

Sozialer Raum

Auch hier ist noch einmal ein kurzer, spezialisierter Blick auf den sozialen Raum, der in der Stadtgesellschaft Heimat ist, zu werfen. In der Gegenwart versteht man unter Heimat das von Greverus definierte „satisfaktionierende Territorium", einen Raum der Geborgenheit in materieller, sozialer und kultureller Hinsicht. Diese Vertrautheit fehlt oft in einer sogenannten globalisierten Welt, in der Mobilität und Städtewachstum einen zunehmend anonymen Lebensraum schaffen. Die Rückbesinnung auf Heimat ist hier nicht nur die Sehnsucht nach Vertrautheit, sondern auch ein Versuch, regionstypische Merkmale gegen eine äußere Gleichschaltung zu stellen.[131]

Mit der Definition von Heimat als sozialer Raum ist die alltägliche Wahrnehmung von Ort und Beziehung verbunden, die zum Schlüssel zum Verständnis der Welt wird. Heimat als sozialer Raum funktioniert vollkommen subjektiv, mit eigenen Sinn- und Kommunikationsstrukturen, die es von innen heraus zu verstehen gilt. Mit einer gerade im Stadtbereich massiven Entgrenzung der individuellen sozialen Räume bleibt das Bedürfnis nach Grenzen erhalten, doch werden diese nicht im Raum, sondern im sozialen Bereich gezogen.

Ländlicher Raum

Der Stadt ist die Situation der ländlichen Bereiche gegenüberzustellen. Hier geht es zunächst um den Riss in der Gesellschaft, der sich auch zwischen Stadt und Land manifestiert, aber durch zunehmende Konvergenz eingeebnet wird.

Ländlicher Raum ist ausdifferenziert

Aber - und das lässt sich dagegenhalten - der ländliche Raum ist keine einheitliche Größe mehr. Die Vorstellungen einer homogenen, bäuerlich geprägten Gemeinschaft sind obsolet, vielmehr ist auch die Landbevölkerung eine vielschichtige Gruppe. Auch auf dem Lande haben sich neue Kommunikationsformen entwickelt, Dörfer sind mit Städten verflochten und die

---

[131] *Vgl. Bausinger, Hermann 1980 S. 20*

ehemals von „Einheimischen" dominierten Ortschaften, Vereine und Verhaltensmuster sind durch Zuzügler und die Kommunikation auch auf dem Lande lebender moderner Milieus verändert.

Dabei zeigt sich eine vordergründig paradoxe Situation: Die Zuzügler nehmen das Wachstum im Dorf (durch den Zuzug) positiv wahr und stellen keine Veränderungen fest. Im Gegensatz dazu werden Zuzügler für die Einführung postmoderner Lebensstile verantwortlich gemacht. Da der Lebensstil auf dem Lande auch weiterhin emotional und sozial an den Wohnort gebunden ist, messen die dort ansässigen Menschen den Veränderungen große Bedeutung bei.

Reinhold Messner hat sehr pointiert für seine überwiegend ländlich geprägte Heimat (er nennt sie wirklich so) Südtirol Stellung bezogen: "Viele andere Gefühle, die dem Begriff 'Heimat' heute zugeordnet werden, treffen eine Marktlücke, die Gefühlsarmut und Identifikationsschwierigkeiten signalisiert. Viele Touristen nehmen aus ihrem Urlaub ihre 'Ferienheimat' in Form geknipster Lichtbilder mit, und viele Einheimische glauben, jemandem zu gefallen, wenn sie 'ihre Heimat' immerzu 'lieben'. Wenn Heimat ablichtbar ist und nicht kritisch gesehen werden darf, bedeutet sie Grenze, und jedes Anderssein wird verpönt. Heimat wird dann zum Etikett, Vorurteil zum Urteil....Die wachen Menschen (hingegen) sorgen sich um ihre Heimat und tun etwas für sie. Sie benutzen nicht nur einen Begriff, mit dem es so leicht ist, Emotionen, Geld und Applaus zu sammeln. Trotzdem will ich es mir auch morgen mit dem Begriff 'Heimat' nicht leicht machen. ... Mich interessiert dieses Klischee von Heimat ebenso wie das Land, in dem ich aufgewachsen bin. Vielleicht bin ich deshalb ein so 'schwieriger Südtiroler'. Aber ich lasse mir meine Heimat und meine Kultur nicht nehmen von jenen, die dieses Land für sich gepachtet haben."[132]

---

[132] *Messner, Reinhold 1989 S. 169*

Rolle des Raums in postmodernen Veränderungen: Konvergenzen

Eine bemerkenswerte Studie mit dem Titel „futopolis" des Zukunftsinstituts Österreich verweist auf eine zunehmende Konvergenz von Stadt und Land: „Lebensräume sind Orte der Identität, der Kultur und des gesellschaftlichen Diskurses. Mit ihnen wird auch der Begriff der 'Heimat' verknüpft. Die gewohnte Aufteilung des Lebensraums zwischen Stadt und Land löst sich künftig aber mehr und mehr auf. Es entstehen hingegen hybride Lebensräume und fließende Übergänge"[133]. „...ländliche Lebensstile halten Einzug in die Stadt und urbane Qualitäten lösen sich aus ihrer physischen Bedingtheit – dabei entstehen hybride, fluide Lebensräume"[134].

Die Homogenisierung der Lebensverhältnisse führt dabei zu einem Bedeutungsverlust des Räumlichen und zum Schwinden raumbezogener Lebensstile. Dennoch gewinnt das Ländliche einen Zuwachs an Bedeutung als Anker in schnelllebiger Zeit und unübersichtlicher Welt. Der Ländliche Raum gilt als Rückzugsraum in hektischer Welt, wo stabile Sozialbedingungen und traditionelle Werte bestehen. Auch eine Sicht von Heimat.[135]

---

[133] *Seitz, Janine und Papasabbas, Lena: 4 Thesen zur Stadt der Zukunft. Frankfurt am Main : Zukunftsinstitut GmbH, 2018; www.zukunftsinstitut.de/artikel/wohnen/futopolis-die-4-thesen-der-trendstudie*
[134] *Seitz, Janine u.a. 2018*
[135] *Vgl dazu auch das Kapitel zur Progressiven Provinz im Anhang*

Soziale Milieus und ihr Heimatbegriff

Im folgenden Abschnitt weise ich anhand der Sinusmilieu-Studien auf, dass der Heimatbegriff der unterschiedlichen Sozialen Milieus sich an deren Lebenswelten und Mentalitäten orientiert und daher wesentliche Unterscheidungen erkennbar werden. Bei dieser Beschreibung werden das Verständnis von Heimat als Sozialer Raum und die Spaltung der Gesellschaft als vorausgesetzt angesehen.[136]

Was sind Soziale Milieus?

Unter „sozialen Milieus" werden Gruppierungen jeweils ähnlicher Mentalitäten verstanden. Die Erforschung sozialer Milieuunterschiede ist vor allem in der angewandten Sozialforschung, besonders im Marketing, weit verbreitet und lässt mittlerweile auch internationale Vergleiche zu. Auch im Alltag wird eine Gruppierung von Menschen, die in ähnlichen Umständen leben, ähnlich denken und so das Verhalten der Einzelnen in ähnlicher Weise prägen, als „soziales Milieu" bezeichnet.

Besonders häufig wird der Milieubegriff dann benutzt, „wenn … auf soziale Vor- oder Nachteile und zugleich auf kulturelle Unterschiede zwischen solchen Gruppierungen aufmerksam gemacht werden soll"[137]. Das Sinus-Institut geht von einer zweidimensionalen Matrix aus, die auf der waagerechten Achse die drei Grundorientierungen „Tradition", „Modernisierung / Individualisierung" und „Neuorientierung" benennt. Auf den senkrechten Achsen finden sich die Bezeichnungen für die Soziale Lage mit den Kriterien „Un-

---

[136] *Eine dezidierte Studie zu diesem Thema ist nach meiner aktuellen Kenntnis seitens des Sinus-Instituts nicht erfolgt. Die Zuordnungen des Heimatverständnisses erfolgen durch den Verfasser aufgrund anderer Sinusstudien und im Rückblick auf seine Beratungsarbeit mit Hilfe diverser Sinusstudien. Genaueres weiter unten.*
[137] *Hradi, Stefan: Soziale Milieus - eine praxisorientierte Forschungsperspektive. Bonn: Bundeszentrale für Politische Bildung; https://www.bpb.de/apuz/29426/soziale-milieus S. 3*

tere Mittelschicht / Unterschicht", „Mittlere Mittelschicht" und „Oberschicht / Obere Mittelschicht". Daraus ergeben sich neun Felder wie z.B. „Obere Mittelschicht / Traditionsorientierung" oder „Unterschicht / Modernisierung". Die dort angesiedelten Milieus zeichnen sich durch überwiegend ähnliches Denken, Verhalten und Ästhetika aus. Sie „ticken" ähnlich, wie es mir seinerzeit ein Mitarbeiter des Instituts erklärte.[138] Aufgrund dieser Matrix lassen sich auch spezielle Heimatbegriffe finden, die mit dem übrigen Verhalten und den Einstellungen kompatibel sind.

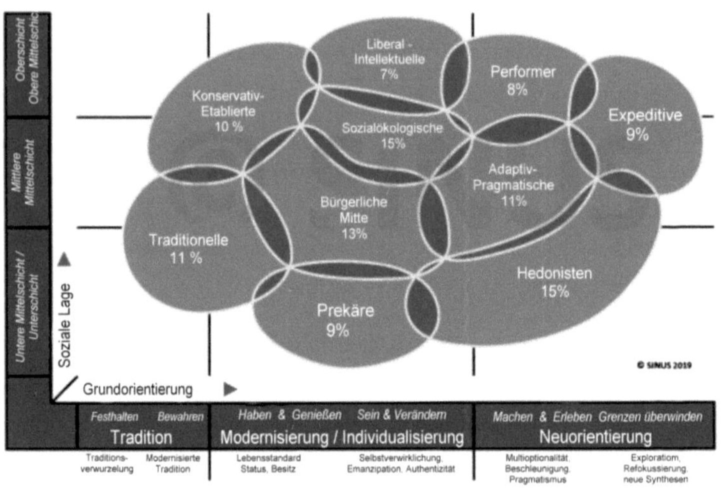

Die Sinus-Milieus 2019[139]

---

[138] Ich habe im Rahmen von Beratungsarbeit im kirchlichen Bereich mit den Milieustudien erfolgreich arbeiten können.

[139] Quelle: Von SINUS-Institut - Eigenes Werk, CC BY-SA 4.0, https://commons.wikimedia.org/w/index.php?curid=81868595; Artikel Wikipedia Sinus-Milieus

Die Heimatbegriffe der Sozialen Milieus

Bislang gibt es keine explizite Studie zu Heimat bei Deutschen, wohl aber zu den Migranten-Milieus in Deutschland. Daher habe ich Adaptionen von verschiedenen Sinus-Studien benutzt, die einen Rückschluss auf das Verständnis von Heimat erlauben.[140]

Konservativ-Etablierte: Traditionsorientiert – Obere Mittelschicht / Oberschicht

Mit der Grundhaltung Festhalten bzw. Bewahren verbindet sich für dieses Leitmilieu ein ausgeprägtes Traditions- und Geschichtsbewusstsein. Heimat ist für sie ein geschichtlich gewordener, kultureller Raum, den die Vorausgegangenen geprägt haben. Von hier ist Geschichte der Blick auf die Menschen, die den erkennbaren Einfluss auf das Gewordene hatten.

Dieses Milieu zeigt ein ausgeprägtes Standesbewusstsein und legt Wert auf gepflegten Kontakt zu anderen, vornehmlich aus dem eigenen Milieu oder für die eigenen Anliegen bedeutsamen Personen. Vorwiegend traditi-

---

[140] U.a. *„Die Sinus Milieus"*, 2015-09-23_Sinus-Beitrag_b4p2015_slide (1); *„Der soziokulturelle Wandel in Deutschland"*, 2008; *„Informationen zu den Sinusmilieus 2015 / 2016"*; *„Sinus-Migrantenmilieus® 2018: Repräsentativuntersuchung der Lebenswelten von Menschen mit Migrationshintergrund in Deutschland"* 2017; *„Sinusmilieus 50+ Deutschland – Die Lebenswelt der Generation 50+"* (Dr. Silke Borgstedt); alle Hrsg. Sinus Sociovision / SINUS Markt- und Sozialforschung GmbH, Heidelberg; *„Die Sinus-Milieus – ein sozialwissenschaftliches Instrument für die pastorale Arbeit"*, Hrsg. Katholische Sozialethische Arbeitsstelle, Hamm; *„Religiöse und kirchliche Orientierungen in den Sinus-Milieus® 2005"* (Dr. Carsten Wippermann / Isabel de Magalhaes) Hrsg. Publizistische Kommission der Deutschen Bischofskonferenz; Barz, Heiner / Tippelt, Rudolf *„Weiterbildung und soziale Milieus in Deutschland"* Hrsg. Deutsches Institut für Erwachsenenbildung; Bertelsmann, Gütersloh 2007
Die Definitionen zu den Milieus wurden im Wesentlichen im Wortlaut übernommen; die zum Heimatverständnis entsprechend abgeleitet formuliert. Damit wird auch eine Anschlussfähigkeit an andere, sozialwissenschaftliche Studien sichergestellt

onelle Werte, humanistisch verstanden, wie Zuverlässigkeit und Verantwortung bestimmen die Grundhaltung. Diese werden grundsätzlich auch von anderen erwartet. Dies resultiert aus dem Exklusivitäts- und Führungsanspruch, der diesem Milieu eigen ist.

Heimat: In diesem Sinne ist Heimat vor allem mit Erhaltung und Förderung von Kultur, die sich in Denkmalarbeit mit hohem Anspruch und Bildung mit wissenschaftlichem Niveau realisiert. Daher wird hier auch Heimat als philosophisches Thema gesehen. Die Wertschätzung von kultiviertem und hochwertigem Wohnen setzt sich auch in der Umgebung fort. Daraus resultiert auch der verantwortungsvolle Einsatz für den Erhalt eines geschichtlich gewordenen Kontextes.

Liberal-intellektuelles Niveau: Modernisierung – Obere Mittelschicht / Oberschicht

Dieses Milieu ist die aufgeklärte Bildungselite mit einem kritischen Blick auf die Welt. Durch Herkunft, Entwicklung und berufliche Tätigkeit ist ihnen ein globales Denken eigen. Mit der Grundorientierung Neuorientierung stellt es sich multioptional und effizienzorientiert dar. Die Menschen denken global-ökonomisch und handeln entsprechend wettbewerbsorientiert, sind ansonsten in ihrer Beziehung zur Welt nicht wertegebunden, sondern sehen sie als gegeben an.

Heimat: Aufgrund ihrer globalen Tätigkeit und Orientierung lassen sie sich nicht auf einen eigenen Heimatbegriff festlegen, zumal sie nicht an einen Ort gebunden sind. Damit kann ihre Beziehung zum örtlichen Nahraum oder Sozialen Raum nicht als Heimat gerinnen, um identitätsstiftend zu sein. Als Kosmopoliten haben sie auch keine dauerhafte Heimat in der sozialen Welt. Sie sind so eher in der Philosophie, als an einem Ort zu Hause. Ehrgeiz und starkes Erleben lässt auch einen - engen - Heimatbegriff nicht zu. Das Wiedererkennen von global verstreuten Orten und sozialen Beziehungen kann gegebenenfalls zur Heimat werden.

Performer: Neuorientierung / Obere Mittelschicht

Das Milieu der Performer zählt zu den sozial gehobenen Milieus und ist auf der Grundorientierungsachse im Bereich Neuorientierung zu verorten. Diese Lage zeigt, dass sich Performer am Neuen orientieren und mit der Beschleunigung des Lebens und dem Fortschritt gut mithalten. Performer sehen sich als wirtschaftliche Elite und messen Karriere und Leistung einen hohen Wert zu. Sie zeigen sich multioptional und sind im globalen Denken und Handeln zu Hause. Sie sind die Konsum- und Stilavantgarde und haben eine hohe Technik- und IT-Affinität.

Heimat: Durch ihre globale Tätigkeit ist ihnen ein territorialer Heimatbegriff fremd. Als wirtschaftliche Elite mit einer Orientierung an Beschleunigung ist ihnen Heimat zu „betulich". Wenn Heimat nicht den gesellschaftlichen und ökonomischen Fortschritt fördert, haben sie kein Interesse. Auffallend ist, dass im Rahmen ihrer globalen Tätigkeit ihre Orte mit zeitlichem Index versehen werden und stark wechseln. Bedeutung hat der Ort nur im Rahmen ihrer beruflichen Tätigkeit und als Rückzug in repräsentative Wohnung(en).

Heimat im herkömmlichen Sinne als Territorium oder sozialer Raum kann sich so nicht entwickeln. Die Performer haben eine hohe Kontaktdichte, die aber ebenfalls nicht zum sozialen Raum als Heimat gerinnen kann, da sie auch schnell wieder gelöst werden. Dauerhafte Heimat in einer sozialen Welt ist ihnen nicht erstrebenswert, sie haben vielmehr andere Einwurzelungen z.B. im Wiedererkennen von Orten und sozialen Beziehungen, die sie mal aufgenommen hatten und nun wiederbeleben können. Ihr Ehrgeiz und das Streben nach starkem Erleben lässt einen Heimatbegriff nicht zu.

Traditionelles Milieu: Traditionsorientiert – Unterschicht / untere Mittelschicht

Dieses Milieu hat den höchsten Altersdurchschnitt, zum Teil noch mit Erfahrungen aus dem letzten Weltkrieg. Die Sozialisierung erfolgte im überwiegend konservativen Zeitgeist, zum Teil in festen, auch religiösen Milieus oder im Umfeld der NS Ideologie.

Das Selbstbild ist das der rechtschaffenen, bodenständigen Menschen mit traditioneller Moralvorstellung und romantisierender Vergangenheitserklärung. Grundorientierung ist: Festhalten, Bewahren, rigides Einhalten von Tradition und traditionellen Werten.

Heimat: Das Verständnis von Heimat ist daher auch traditionell geprägt und vorwiegend mit Orten, die mit Gefühlen und moralischen Ansprüchen aufgeladen sind, verbunden. Die zentralen Werte von Glaube, Treue und Verlässlichkeit dürfen nicht zerstört werden. Sie gehören essentiell zur Heimat. Heimat muss nicht mit Blut und Boden verbunden sein, aber Scholle und Ehre schon.

Aus der Vergangenheitsverklärung erfolgt auch ein sentimentales Verhältnis zu dem, was Heimat sein kann. Dies manifestiert sich im bevorzugten Liedgut der Romantik und Wandervogelbewegung und nicht zuletzt in den Schlagern der 50ger Jahre mit Freddy Quinn und seinen Liedern von Heimat, Mutter und Sehnsucht aus der Fremde. Oder mit einer „neuen Volksmusik" à la Florian Silbereisen oder André Rieu.

Heimat ist der Ort und Zustand in der ihre Werte noch gelten. Diese idealisierten Vorstellungen sind oft rückwärtsgewandte Projektionen von Geborgenheitswünschen, die sich aus ihrer Einschätzung ergeben, durch die Globalisierung, Digitalisierung und Beschleunigung der Moderne abgehängt zu werden. Sie sind in diesem Gefühl empfänglich für die Slogans der Rechtspopulisten, sowohl der AfD, die 7 % mehr als der Bundesdurchschnitt wählten, als auch aus den Volksparteien.

Sozial-ökologisches Milieu: Modernisierung – Mittlere bis obere Mittelschicht

Das engagiert-kritische Milieu versteht sich als das soziale und ökologische Gewissen der Gesellschaft und hat durchaus normative Vorstellungen, was das richtige Leben ist. Gerechtigkeit und Toleranz, Solidarität untereinander und mit Benachteiligten, Nachhaltigkeit und eine gesunde Umwelt sind die von ihnen zentral vertretenen Werte. Ihre Werteorientierung richtet sich aber auch auf den Nahraum von Familie und Partnerschaft. Ihre Haltung gegenüber Konsum und ökonomischem Wachstum ist kritisch anzusehen, soziale Kälte im Nahbereich und global sehen sie als bedrohlich an.

Heimat: Daraus ergibt sich ein Verständnis von Heimat als gesundes ökologisches und soziales System, indem die natürlichen Grundlagen bewahrt und die sozialen Beziehungen zeitgerecht gestaltet werden. Heimat ist nicht geschichtsbezogen, sondern zukunftsbezogen, insbesondere auch im Blick auf die eigenen Kinder. Geschichtliches Handeln geschieht jetzt, alles andere ist historisch.

Heimat ist sozialer und ökologischer Raum, in dem und für den sie sich einsetzen, der allen gehört, die dort leben wollen. Im hohen Bedürfnis nach politischer und gesellschaftlicher Mitsprache sind sie für Projektarbeit im sozialen Nahraum zu gewinnen, die sie zielorientiert mit hohem Engagement, aber auch zeitlich befristet durchführen. Nach dem Erfolg gibt es wieder den Rückzug, um Kräfte zu sammeln für das nächste Engagement.

Heimat erfordert ökologische Arbeit, zu der Naturschutz gehört, aber nicht damit abgeschlossen ist. Einsatz im Hambacher Forst ist auch Solidaritätsbekundung, wenn die Heimat anderer als Ort und soziale Beziehung bedroht ist. Ihr Denken ist systemisch geprägt, als Menschen sind sie eher beständig.

*Bürgerliche Mitte: Modernisierung – Untere /
Mittlere Mittelschicht*

Die Bürgerliche Mitte ist in der Mitte der Gesellschaft verortet, überwiegend Mittelschicht oder mittelschichtsorientiert, eher Mainstream. Ihr sind Status und Sicherheit besonders wichtig, ebenso wie gesicherte ökonomische Verhältnisse, Geborgenheit im Nahraum der Nachbarschaft und Familie. Situationen und Beziehungen müssen kalkulierbar sein. Grundsätzlich bejahen sie die gesellschaftliche Ordnung und wünschen sich, dass in ihrem Umfeld Menschen leben, die genauso ticken wie sie selbst.

Zu ihrer traditionell-liberalen Werteorientierung gehört auch die Toleranz von Diversität (Verschiedenheit), solange sie nicht dadurch ihre Sicherheit und Stabilität gefährdet sehen. Dann kann es auch zu einer rigorosen Verteidigung des sozialen Raumes kommen.

Heimat: So ist zu schließen, dass Heimat für sie in ausgeprägtem Maße Ort, Beziehung und Gefühl ist. Für sie gilt im Besonderen der Maßstab „Kennen, Gekanntwerden, Anerkannt sein". Heimat ist nicht unbedingt der Herkunftsort und der Ort der beruflichen Tätigkeit, da sie durch Familie und berufliche Zwänge an dem „gewählten" Ort sind. Die Berufsausübung an einem anderen Ort kann auch viel Zeit und Kraft kosten, wird aber wegen der Familie und ihrer Form des guten Lebens in Kauf genommen. Ein Engagement wird eher in familienaffinen und heimatnahen Organisationen wie dem SGV zu finden sein, in ökologischen Projekten oder einem geschichtlich interessierten Heimatverein.

Aufgrund durchaus nachvollziehbarer Abstiegsängste ist aus ihrer Sicht auch Heimat als Nahfeld bedroht, mit seinen stabilen Beziehungen und Sicherheiten. Auch dieses Milieu ist gefährdet, den Parolen der Rechtspopulisten zu folgen. Immerhin haben aus diesem Milieu 20% die AfD gewählt, 15% mehr als bei der letzten Wahl und mit 8% über dem Bundesdurchschnitt. Die Gefährdung liegt vor allem in der Übernahme des Klischees „Besitzheimat" als Sehnsuchtsort mit vermeintlicher Rettung von Nahfeld, Sicherheit und Status. Dies schließt auch Fremdenfeindlichkeit ein, die auch für die Bürgerliche Mitte durch Tabubrüche der Rechtspopulisten zugänglich wird.

Adaptiv-Pragmatisches Milieu: Neuorientierung – Mittlere Mittelschicht

Dieses Milieu gehört zur Mittelschicht in den Bereich der Neuorientierung. Sie sind multioptional, pragmatisch und bevorzugen Machen und Erleben. Es ist ein junges, modernes, leistungsorientiertes Milieu, anpassungsbereit, weltoffen und flexibel. Es ist das Zukunftsmilieu, aus dem sich die neue gesellschaftliche Mitte rekrutiert.

Ihr Selbstbild ist: jung sein, weltoffen, am und über das Internet Teilhabe realisieren. Gleichzeitig sind Partnerschaft und Familie zentral, aber auch die Sicherheit im täglichen Leben und am Arbeitsplatz. Dies alles klingt nicht zufällig wie eine moderne Fassung der Bürgerlichen Mitte.

Heimat: In ihrer Vorstellung ist Heimat eine Region, nicht nur ein Ort, aber nicht nur als enger und emotionaler Nahraum verstanden. In ihrer Heimat leben sie, solange nicht ihre Bedürfnisse nach Stabilität verletzt werden. Vor einer aktiven Auseinandersetzung wird eher ein Umzug erwogen. Heimat ist für sie mehr der soziale Raum der Menschen, wobei viele Kontakte über das Internet erfolgen. Auch zu Freunden und der Familie, mit denen auch über das Internet kommuniziert wird. Letztlich ist Heimat mehr sozialer Raum, der ein gutes Lebensgefühl ermöglicht, als ein Ort.

Das Adaptiv-Pragmatisches Milieu ist ein überwiegend urbanes Milieu, das aber auch auf dem Lande im Sinne einer Konvergenz zu finden ist. Letztlich ist auch festzuhalten, dass die urbane Gesellschaft auch immer die Brutstätte neuer Entwicklungen war und ist.

*Prekäres Milieu: Modernisierung – Untere Unterschicht /
Unterschicht*

Das Prekäres Milieu ist die moderne Unterschicht, die sich modern und
an den modernen Leitmilieus orientiert. Zentral für sie ist das Bemühen um
Anerkennung, auch und gerade von den Milieus in höherer sozialer Lage.
Dies geschieht häufig über einen Konsum, den sie sich nicht immer leisten
können, der aber deutlich präsentiert wird. Sie sind Überlebenskünstler, die
der sozialen und wirtschaftlichen Benachteiligung trotzen.

Heimat: Wichtiger als Heimat als Raum ist die Anerkennung durch andere, daher ist Heimat eher der soziale Raum mit den solidarischen und
auch den kontroversen Beziehungen. Ihre Angst vor der Zukunft, die aufgrund der ökonomischen Situation auch teilweise berechtigt ist, fußt auch
auf dem Gefühl, Opfer des globalen und digitalen Wandels zu sein. Sie sind
auch Prototyp der Modernisierungsskeptiker. Aus diesem Gefühl, zurückgelassen zu werden, treffen rechtspopulistische Parolen, dass die Migranten
und die Migration die Mutter aller Ursachen ist und dass diesen Fremden
alles gegeben wird, was sie vermissen, genau ihre Befindlichkeit. Daraus
ergibt sich eine Heimatvorstellung, die sich entgegen dem Leben als ständi-
gem Kampf, den sie führen, als Ort des Friedens darstellt. Heimat ist emotionaler Rückzugsraum, da die Welt als kalt und bedrohlich empfunden
wird. Ihre Heimatvorstellung ist nostalgisch (wie 67% in Europa) und geprägt von der Vorstellung als kleiner, überschaubarer, monokultureller
Raum.

*Hedonisten: Neuorientierung – Unterschicht / Untere
Mittelschicht*

Die Hedonisten gehören zum Unterschichtsmilieu, das zwischen Modernisierung und Neuorientierung angesiedelt ist, weder eindeutig das eine
noch das andere. Dieses relativ große unkonventionelle Milieu, immerhin
15% der Bevölkerung, ist geprägt von Multioptionalität, Beschleunigung

und Erleben. Sie sehen sich selbst als frei, unkonventionell, provokant und halten eine ausgesprochene Distanz zu Regeln und Zwängen. Leben ist mehr als Arbeit, was der Pflichtethik der Traditionalisten diametral gegenübersteht. Spaß und Abwechslung sind Lebensinhalte und im Gegensatz zur Bürgerlichen Mitte oder dem Sozial-ökologischen Milieu ist ihnen Beständigkeit eher fremd.

Heimat: Einem sowohl konventionellen Heimatbegriff als Ort als auch eines sozialen Raumes oder einer gefühlsmäßigen Beziehung stehen sie fremd gegenüber. Heimat ist „scheißegal", ist ja nichts Starkes.

Expeditive: Neuorientierung – Mittlere / Ober Mittelschicht

Dieses Milieu ist das am stärksten in der Neuorientierung verortete Milieu. Es ist eine gehobene Schicht, aber auch ein finanziell starkes Milieu und mit Abstand das jüngste. Ihre Lebenseinstellung ist von Neuorientierung und bewusster Grenzüberschreitung geprägt, Suche nach neuen Synthesen und synergetischem Denken. Sie sind transnationale Trendsetter, mental und geographisch mobil. Ihre Pläne sind selbstverständlich ehrgeizig, Start-ups sind eine Normalerscheinung.

Heimat: Da gerade Start-ups nicht ortsgebunden sind, ist der ortsbezogene Begriff von Heimat für sie nicht nachvollziehbar. „Das Netz ist eine meiner Heimaten", sagte der Internetpublizist Christian Heller 2008 und beschreibt damit prägnant das Heimatverständnis dieses Milieus. Heimat hat für sie nichts mit Ortsverbundenheit, wohl nicht einmal mit einer Region zu tun, die austauschbar und eher funktional betrachtet wird.

Expeditive haben eine Vielzahl von Kontakten über das Internet. Aufgrund der Technik eher schriftlich als unmittelbar oder vermittelt verbal. Typisch ist auch: Kontakte aufnehmen, kurzzeitig halten, aufgeben, wieder aufnehmen usw. Das Internet ist damit als sozialer, weil kommunikativer Raum Heimat.

Die Sinus-Milieus in einer Kleinstadt und die Konsequenzen für einen Heimatverein

Ein kleiner Blick in eine Studie für eine Kleinstadt im Sauerland aus 2006, zeigt in manchen Milieus ein vom Bundesdurchschnitt stark abweichendes Bild. Was für eine Landgemeinde erwartet werden kann, ist der hohe Anteil des Traditionsorientierten Milieus mit 18%, im Bund 14 %. Noch auffallender ist das extrem starke Milieu der Bürgerlichen Mitte, mit fast 26% in dieser Stadt zu 16 % im Mittel in Deutschland.

Ebenfalls auffallend ist, dass ein Teil der 2006 noch „Konsum-Materialisten" genannten Milieus, die z.T. in das Bürgerliche Milieu aufgestiegen sind, z.T. aber auch dem (heute nicht mehr einzeln wahrnehmbaren) Milieu der DDR- und anderer Nostalgiker „aufgefüllt wurden", also das klassische Unterschichtsmilieu, stark ausgeprägt ist.

Wenn der Heimatverein[141] sich an der Größe der Milieus orientieren wollte, müsste er bezogen auf die Bürgerliche Mitte ein familienaffines Begegnungsprogramm zum Thema „Hier lebt man gerne gut", auch in Kooperation mit anderen „bürgerlichen Vereinigungen" anbieten. Hier wird man – dies zeigen die Erfahrungen in der Arbeit mit den Sinusmilieus in kirchlichen Kontexten – gerngesehene Besucher, aber weniger auch zeitlich begrenzte Mitarbeiter finden. Über das Thema „Nachbarschaft – das sind wir", „Nachbarschaft ist Heimat – Heimat ist Nachbarschaft" (oder ähnlicher Slogan) wird diese Gruppe ebenfalls erreichbar sein. Die Erwartungen jedoch, die aus konservativ etablierten Kreisen formuliert wird, dass eine beständige Mitarbeit erfolgt (wie es in jenem Milieu zur Essenz gehört), wird nicht erfüllt werden. Die Programme der Heimatvereine auf den Dörfern steht diesem Klientel nach augenblicklicher Wahrnehmung näher, als der Heimatverein für die kleinstädtische Region.

---

[141] *Der Autor ist seit vielen Jahren im Heimatverein Drolshagen aktiv und war mehrere Jahre dessen Geschäftsführer.*

Der hohe Anteil der Traditionsorientierten findet sich in den Bereichen wieder, in denen der Heimatverein auch Traditionsthemen aufgreift oder anbietet. Hier sind vor allem die Geschichtswerkstatt und der Singkreis zu nennen. Die Milieus der Sozialökologischen und z.T. die Bürgerliche Mitte finden ihre Angebote in den ökologischen Themen wie Obstbaumveredlungen oder dem regionalen Frühstück. Der Teil der ehemals nur Konservativ genannten, heute Konservativ-Etablierten, wird durch spezielle kulturelle Veranstaltungen wie Vorträge oder Vernissagen und Ausstellungen, aber auch durch stilleres Engagement für Denkmalpflege oder eher akademische Kulturarbeit zu gewinnen sein.

Für die jungen Milieus, deren Heimat überwiegend über die sozialen Beziehungen definiert wird und die Performer als Leitmilieu ist der Heimatverein nicht erreichbar, bzw. er erreicht diese nicht. Der wiederkehrende Vorstoß, über die Schulen junge Leute für heimatgeschichtliche Themen zu gewinnen, muss wegen der unterschiedlichen Zugänge und Milieus scheitern.[142] Anzumerken ist hier auch noch, dass die jungen Erwachsenen, die in den Milieus der „Neuorientierung" beheimatet sind, auch zu den Bevölkerungskreisen gehören, die überproportional Kleinstadt und Land verlassen.

Und bei all dem ist auch festzustellen, dass die im Heimatverein engagierten Personen zwar aus den Milieus der Mitte stammen und dort leben, aber gleichzeitig über ihre Kontakte Personen aus ihrem „Sprengel", sprich Milieu, als Gäste oder Mitarbeiter in den Heimatverein mitbringen. Der Heimatverein wird auch noch eine Entscheidung darüber treffen müssen, welchen Milieus er sich stärker zuwenden will und mit wem er in einem Netzwerk den „Megatrend Konnektivität"[143] voranbringen will.

---

[142] *Konkret wurde in der Zukunftswerkstatt von einem Lehrer, der auch in überörtlicher Leitungsfunktion für Schulen tätig war, die Aufforderung „Die Schule müsste..." vehement zurückgewiesen mit dem Argument: „Was sollen wir denn alles sonst noch leisten, wir kommen mit unseren Grundaufgaben ja so gerade zurecht!"*
[143] *Dazu später mehr.*

Populistische Bestrebungen zu Heimat

Der undifferenzierte Gebrauch von Heimat, der bewusst dem Hörer das freie Assoziieren überlässt, verbunden mit beliebigen Ab- und Ausgrenzungen ist ein wesentlicher Teil des Diskurses im Populismus. Exemplarisch wird dies wegen der Öffentlichkeitswirksamkeit an der AfD aufgezeigt, die mittlerweile in allen Landesparlamenten, im Bundestag und dem Europaparlament vertreten ist.[144] Populistische Bestrebungen sind allerdings auch in anderen Parteien festzustellen, wie am Rande vermerkt wird.

Was ist Populismus?

Mit dem Aufkommen des Rechts-Populismus wird der Heimat-Begriff in politischen Diskussionen wieder häufiger verwendet und versuchsweise rehabilitiert. Die strikte Trennung zwischen dem „Eigenen" und dem „Fremden", die reklamierte „Angst vor Überfremdung und Durchmischung" der Gesellschaft gehen zumindest zum Teil mit einer forcierten Rückbesinnung auf das „Heimat-Gefühl" einher. Das hat unter dem CSU-Politiker Horst Seehofer sogar zur Umbenennung des Innenministeriums in *„Bundesministerium des Innern, für Bau und Heimat"* geführt.

An dieser Stelle ist klarzustellen, was Populismus, insbesondere Rechts-Populismus ist und wie dort der Begriff Heimat verwendet wird. Ich folge hier einer in der Kürze und Präzision lesenswerten Analyse von Annalina Lange, die ich im Weiteren auch zitiere.[145] „In seiner einfachsten Form ist Populismus ein 'rhetorisches Stilmittel' und wird als 'Strategie des Machterwerbs' verwendet. Der Populismus geht von keinem eigenen und

---

[144] *Da der größte Teil der Abhandlungen in den Jahren bis 2020 entstand, kann auf die aktuelle Situation, vor allem der in 2021 stattfindenden Bundestagswahl nicht eingegangen werden.*

[145] *Lange, Annalina: Das politische Konzept 'Heimat'. Populismus, AfD, CSU, Innenministerium von 10.9.2018 Quelle: http://www.pop-zeitschrift.de; die Nachweise der von ihr gebrauchten Zitate auch dort;*

verbindlichen Wertesystem aus, sondern übernimmt Positionen, die er für die 'des Volkes' hält. Zentral für den Populismus ist die enge Bindung ans 'Volk'. Das 'Volk' gilt dabei als eine Gemeinschaft einfacher Leute, die strikt von der 'Elite' abgegrenzt wird. Die Gesellschaft wird stark vereinfachend in das 'reine Volk' und die 'korrupte Elite' aufgeteilt"[146].

„Ein weiterer oft anzutreffender Bestandteil der populistischen Rhetorik sind Halbwahrheiten, Emotionalisierung und 'Angstmache'. Probleme werden übersteigert dargestellt, während zugleich eine vermeintlich einfache Lösung präsentiert wird. Dies geschieht nicht auf konstruktive Weise, sondern indem der Eindruck erweckt wird, dass die politischen Gegner sich bewusst und aus vermeintlich egoistischen Gründen einer Lösung verweigern"[147].

„Ein bedeutendes Element des Populismus ist darum die Komplexitätsreduktion. Die Komplexitätsreduktion führt zu weiteren populistischen Stilmitteln: Provokation und Tabubruch. Populisten wollen ihrer Ansicht nach ‚tabuisierte, unliebsame und vernachlässigte Themen aufgreifen‘ und diese direkt und ohne Rücksicht auf political correctness ansprechen"[148].

„Als wichtigste, hinreichende Ausprägung nicht nur der populistischen Rhetorik und Komplexitätsreduktion, sondern des Populismus schlechthin ist wiederum das Freund-Feind-Verhältnis von 'Volk' und 'Elite' zu nennen"[149].

Der Volks-Begriff bleibt zwar ungenau und unhistorisch, zielt aber auf die Homogenität einer Gruppe. Das „Volk" wird stets klassen- und schichtübergreifend verstanden und besitzt einen einheitlichen Volkswillen. Es wird „in seiner Gesamtheit romantisch verklärt und ausschließlich als ehr-

---

[146] *Lange, Annalina 2018*
[147] *Lange, Annalina 2018*
[148] *Lange, Annalina 2018*
[149] *Lange, Annalina 2018*

lich, vernünftig, hart arbeitend, anständig und politisch mündig dargestellt"[150]. Innerhalb der eigenen Gruppe kann es so nach dieser Ansicht nicht
zu abweichenden Meinungen kommen. Das „Volk" ist hier ein „einheitlicher
Organismus" mit einer „einheitlichen (Volks-)Stimme".

Um den eigenen Forderungen Glaubhaftigkeit zu verleihen, verwenden
Populisten das Argument des gesunden Menschenverstandes. Damit knüp-
fen sie an die Alltagserfahrungen der Wähler an. Dieser „gesunde Men-
schenverstand" beruht allerdings tatsächlich auf subjektiven Erfahrungen,
aus denen ein generalisierter Sinn abgeleitet wird. So wird eine einfachere
Vorstellung komplexer Sachverhalte ermöglicht. Diese Operation führt zu
einem simplen Weltbild, das auf Extreme reduziert wird.

Rechts-Populismus

Während der Populismus allgemein die Unterscheidung von „Volk" und
„Elite" in Stellung bringt, unterscheidet der Rechts-Populismus spezifischer
das Eigene vom Fremden. Das eigene „Volk" steht im Rechts-Populismus
gegen das Fremde, das Andere oder auch die Ausländer. Diese werden als
störende Elemente einer sonst „grundsätzlich funktionierenden Ordnung"
angesehen. Rechts-Populismus entsteht, wenn die eigene „völkische"- oder
nationalkulturelle Identität und Position im strikten Unterschied zu anderen Gruppen entworfen und im Vergleich mit ihnen aufgewertet wird. „Politische und soziale Teilhaberechte" reserviert man dadurch für die „eigene,
autochthone Bevölkerung".

Ausgeschlossen werden im Rechts-Populismus alle, die nicht in den vermeintlich homogenen „Volkscharakter" passen. Das sind meist Immigran-
ten, Asylbewerber oder ethnische Minderheiten. Im aktuellen Diskurs betrifft dieser Ausschluss vorwiegend Muslime und Geflüchtete im

---

[150] *Lange, Annalina 2018*

Allgemeinen. Rechts-Populismus wirkt in erster Linie polarisierend zwischen einem nationalen ‚Wir' und ‚den Anderen'.

Gründe für den Populismus

„Populismus kann als Reaktion auf verschiedene Ursachen auftreten. Diese können sowohl ökonomischer, politischer als auch kultureller Natur sein. In allen Ansätzen fungiert Populismus jedoch als Krisen-Symptom. Wenn sich Teile der Bevölkerung nicht mehr ausreichend berücksichtigt und repräsentiert fühlen, kann es zu einer akuten Krise kommen. Populismus artikuliert dann die Distanz von 'Volk' und 'Elite' und tritt für Volkssouveränität, [...] Volksbeteiligung und [...] mehr Kontrolle der Repräsentanten"[151] ein. Populismus stellt demnach eine Reaktion auf die vorhandene oder gefühlte Distanz zur je aktuellen Ausgestaltung des politischen Systems dar.

Die Konjunktur des Populismus kann zudem ökonomische Grundlagen besitzen, etwa, wenn sich wegen der wachsenden Kluft zwischen Arm und Reich die Mittelschicht vor dem sozialen Abstieg fürchten muss. Solche Existenzängste können Betroffene politisch mobilisieren und das Vertrauen in herrschende Parteien und Politiker schwächen.[152]

Populismus kann ebenfalls kulturell bedingt sein. Durch die Globalisierung verändern sich moderne Gesellschaften, dies kann zur Angst vor Identitätsverlust führen, wenn die verstärkte Durchlässigkeit für Waren, Dienstleistungen und Arbeitskräften aus vielen Teilen der Welt das Konstrukt einer „homogenen Kultur" bedroht. Populismus entsteht demnach meist aus einer Krise und den zugehörigen Ängsten, aus Erfahrungen des Kontrollverlusts und des Ausgeliefertseins.

---

[151] *Lange, Annalina 2018*
[152] *Siehe Ausführungen zu den Sinus-Milieus, insbesondere zur Bürgerlichen Mitte und den Prekären*

Der Zusammenhang von Rechts-Populismus und Heimat

Im Rechts-Populismus liegt der Fokus auf dem Eigenen, welches im Vergleich aufgewertet wird und wegen akuter Bedrohung bewahrt werden soll. Heimat steht sowohl für einen Ort als auch für ein Gefühl. Dieses wird aus ersten Erinnerungen an Vertrautes gewonnen und bezeichnet darum etwas, das eine Person zu ihrem Eigenen zählt. Wenn im Rechts-Populismus der Begriff Heimat verwendet wird, appelliert dieser an ein individuelles Gefühl, welches nicht weiter definiert werden muss, weil er „eine scheinbar natürliche Wahrnehmung der eigenen Lebenswelt darstellt. Dadurch, dass der Begriff klar und logisch erscheint, jedoch sehr individuell und vage ist, können viele Menschen angesprochen werden. Auch ohne genau nachweisen zu müssen, was tatsächlich gefährdet ist, können Ängste geschürt und so Anhänger und Wähler gewonnen werden"[153].

Der Heimat-Begriff ist somit ein wichtiger Bestandteil für den Wahlkampf von rechts-populistischen Parteien. Er muss in diesem Zusammenhang nicht immer klar benannt werden, sondern kann auch durch ähnliche Begriffe wie „das Eigene" oder „Vertraute" ersetzt werden. Obwohl die Bindung an einen Staat kein individuelles Heimat-Gefühl darstellt, kann Heimat aber auch wirkungsvoll in den nationalen Zusammenhang gestellt werden. Es ist deshalb sinnvoll, sich im Zusammenhang des Rechts-Populismus mit Heimat auseinanderzusetzen und zu untersuchen, wie und wofür der Heimat-Begriff genutzt wird.

---

[153] *Lange, Annalina 2018; vgl. hierzu auch die „Protesteder sogenannten Querdenker und Verschwörungstheoretiker während der Corona-Pandemie" in 2021. Hier haben auch die Rechtspopulisten und Rechtsextremen ein vorbestelltes Feld gefunden, diffuse und irreale Positionen zur Aktivierung bis in das bürgerliche Lager gefunden. Dazu der Verfassungsschutzbericht 2021.*

Populistische Elemente im Grundsatzprogramm der AfD

Im Grundsatzprogramm der AfD finden sich populistische Elemente wie Kritik an Eliten, Komplexitätsreduktion, Emotionalisierung, Angstmache und die Forderung nach direkt-demokratischen Elementen sowie freier Rede über tabuisierte Themen. Die Unterscheidung zwischen Eigenem und Fremden und die dazugehörige Auf-und Abwertung weisen zudem eine rechts-populistische Tendenz auf. Dies ließe sich in einem anderen Zusammenhang ausführlicher darstellen, wozu an dieser Stelle jedoch Zeit und Raum fehlen.[154]

Der Heimat-Begriff im Grundsatzprogramm der AfD

Der Heimat-Begriff findet sich im Grundsatzprogramm der Alternative für Deutschland[155] aus dem Jahr 2016 mit Bezug auf Asylbewerber und deren Herkunftsländer, aber auch mit Bezug auf Deutschland wieder. Heimat wird auch anderen zugestanden, allerdings nur in ihrer vermeintlich angestammten Umwelt: Asylbewerbern solle „der Verlust der Heimat"[156] erspart und „menschenwürdiges Leben in ihrer Heimat"[157] ermöglicht werden, darum sollte die „Fluchtursache im Heimatland"[158] bekämpft werden. Weitere

---

[154] *Die aktuellen Entwicklungen (2021) wie die Beobachtung der gesamten AfD durch den Verfassungsschutz und die rechtsextremen Bestrebungen innerhalb der Partei können an dieser Stelle nicht thematisiert, sollen aber erwähnt werden.*
[155] *Meuthen, Jörg u.a.: Programm für Deutschland – Grundsatzprogramm der Alternative für Deutschland - vertreten durch den Vorstand, dieser vertreten durch die Bundessprecher Prof. Dr. Jörg Meuthen und Dr. Alexander Gauland, 2016*
[156] *Meuthen 2016 S. 58*
[157] *Meuthen 2016 S. 63*
[158] *Meuthen 2016 S. 116*

Formulierungen dieser Art sind „Wiederaufbau des Heimatlandes"[159], „heimatnahe Flüchtlingslager"[160] und „in ihrer Heimat haben sie alle Brücken abgebrochen"[161].

Auf Deutschland bezogen findet sich der Heimat-Begriff bei der Forderung nach Integration (jeder Einwanderer muss sich „seiner neuen Heimat"[162] anpassen), Wohnungspolitik („Wohneigentum schafft Heimatbindung"[163]) und der Forderung, Gold in Deutschland aufzubewahren („Gold heimholen"), wieder. Des Weiteren ist die Rede von „einheimischen Unternehmen"[164], „einheimischer Bevölkerung"[165], „einheimischer Kultur"[166], „einheimischen Potentialen"[167] und „heimischen Fischereiprodukten"[168]. Was genau mit Heimat bezeichnet wird, geht aus dem Grundsatzprogramm der AfD demnach nicht klar hervor. Es werden sowohl geografische Orte, Personen und Produkte sowie „Kultur" und „Potentiale" dazu gezählt.

Die direkte Verwendung des Heimat-Begriffs bezieht sich auf geographische Orte, Heimatschutz sowie Menschen. Auch ohne den Heimat-Begriff zu verwenden, geht es im Wahlprogramm der AfD häufig um eine starke Abgrenzung sowie Überhöhung des Eigenen und um Verlustängste.

Die Zukunft Deutschlands und Europas müsse langfristig gesichert werden. Sie wollen „unseren Nachkommen" ein Land hinterlassen, das noch als Deutschland erkennbar ist. Das Possessivpronomen „unser" trennt erneut zwischen dem Eigenen und dem Fremden.

---

[159] *Meuthen 2016 S. 117*
[160] *Meuthen 2016 S. 119*
[161] *Meuthen 2016 S.127*
[162] *Meuthen 2016 S. 125*
[163] *Meuthen 2016 S. 187*
[164] *Meuthen 2016 S. 63*
[165] *Meuthen 2016 S. 81*
[166] *Meuthen 2016 S. 92*
[167] *Meuthen 2016 S. 122*
[168] *Meuthen 2016 S. 175*

Resümieren lässt sich deshalb, dass die AfD wertende Verben und Adjektive sowie Schlagworte und neue Wort-Kreationen verwendet, um zu polarisieren und das Bild einer Gefährdung des Eigenen, Vertrauten, oder auch der Heimat, hervorzurufen. In der Konsequenz wendet sich die Partei gegen diese scheinbaren Entwicklungen und möchte das Eigene beschützen. Der gefühlte Verlust, welcher als gegeben dargestellt wird, bezieht sich dabei stets auf etwas Vertrautes und appelliert damit ans Heimat-Gefühl, ohne den Begriff explizit zu gebrauchen.[169]

Die heimatfeindliche Ausrichtung der AfD

Der unbestimmte und emotionalisierende Gebrauch des Begriffes Heimat ist letztlich „heimatfeindlich", wie es Meinhard Creydt im Onlinedienst „telepolis"[170] am 21. August 2018 anhand des politischen Diskurses analysiert. Er schreibt u.a. „Parteien auf der rechten Seite des politischen Spektrums haben sich selbst immer gern als Fürsprecher der 'Heimat' empfohlen. Die NPD nannte sich 'Heimatpartei'. Der Verein, der in Cottbus Demonstranten organisierte, heißt 'Zukunft Heimat'. Auch bei der AfD spielt dieses Wort eine große Rolle. Engagement für 'Heimat' versteht die AfD in den letzten drei Jahren zuallererst als Kampf gegen die Zuwanderung und in zweiter Linie als Kampf gegen die EU"[171].

Ihr Fokus ist nicht die Gestaltung von Heimat als Ort oder sozialer Raum der Beziehungen, sondern die polemische Klage, wer wie Heimat zerstört. „Die Unwirtlichkeit der 'autogerechten Stadt' als massive Ursache

---

[169] *Vgl. Lange, Annalina 2018*

[170] *Telepolis ist ein Onlinemagazin des Heise Zeitschriften Verlags. Das Netzmagazin, das bis 1998 auch als Printausgabe erschien, reflektiert nach eigener Darstellung „kritisch die gesellschaftlichen, politischen, wissenschaftlichen, kulturellen und künstlerischen Aspekte des digitalen Zeitalters". Im Juli 2015 erreichte die Internetseite von Telepolis über 14 Millionen IVW-geprüfte Seitenabrufe*

[171] *Quelle: telepolis https://www.heise.de/tp/features/Die-heimatfeindliche-Ausrichtung-der-AfD-4139480.html vom 21.08. 2018*

der Verwahrlosung von Heimat sowie die Versiegelung von Landschaft durch immer mehr Straßen kümmern die AfD nicht... Zur massiven Zerstörung von Heimat durch die Verschlechterung der Umweltbedingungen nimmt die AfD die Position ein, 'die Klimaschädlichkeit des anthropogenen CO_2' sei ‚unbelegt' (AfD Wahlprogramm Baden-Württemberg)"[172]. In ihrem Antrag an den Bundestag vom 18.6.2018 fordert die AfD-Fraktion in Bezug auf die „sog. Klimaschutzpolitik, alle diesbezüglichen Gesetze, Verordnungen und sonstigen Vorschriften in der Klima- und Energiepolitik zu beenden"[173]. „Auch die Begeisterung daran, andere für dumm verkaufen zu können, gehört zu Vorgehensweisen, die die Heimat verwahrlosen. Ein Beispiel bildet Gaulands Reaktion auf die Kritik an der Äußerung, 'Hitler und die Nationalsozialisten sind nur ein Vogelschiss in 1000 Jahren erfolgreicher deutscher Geschichte' (so Gauland am 2.6. 2018 auf dem Bundeskongress der AfD-Jugendorganisation)."[174]

„Statt ruhiger und umsichtiger Vergegenwärtigung der gesellschaftlichen Wirklichkeit und Vertrautheit mit den Tendenzen zum Guten in ihr, statt Erfahrung und Geschick darin, zu deren Förderung beizutragen, wird sich auf einen imaginären archimedischen Punkt fixiert. Das auf ihn zugespitzte Engagement soll die zentrale Wende bringen. Man spielt Schlacht um den Endsieg, um alles oder nichts. Für viele AfD-Anhänger bildet der Kampf gegen die Zuwanderung das Thema, bei dem sie eine alles verändernde Entscheidung zu erzielen hoffen. Als ob sich mit der Verhinderung der Zuwanderung die Heimatlosigkeit kurieren ließe."[175]

Am Beispiel des vom Verfassungsschutz als rechtsextrem eingestufte Vorsitzenden der Thüringer AfD Björn Höcke und seines (mittlerweile offiziell, wohl aber praktisch nicht aufgelösten) „Flügels" lässt sich die Strategie

---

[172] *telepolis 20187.*
[173] *Protokoll der Bundestagssitzung vom 2.7.18 ab S. 4134*
[174] *telepolis 2018*
[175] *telepolis 2018*

der AfD, was den Heimatbegriff angeht, gut aufzeigen. Es geht ihm um einen im Unbestimmten gelassenen archimedischen Punkt, um ein Vorher und Nachher[176]. „Vorher war da 'unser einst intakter Staat', 'unsere einst hoch geschätzte Kultur', 'unsere einst schöne Heimat', 'unsere einst stolzen Städte', 'unsere einst geachtete Armee' "[177].

Auf dieser Klaviatur spielt auch Jörg Meuthen, wenngleich im Auftritt moderater: „Familie, Vaterland, Verteidigung und die friedliche Beziehung zwischen Deutschland und Russland" seien den „Heimkehrern" immer wichtig, erklärt der Bundesvorsitzende öffentlich[178]. Damit spricht er die große Gruppe der Russlanddeutschen an, denen die AfD eine politische Heimat geben will.[179] Immerhin gibt es 1,5 Millionen wahlberechtigte Russlanddeutsche in der Bundesrepublik.

Im Originalton: „Demo: Islamisierung stoppen – für eine sichere Heimat! Trotz eines riesigen medialen Aufschreis der etablierten Meinungsmaschinerie in den Vortagen unserer freiheitlichen Demonstration sowie den widrigen Witterungsbedingungen ließen sich über eintausend Bürger nicht abhalten, gegen die verfehlte Flüchtlingspolitik und die Planung eines Moscheebaus im Stadtteil Rostock-Evershagen gemeinsam mit uns auf die Straße zu gehen. ... Unter großem Beifall der Anwesenden hielt Steffen Reinicke als Mitglied des Kreisvorstandes der AfD-Rostock die Eröffnungsrede des Abends und appellierte an die Teilnehmer, auch weiterhin ihrem Recht auf freie Meinungsäußerung und der Forderung zum Schutz unserer Heimat und Lebensweise nachzugehen, trotz Drohungen und Anfeindungen von Medien und Gegendemonstranten"[180].

---

[176] *Hier ist auch der ehemalige brandenburgische AfD Vorsitzende Andreas Kalbitz, ebenfalls als Rechtsextremist eingestuft, zu nennen, der ausgerechnet seine Mitgliedschaft in der „Heimattreuen Deutschen Jugend" (HDJ) verschwiegen hat.*
[177] *Deterling, Detlef: Welche Strategien verwenden die Rechten mit ihrer Sprache? Zur Rhetorik der AfD in: FR vom 28.11.2018.*
[178] *Vgl. Creydt, Meinhard 2018*
[179] *Siehe dazu auch Fußnote 127*
[180] *Creydt, Meinhard 2018*

Mit „Zukunft Heimat", der Golßener Initiative um Hans-Christoph Berndt und seinem Schulterschluss mit der AfD und Pegida ist auch eine folgenschwere Besetzung eines Begriffs vorgenommen worden. Wenn heute über die Zukunft der Heimat gesprochen wird, schwingt immer diese Festlegung mit[181]

Besonders besorgniserregende Resultate liefert die Studie unter dem Titel „Flucht ins Autoritäre"[182] aus Ostdeutschland. Der Wissenschaftler Oliver Decker als einer der Autoren analysierte: Wer rechtsextrem sei, wende sich von den Volksparteien ab „und findet seine neue Heimat bei der AfD"[183]. Decker sagte, es gebe in Deutschland hohe Zustimmungswerte für Einstellungen, die als Einstiegsdroge in den Rechtsextremismus gelten.[184].

Eine andere Position vertritt Robert Habeck. Bei der folgenden Aussage war er noch Minister. „Der schleswig-holsteinische Grünen-Politiker Robert Habeck hat dafür geworben, 'Tradition' und 'Heimat' nicht der rechtspopulistischen AfD zu überlassen. „Wir müssen uns trauen, über Begriffe wie, 'Heimat' und 'Patriotismus' zu reden, sie für uns zu reklamieren, und sie definieren", sagte Habeck der „Frankfurter Allgemeinen Zeitung" (FAZ). Er habe in Gesprächen oft erlebt, dass diese Begriffe für Menschen wichtig seien: „Da verbietet sich jede Form von Verächtlichkeit"[185].

Was kommt nach dem Populismus

Kommt da noch was, oder geht alles den „Bach runter"? Was soll nach den zerstörerischen Attacken eines Donald Trump, eines Brexit, einer

---

[181] Vgl. Creydt, Meinhard 2018

[182] Decker, Oliver und Brähler, Elmar: Flucht ins Autoritäre. Rechtsextreme Dynamiken in der Mitte der Gesellschaft, Gießen: Psychosozialverlag 2018

[183] Decker, Oliver 2018 S. 24

[184] Decker, Oliver 2018 S 77

[185] „Grünen-Politiker Habeck will Begriff Heimat nicht AfD überlassen" FAZ vom 06. 10. 2017

schleichenden Ent-Demokratisierung in Ungarn und Polen, Brasilien, Türkei usw. noch kommen?

Für Daniel Dettling[186] ist klar, dass der Populismus eine vorübergehende Erscheinung ist und er behauptet „Die freien Gesellschaften werden an der Herausforderung wachsen"[187]. Zu verstehen ist dies mit dem Ansatz des Zukunftsinstituts, das jedem Megatrend auch ein Gegentrend folgt.

Dettling geht davon aus, dass Populisten Reaktionäre[188] sind, die sich nach der intakten Welt eines eingebildeten goldenen Zeitalters zurücksehnen. „Populisten sind einsame Zukunftsparanoiker. Sie sprechen unsere innersten Ängste an – vor Fremden und Andersdenkenden und Veränderungen, vor Abstieg, Wandel und Verlust. Es ist ein Irrtum zu glauben, der rechte (oder linke) Populismus würde verschwinden, wenn 'nur' die Fremden erst einmal das Land verlassen haben oder wir würden 'mehr' Rente, Lohn und alle Arbeit haben. Ein 'Populismus der Mitte' wird den rechten Populismus ebenso wenig besiegen wie ein 'linker Populismus' "[189].

„Populisten ... kämpfen gegen humanen Fortschritt und Aufklärung. Sie sind Fundamentalisten wie Al-Kaida oder dogmatische Sekten. Sie mögen keine 'Nazis' sein, aber Radikale im Geiste eines regressiven Gesellschaftsmodells. Zur Zukunft wollen sie rein gar nichts beitragen. Der Populismus ist ein kulturelles und mentales Phänomen. Seine Zukunft entscheidet sich daher in unseren Köpfen. Aber es gibt einen Trick der Geschichte: Wider

---

[186] *Dettling, Daniel in: Der Standard vom 21. Dezember 2018, erneut in der SZ vom 23. 01.2019. Dettling ist Zukunftsforscher und leitet das Berliner Büro des Zukunftsinstituts. https://www.derstandard.de/story/2000094530291/was-kommt-nach-dem-populismus*
[187] *SZ vom 23.01.2019, S. 2*
[188] *Lilla, Mark: Der Glanz der Vergangenheit. - Über den Geist der Reaktion" Zürich: NZZlibro 2018*
[189] *Dettling, Daniel 2019*

seine Intention kann der Populismus dazu beitragen, dass die Zukunft besser wird." [190]

Dettling geht davon aus, dass der Populismus erheblich überschätzt wird, er ist allerdings in einer auf Effekt eingerichteten Medienlandschaft immer wieder ein lohnenswertes Objekt. Jeder Faktencheck zeigt auf, dass die Populisten Unrecht haben. Aber da es ihnen nicht um Fakten geht, sondern um Emotionen, die sie zu ihren Gunsten ausbeuten, ist ihnen mit Fakten allein nicht beizukommen. Dettling dreht den Spieß um und weist auf, dass die Populisten für die Demokratie wichtige Störer sind, die auf Konflikte hinweisen, sie überzeichnen und skandalisieren.[191] Damit fordern sie heraus, eine bessere Politik zu machen. „Der Populismus ist eine Antwort auf den Megatrend der Globalisierung und des mit ihm verbundenen Gefühls von Heimatverlust. Er setzt auf Renationalisierung, Abschottung und Protektionismus. Aber damit schafft er eine Zukunftsvision, der nur eine Minderheit von Menschen folgen will und kann. Die Mehrheit denkt und fühlt längst in Geboten der Offenheit und Toleranz"[192]. Insgesamt führt der Populismus zu einer besseren Politik, wenn nicht versucht wird, sie mit ähnlichen politischen Inhalten zu schlagen. Das wird nicht gelingen, im Zweifelsfalle entscheiden sich Wähler für das Original. „Populismus ist eine Chance für Europa. Die Zustimmung zu Europa steigt wieder... Neopolitiker verkörpern einen unternehmerischen Politikertyp. Bürger sind für sie keine Kunden, sondern Partner. Demokratie ist für sie mehr als wählen. Sie wissen, dass Demokratie zu mehr Optionen und Freiheiten für alle Bürger führen muss," so Dettling. „Der Populismus ist eine Erscheinung, die kommt und geht. Die eigentliche Herausforderung ist die Komplexität der Politik. Damit moderne Politik, Wirtschaft und Gesellschaft funktionieren können, braucht es Störungen von außen. Herausforderungen, an denen komplexe

---

[190]*Dettling, Daniel 2019*
[191]*Dettling, Daniel 2019*
[192]*Dettling, Daniel 2019*

Gesellschaftsordnungen sich weiterentwickeln können."[193] „Vertreiben wir den Populismus aus unseren Köpfen – auch indem wir die Angst vor ihm verlieren! Streiten wir für eine Haltung der Gelassenheit, der Hoffnung und der Zuversicht."[194]

Gibt es auch im Internet Heimat?

Gerade im Blick auf die urbanen und modernen Milieus, für die Heimat als Sozialer Raum wenig mit Territorium zu tun hat, ist zu fragen, ob die Aspekte des fraglosen Daseins, der Beteiligung und der Emotionen, die Heimat charakterisieren, auch „ortslos", virtuell, also im Internet gefunden wird. Dies wird nun anhand sozialwissenschaftlicher Erörterungen aufgeschlüsselt.

Die Frage, die sich heute im sogenannten Zeitalter der Digitalisierung, stellt, ist: gibt es auch im Internet Heimat? Eine exemplarische Untersuchung, die an der Ludwig-Maximilians-Universität München vorgestellt wurde und sich mit dem Heimatbegriff in Weblogs und auf Instagram befasste, geht dem nach. Die Autorin Anke Gröner kommt zu dem Schluss, dass eine Heimat auch das Internet sein kann. „Wir können mehrere Heimaten haben (lokal verortbare, bei Freunden, in Kulturkreisen, als Sehnsuchtsort), und eine davon kann durchaus das Internet sein"[195]. Das wird für nicht Internetaffine oder Menschen, denen traditionell-kulturelle Formen von Heimat wichtig sind, zunächst zu Abwehrreaktionen führen.

---

[193] *Dettling, Daniel 2019; die Corona-Krise ist eine solche Herausforderung und kann als Chance zu großen Veränderungen führen oder zu einer kulturellen und ökonomischen Regression*

[194] *Dettling, Daniel 2019*

[195] *Gröner, Anke: Heimat ist überall. Der Heimatbegriff in Weblogs und auf Instagram München: – Ludwig-Maximilians-Universität München Historisches Seminar Abteilung Neueste Geschichte und Zeitgeschichte 2015 S. 15*

„Das Netz ist eine meiner Heimaten"[196]. Was Internet-Publizist Christian Heller 2008 in einem Spiegel-Interview sagte, irritiert zunächst: „das Internet als Heimat? Oder sogar als eine Heimat unter vielen? Ist Heimat nicht etwas Einzigartiges? Ist sie nicht ein Ort mit festen Koordinaten, der aufgesucht anstatt angesurft werden kann?"[197]?

In ihrer Untersuchung benutzt Gröner die auch von mir vorgestellten Verständnisweisen von Heimat als Ort (territoriales Verständnis), als Beziehung (soziales Verständnis) und Emotion (psychisch). Im Rückgriff auf Jens Korfkamp: „Die als gesellschaftlich-objektivistisch interpretierte Heimat etabliert ein Gemeinschaftsgefühl, eine Ab- und Ausgrenzung dem Anderen gegenüber; hier hat Heimat eine politische Funktion. Die personalsubjektivistische Heimat ist dagegen unpolitisch und persönlich: Sie ist ein Konstrukt aus Raum, Zeit und sozialen Kontakten"[198].

Nimmt man auch hier die Position von Ina-Maria Greverus auf, fällt einem Heimat nicht zu, sondern sie ist eine selbst erbrachte Leistung, durch die Heimat zu einer Lebensqualität wird. Für Greverus ist dies die Schaffung und Pflege von sozialen Beziehungen. „Durch die Aneignung wird eine 'affektive Bindung' an einen Kulturraum und/oder eine soziale Gruppe etabliert. 'Die gemachte Heimat erfüllt die Bedürfnisse nach Identität, Sicherheit, Aktivität und Stimulation'"[199]. „Der Kulturkreis, in dem wir Heimat und Zugehörigkeit finden, muss dabei nicht einmal lokal verortbar sein, er kann sich auch in Sitten und Gewohnheiten ausdrücken, in einer Sprache, in einer gemeinsamen Geschichte, ja sogar in einem bestimmten Lebensstil"[200].

In der Untersuchung geht es zentral um die Frage, ob neue Medien tradierte Heimatkonzepte bestätigen. Die von der Autorin vorgenommenen

---

[196] *Gröner, Anke 2015 S. 3*
[197] *Gröner, Anke 2015 S. 3*
[198] *Gröner, Anke 2015 S. 5*
[199] *Gröner, Anke 2015 S. 5*
[200] *Gröner, Anke 2015 S. 6*

Untersuchungen zeigen dies und weisen zusätzlich auf eine, gerade für die jüngeren Milieus spezifische Variante hin.

„Die vorgestellten Weblogs dokumentieren die lokale Heimat in Text- und Bildform. Die Texte sind persönlich gefärbt, der Anspruch orientiert sich an den eigenen Maßstäben. Von den angesprochenen Manifestierungen von Heimat finden sich hier Menschen und die eigene Region wieder; ob diese Region die Herkunfts- oder die Wahl-Heimat ist, kann nicht beurteilt werden. Einige Posts können durchaus in den Bereich Sehnsuchtsort hineinreichen"[201].

Dies gilt auch für die Mitteilungen auf Instagram. „Manifestierungen von Heimat finden sich vollständig auf Instagram wieder. Die lokale Umgebung wird fotografiert, ganz gleich ob städtisch oder ländlich, sowie der Weg dorthin. Zeichen der unmittelbaren Heimat, also der eigenen Wohnung, etablieren sich in Blumen(vasen), Kleidung und Haustieren. Wir finden Speisen und Getränke, die man aus der Heimat kennt, sowie Kennzeichen von bestimmten Gruppen (Fußballfans bzw. Angehörige von verschiedenen Nationen).

Eine weitere Kategorie sind Menschen, die Heimat bedeuten: Partnerinnen, Freunde, Verwandte. Dabei nimmt das Selfie eine Sonderstellung ein. Es zeigt indirekt den derzeitigen Aufenthaltsort, der durch das Hashtag als lokale Heimat ausgewiesen wird. Aus einigen Bildunterschriften wird aber auch klar, dass die Fotografierten sich gerade auf dem Weg in ihre Heimat befinden bzw. demnächst dorthin aufbrechen"[202].

Festgehalten werden kann zunächst, dass Heimat auch im Internet seine Widerspiegelung hat. „Zumindest die räumliche Komponente von Heimat kann im Internet als gegeben angesehen werden: Wir surfen zu Homepages, und wir haben eine E-Mail-Adresse – wir sind lokalisierbar, obwohl wir uns in einem ortlosen Raum bewegen"[203].

---

[201] *Gröner, Anke 2015 S. 10*
[202] *Gröner, Anke 2015 S. 10*
[203] *Gröner, Anke 2015 S. 13*

„Es stellt sich die Frage, in welcher Weise das virtuelle Beieinander-Sein dem realen entspricht ... Virtuelle Orte bieten uns ... andere (positiv ausgedrückt: mehr) Möglichkeiten der Interaktion als reale. Das Internet ist ein zu junges Medium, um die Frage nach der Ebenbürtigkeit der Beziehungen endgültig beantworten zu können, aber es bietet Möglichkeiten für Verbindungen, die vorher nicht existierten. Wir vernetzen uns, ohne dass uns Faktoren wie räumliche Nähe und körperliche Attraktivität beeinflussen; stattdessen treten wir in Beziehung zu Menschen, die kommunikativ mit uns übereinstimmen und die wir damit als zu unserem Kulturkreis, zu unserer Gruppe zugehörig identifizieren – bei denen wir eine Heimat finden. Wir schließen uns zu Gemeinschaften zusammen, die es ohne das Internet nicht gegeben hätte"[204]. Wenn man also davon ausgeht, dass wir Heimat durch Beieinander-Sein finden bzw. durch Interaktionen in einem gemeinsamen Kulturkreis, kann man dem Internet trotz seiner Virtualität durchaus bescheinigen, Heimat bieten zu können.

Die Untersuchung kommt zu folgendem Ergebnis: „Wir können mehrere Heimaten haben (lokal verortbare, bei Freunden, in Kulturkreisen, als Sehnsuchtsort), und eine davon kann durchaus das Internet sein. In Weblogs setzen sich Menschen aktiv mit ihrer Umgebung auseinander, sei es als Reportage, als Erinnerung oder als Wunschvorstellung. Sie gestalten aktiv ihren Lebensraum, indem sie sich mit ihm beschäftigen, und machen ihn so zu ihrer Heimat – diese Aussage gilt sowohl für das reale als auch das virtuelle Zuhause. Auf Instagram finden sich Manifestationen von Heimat wieder, die es auch außerhalb des Netzes gibt: Heimat zeigt sich in Menschen, in der Umgebung, in der Zugehörigkeit zu Gruppen und in der eigenen Person und Identität. Damit beantwortet sich auch die Frage ... nach der Bedeutung von lokaler Heimat im Zeitalter der Globalisierung: Durch die ständige Verfügbarkeit des Internets, z. B. durch mobile Geräte, können wir unsere Heimat überall hin mitnehmen. Wir finden neue Zugehörigkeiten online, wir müssen unsere virtuellen Gruppen nie verlassen, und wir bleiben stets mit unseren Freunden und Verwandten in Kontakt. Wie die

---

[204] *Gröner, Anke 2015 S. 14*

angesprochenen Blogparaden gezeigt haben, ist Heimat ein Konzept, das uns immer noch (oder wieder) wichtig ist – so wichtig, dass wir uns auch in neuen Medien mit diesem alten Begriff auseinandersetzen. Weblogs und Instagram bestätigen also tradierte Heimatkonzepte, erweitern sie aber noch um den Faktor der Virtualität: Damit schaffen sie sogar eine neue Kategorie von Heimat, die meiner Meinung nach gleichberechtigt neben den alten Definitionen steht" [205].

Von dieser Position sind auch die häufig anzutreffenden Kontakte von Migranten zu ihren Freunden und Verwandten in den Herkunftsländern betroffen. Über „What's App" sind sie virtuell in Syrien, Afghanistan oder irgendwo in Afrika, real aber mitten in der Fußgängerzone von Dortmund oder in der Unterkunft für Asylbewerben irgendwo im Sauerland.

Zukunft von Heimat - Perspektiven der Veränderung

Krise als Chance? – In den nun folgenden Ausführungen werde ich die Herausforderungen, die in der Okkupation des Heimatbegriffs von rechts und den populistischen Strömungen liegen als die Herausforderung für einen zukunftsorientierten Begriff von Heimat vorstellen. In der Verbindung zu den noch folgenden Reflexionen zum Sinn von Heimat ist hier eine positive Konnotation zu dem bisher gesagten zu finden. Hier trägt auch wieder der systemische Ansatz, nämlich nach den Ressourcen zu suchen und sie zu finden, die Heimat für viele, alle lebens- und liebenswert zu machen. In dem folgenden Abschnitt greife ich Positionen auf, die die vorgestellten Phänomene noch einmal von einer anderen, einer Lösungsseite betrachten und

---

[205] *Gröner, Anke 2015 S. 15*

*über Wahrnehmungsveränderungen, aber auch im Blochschen Sinne Heimat
als Handlungsfeld ernst nehmen.*

Angesichts der Veränderungen, der Zugänge zum Heimatbegriff, des beschriebenen Risses in der Gesellschaft, der populistischen Okkupation von Heimat könnten Resignation oder Fluchtmechanismen den Diskurs bestimmen. Dass es sich hier um eine normale, wenn auch in Teilen unangenehme bis dramatische Krise handelt, ist auch sicher. Aber Krise ist auch immer Chance, es kommt allerdings darauf an, dass das Bewusstsein, der Wille, die Möglichkeit und die Energie zur Bewältigung vorhanden sind.

Die Welt tendiert zur Komplexität

In den Ausführungen über den „Riss in der Gesellschaft" habe ich unter anderem erwähnt, dass Menschengruppen, zusammengefasst in Lebensstilen, in Milieus, die sie umgebende Welt und das, was sie von der den eigenen engeren Kontext überschreitenden „Welt" erfahren, zunehmend mehr zum Rückzug und in eine nostalgisch geprägte Vorstellung von Heimat drängt. Gefragt zu diesem Phänomen, heißt es durchgehend auch, die Welt sei zu kompliziert geworden. Stimmt das so?

An dieser Stelle ist der Begriff der „Kompliziertheit" von dem der „Komplexität" abzugrenzen. Etwas ist kompliziert, wenn man den vorgegebenen Zusammenhang der zahlreichen Teile nicht erkennt. Für Kompliziertes wie etwa ein anspruchsvolles Rätsel gibt es nur eine Lösung. Mit Kompliziert wird etwas Statisches, Unveränderliches beschrieben.

Komplexität hingegen ist eine Eigenschaft von Systemen, die nicht statisch, sondern entwicklungsfähig sind. Ein menschlicher Organismus ist ein komplexes System, nicht an sich kompliziert.

Die Welt, so argumentiert der Trendforscher Harry Gatterer, tendiert zur Komplexität. „Dadurch kann es für den Einzelnen auch kompliziert werden, weil er die Welt neu lernen und Zusammenhänge neu verstehen muss. ... Das lässt manches vielleicht kompliziert erscheinen."[206] Komplexität wird für die folgenden Ausführungen als bekannt vorausgesetzt.

Zukunft von Heimat

Welche Zukunft hat Heimat, wenn wir sie als sozialen Raum im Sinne der Einheit von Territorium, sozialen Beziehungen und Emotionen verstehen und sie von einem sentimental-nostalgischen oder historisch-geschichtlichen Blick in Vergangenes lösen? Hier bieten sich die Erkenntnisse der Trendforschung unterschiedlicher Institute wie dem Zukunftsinstitut Wien / Frankfurt an. Diese liefern über die Darstellung von Megatrends eine Prognostik, die die Erkenntnisse unterschiedlicher Wissenschaften vereint. Gemeinsam ist ihnen, dass sie das lineare Denken zugunsten eines systemischen Verständnisses hinter sich lassen.

Sie sprechen von Wahrscheinlichkeiten. „Wir analysieren die Gesellschaft und nehmen aufgrund dieser Analyse Entwicklungen wahr, aus denen wir Ableitungen für die Zukunft machen... Wir justieren manchmal (auch) Entwicklungen gegen die öffentliche Wahrnehmung... Wir sehen genau hin, hinterfragen, analysieren, um für Politiker, Manager oder andere Wissenschaftler Entscheidungshilfen bereitstellen zu können"[207].

Das Zukunftsinstitut hat insgesamt 12 Megatrends festgestellt, die an dieser Stelle nicht alle vorgestellt werden können. Diejenigen jedoch, die eine besondere Bedeutung für das Thema Heimat haben, werden im Folgenden genauer unter diesem Fokus beschrieben.

Gefragt, ob trotz Globalisierung und Vernetzung (zwei Megatrends) der Begriff Heimat für die Menschen eine Rolle spielt und ob sie wieder modern ist, antwortete Matthias Horx, der Leiter des Zukunftsinstituts: „Heimat ist in der Tat das Schlagwort unserer Tage. Weil alles fließend und unsicher

---

[206] Gatterer, Harry: Die Welt tendiert zur Komplexität. In: https://www.zukunftsinstitut.de/artikel/die-welt-tendiert-zur-komplexitaet 2017
[207] Gatterer, Harry 2017

scheint, entstehen Romantisierungen von heilen Welten, die allerdings nie so heil waren, wie man denkt. Echte Heimat ist ja eigentlich etwas Ruhiges, Selbstverständliches, man muss sie nicht lautstark krakeelend behaupten. Wer Heimat wirklich hat, ist offen gegenüber Fremden"[208]. Damit ist gleichzeitig eine Grunderkenntnis der Zukunftsforschung angesprochen, nachdem jeder Trend auch einen Gegentrend hat, der sich Bahn bricht. Was auch heißt: „Zukunftstrends entwickeln sich oft als Gegenbewegung gegen die Krisen der Zeit"[209].

Dies konnte ich, auf die Gegenwart bezogen, bereits an den divergierenden Vorstellungen von Heimat in den unterschiedlichen Milieus aufweisen. Ein weiterer Schlüsselbegriff für das Verständnis, was geschieht und wie wir zukünftig reagieren können, ist „Resonanz" [210]. Denn wie Menschen miteinander interagieren, bestimmt die Wirklichkeit, in der wir leben.[211]

Megatrends zu Heimat

Schon immer wollten Menschen wissen, wie es in der Zukunft weitergeht. Das gilt auch für denjenigen, der hier und heute fragt, wie wird es mit Heimat, als Begriff, als Erlebtes, als soziale Beziehung, als Charakter des Ortes, des Raumes weitergehen.

Verbindlich die Zukunft voraussagen, kann niemand. Und dennoch gibt es wissenschaftlich gestützte und mit relativer Sicherheit verbundene Aussagen, wie sich unsere Gesellschaft weiter entwickeln wird. Es geht um „weiter" als einen zeitlichen Begriff, nicht um einen wertbezogenen Begriff

---

[208] *Horx, Matthias „Digitalisierung wird übertrieben" dpa, erschienen u.a. bei Zeit-online; https://www.zeit.de/news/2017-12/29/gesellschaft-trendforscher-horx-digitalisierung-wird-uebertrieben-29121202?print*
[209] *Horx, Matthias 2017*
[210] *Siehe dazu Ausführungen zu Hartmut Rosa und der soziologischen Theorie der Resonanz*
[211] *Vgl. Horx, Matthias 2017*

wie höher. Allerdings wird die Welt komplexer, wie es lebende Organismen[212] immer werden. Die Systemtheorie beschreibt Situationen und ihre Genese. Sie ist kein Denkansatz, der ohne weiteres in die Zukunft verweist, der aber wohl aufzeigen kann, welche Entwicklungen möglich sind. Wie die Bifurkationen, wie die Abzweigungen in der Terminologie der System- und der Evolutionstheorie benannt werden, tatsächlich ausfallen, ist nicht vorauszusagen.

Was hat es nun mit den Megatrends, der Trendforschung, der Zukunftsforschung zu tun? Ist das Ganze seriös? Hartmut Gatterer, Mitarbeiter des österreichischen Zukunftsinstituts, hat diese Frage in einem Interview mit Beate Kreuzer folgendermaßen beantwortet: „Prinzipiell sagen wir die Zukunft nicht voraus – das wäre ja Wahrsagerei – sondern sprechen von Wahrscheinlichkeiten. Wir analysieren die Gesellschaft und nehmen aufgrund dieser Analyse Entwicklungen wahr, aus denen wir Ableitungen für die Zukunft machen"[213].

Trendforschung hat aus der Analyse bereits vorhandener Strömungen und Prioritäten eine zeitliche Dimension von etwa 2 - 5 Jahren, während Zukunftsforschung einen Zeitraum von 20 bis 40 Jahren, in den Blick nimmt und versucht, die Megatrends herauszufinden, „die Treiber, die uns in den nächsten Jahren begleiten werden"[214].

Megatrends sind keine Zukunftsprognose, man muss sie nicht „voraussagen", denn sie sind schon da und markieren Veränderungen, die uns schon lange prägen und auch noch lange prägen werden. Ein Megatrend wirkt in jedem einzelnen Menschen und umfasst alle Ebenen der Gesell-

---

[212] *Dies ist ein durch die Evolutionstheorie gestützter, durch die Systemtheorie beschriebener Vorgang. (dazu u.a. Ilya Prigogine, vor allem aber Erich Jantsch "Die Selbstorganisation des Universums", dtv). Siehe dazu u.a. auch die Klassiker der System- und Evolutionstheorie wie Gregory Bateson, Erich Jantsch, Niklas Luhman, Rupert Riedl u.a.*
[213] *Gatterer, Hartmut 2017*
[214] *Gatterer, Hartmut 2017*

schaft: Wirtschaft und Politik, sowie Wissenschaft, Technik und Kultur. Megatrends verändern die Welt - zwar langsam, dafür aber grundlegend und langfristig. Megatrends sind langfristige Entwicklungen mit hoher Relevanz für alle Bereiche von Wirtschaft und Gesellschaft, die sich mit hoher Verlässlichkeit in die Zukunft „verlängern" lassen. Es handelt sich um zentrale Treiber des Wandels, vor deren Hintergrund die Dynamik in Teilbereichen von Wirtschaft und Gesellschaft verständlich wird. Sie eignen sich darüber hinaus gut, um einzuschätzen, welche aktuell beobachtbaren Einzeltrends – etwa in den Lebensstilen, in der Arbeitswelt, im Handel etc. - auch in Zukunft Bestand haben werden. Schauen wir uns einige der vom Zukunftsinstitut und für das Thema Heimat relevante Megatrends an und binden sie ein in verschiedene Milieus:

Megatrend Individualisierung

„Individualisierung ist das zentrale Kulturprinzip der westlichen Welt und entfaltet seine Wirkungsmacht zunehmend global. Der komplexe Megatrend hat in vielen Wohlstandsnationen seinen vorläufigen Peak erreicht und ist Basis unserer Gesellschaftsstrukturen geworden. Der Megatrend codiert die Gesellschaft um: Er berührt Wertesysteme, Konsummuster und Alltagskultur gleichermaßen. Im Kern bedeutet Individualisierung die Freiheit der Wahl. Ihre Auswirkungen sind jedoch komplex und bringen sowohl scheinbare Gegentrends wie eine Wir-Kultur als auch neue Zwänge hervor. Individualisierung ist eng mit den Megatrends Urbanisierung, Gender Shift und Konnektivität verwoben"[215].

---

[215] *Zukunftsinstitut: Individualisierung Glossar; www.zukunftsinstitut.de/artikel/mtglossar/individualisierung-glossar 2021*

Achtsamkeit

„Achtsamkeit ist der wichtigste Gegentrend zur permanenten Reizüberflutung des digitalen Zeitalters und der medial gemachten Erregungskultur"[216]. Achtsamkeit - ein Begriff, der aus der östlichen Philosophie, insbesondere dem Buddhismus entliehen wurde - ist auch auf Heimat bezogen ein Lifestylethema. Das unmittelbare Territorium, soweit es als sozialer Raum Bedeutung hat oder als die auch temporären Beziehungen, wird als schützenswert für sich empfunden. In der Erweiterung gilt dies auch als Grundhaltung ökologisch orientierter Heimatbezüge und Handungen. Der Rückzug in als Heimat verstandene soziale Räume der Übersichtlichkeit territorialer und sozialer Art ist als Gegenbewegung zur Globalisierung und einer als bedrohlich empfundenen Vielfalt der Umwelt nachvollziehbar und bereits real.

Diversity

Eine zunehmende Vielfalt von Menschen in sozialen Räumen als Territorien und als Beziehungsräume wird auch Einfluss auf das Verständnis von Heimat nehmen. Monokulturelle und monoethnische Kontexte sind schon seit langer Zeit kein Normalfall mehr. Und sie werden durch Migrationen jeder Art (Arbeitsmigration, Flucht und Vertreibung, globalisierte Arbeitsbeziehungen) weiter zunehmen.

Der Zukunftstrend der Vielfalt von Menschen wird dem Rechnung tragen und Heimat auch in einen multikulturellen Kontext verändern, in dem durchaus einzelne dominieren werden. Einfach und polemisch: Multikulti kommt, hier und weltweit. Wenn Diversität, also Vielfalt von Menschen, in der Arbeits- und Geschäftswelt zunehmend als Erfolgsfaktor z.B. hinsichtlich Innovation angesehen wird, wird auch der soziale Kontext davon nicht unberührt bleiben.

---

[216] *Zukunftsinstitut 2021*

Heimat war nie eine monokulturelle und monoethnische Größe, aber dies ist nur über Erfahrung, also über den Bereich der Emotionen zu Heimat, nicht über kognitive Prozesse, erst recht nicht über herablassende Forderungen an die Milieus zu erreichen, die in dieser Vielfalt von Menschen ihren Alltag oft mehr schlecht als recht bewältigen müssen. Für die rechtspopulistischen Tendenzen sind auch die gesellschaftlichen Leitmilieus verantwortlich.

Hygge

Teil der Individualisierung ist auch das Bedürfnis nach Gemütlichkeit und Heimeligkeit in den eigenen vier Wänden, die auf Gemeinschaft und Geselligkeit mit Freunden und Familie, nicht auf Isolation und Rückzug setzt. Es geht um positive Erlebnisse auf Basis eines Miteinanders, um das Gefühl von Dankbarkeit, Geborgenheit und Entspannung, die dem Trend nach Hygge folgen. Hygge bedeutet, sich einen Rückzugsort zu schaffen, an dem die einfachen Dinge des Lebens gefeiert werden.

Der Bezug zu Heimat ist deutlich in der Erwartung an ein Territorium, das von eher Gleichgesinnten bewohnt wird, als sozialer Raum der Vertrautheit und Geborgenheit. Von den Milieus werden wir hier eher den augenblicklichen gesellschaftlichen Mainstream der Bürgerlichen Mitte finden, in den Milieus der Neuorientierung eher das Adaptiv-pragmatische Milieu, das Zukunftsmilieu der Mitte.

Erweitert man diesen Raum, so nähern sich auch andere Milieus dieser Grundauffassung. Über den Rückzug in territoriale Bereiche geht es einer anderen Gruppe von Menschen darum, in sozialen Beziehungen Gefühle von Geborgenheit, Sicherheit und Vertrautheit zu entwickeln. Hier wird also eher der Beziehungsaspekt des sozialen Raumes gelebt, und der mit der Besonderheit, dass sich die Mitglieder häufig nur für bestimmte Lebensphasen oder Lebensbereiche und auf Zeit zusammenschließen. In dieser Erweiterung sind die jungen Milieus der Expeditiven, aber auch die sozial höher gestellten Performer zu finden.

Lebensqualität

Lebensqualität mit der Leitidee „Besser statt mehr" wird zur Leitidee von immer mehr individuellen und kollektiven Strategien. Da dies auch von der ökonomischen Potenz abhängig ist und z.B. dem Lebensstil der Prekären Milieus diametral entgegengesetzt ist, wird dieser Trend zunächst von den modernen Leitmilieus einschließlich der sozio-ökologischen Milieus gefördert. Ursprünglich aus den postmateriellen Milieus stammend ist der Trend auch in andere Milieus eingedrungen, wie der Bürgerlichen Mitte. Bei aufmerksamer Beobachtung gerade der Discounter ist heute schon die Leitidee stärker als der brutale „Geiz ist geil"-Slogan

Dieser Trend gilt auch weltweit und für Organisationen. Viele internationale Organisationen suchen derzeit nach validen Maßstäben für die Erfassung globaler, nationaler und individueller Lebensqualität. Dieser Trend hat vor allem für ökologische Ansätze im weiten Bereich Heimat große Bedeutung. Hier ist auch das konservativ-etablierte Milieu einbindbar, wenn es z.B. um den Denkmalschutz und qualitative Verbesserungen im Territorium Heimat geht.

Wir-Kultur

Überall in der Gesellschaft tauchen neue Formen von Gemeinschaft, Kollaboration und Kooperation auf. Die technologische Vernetzung treibt die Entstehung einer Wir-Kultur entscheidend voran. Einerseits als Notwendigkeit, sich in einer hochkomplexen Welt neu und sinnvoll zu organisieren. Andererseits wächst angesichts zunehmender Individualisierung die Bedeutung selbstgewählter Gruppenzugehörigkeiten für die eigene Identität

Aus den individualistischen Suchbewegungen der Abwehr, der Rebellion, der Loslösung aus traditionellen Bindungen und des Autonomiestrebens werden früher oder später Fragen der Zugehörigkeit. Insofern führt der Megatrend Individualisierung zu einer neuen Stufe gesellschaftlicher

Verfasstheit. Er schafft zunehmend die Grundlage für eine neue Gemeinschaftsform, die auf Wir-Kultur und Achtsamkeit basiert: die Resonanzgesellschaft[217]. Diese ist eine neue Variante oder Mutation des Trends zu Individualisierung.

Megatrend Urbanisierung

Ein weiterer Megatrend ist die Verstädterung, die Urbanisierung. Immer mehr Menschen leben weltweit in Städten und schaffen damit neue Lebensstile und Lebensräume. Urbanität ist eine neue Lebens- und Denkweise, die durch neue Formen der Vernetzung und Mobilität geprägt wird.

Sozialwissenschaftliche Untersuchungen zeigen zudem auf, dass in Deutschland die meisten Menschen nicht in der Großstadt oder auf dem Lande in dörflichen Strukturen leben, sondern in Klein- und Mittelstädten. Wenn auch das „Labor" urbaner Lebensweisen in den großen Städten liegt, so erfolgt – zumindest die zahlenmäßig höhere – Umsetzung in den kleineren Kommunen. Gleichzeitig hat sich auch der Gegentrend schon manifestiert: die „Progressive Provinz"[218].

Co-Living -Zusammenleben

„Die Biografien der Menschen haben sich zu Multigrafien weiterentwickelt. Dies spiegelt sich nicht zuletzt in der Art, wie Menschen wohnen: Co-Living ist nicht mehr nur ein Modell für Studierende. Auch Alters- und Berufstätigen-WGs sowie Mehrgenerationenhäuser werden populärer. Überall entstehen neue Gemeinschaften, Communitys und Nachbarschafts-

---

[217] *Noch einmal der Hinweis auf den Abschnitt zu Resonanz im Verständnis von Hartmut Rosa. In der Corona-Krise wird diese Wir-Kultur einerseits gefordert und gelobt (u.a. seitens der Bundeskanzlerin), es zeigen sich aber auch eine Fülle kreativer Aktionen, die ein Wir betonen. Dies ist nicht altruistisch motiviert, sondern bezieht die eigene Position und ggfls. zu erwartende Vorteile in Zukunft mit ein. Ein Wir ist eben mehr als ein Ich oder ein Du.*
[218] *Siehe dazu die Ausführungen zur Progressiven Provinz im Anhang*

Netzwerke – eine Entwicklung, die erst durch die Individualisierung entstehen konnte"[219].

Heimat, das ist in diesem Trend das Nahfeld, evtl. das Quartier in der Stadt, aber weitgehend unabhängig von einer Region, auch wenn Städte dem jeweiligen Umfeld regionale Prägungen geben. Von höherer Bedeutung sind aber die sozialen Beziehungen innerhalb der Wohngemeinschaften und die Bedeutung der Nachbarschaft, in die die Gemeinschaften sich einbinden und einbinden lassen. Der Charakter als Netzwerk, das über die eigene Gemeinschaft hinausgeht und sich gerade mit der Nachbarschaft, aber auch mit gleichdenkenden anderen Gruppen verbindet, zeigt, dass sich hier auch der Megatrend „Konnektivität" realisiert, gleichzeitig aber auch das Verhalten des aktuellen gesellschaftlichen Mainstreams, vor allem repräsentiert in der Bürgerlichen Mitte und ihren Nachfolgemilieus.

Global Citys

„Innovative und kreative Städte werden mehr und mehr zu den ökonomischen, kulturellen und politischen Zentren der Weltwirtschaft. Global Citys übernehmen zentrale Steuerungsfunktionen, denn sie verknüpfen regionale, nationale und internationale Finanz-, Dienstleistungs- und Warenströme. Somit sind sie die zentralen Knotenpunkte der Globalisierung"[220].

Ulrich Beck hat bereits in seinem 2015 beendeten und von seiner Frau posthum herausgegebenen Buch „Die Metamorphose der Welt"[221] die großen Städte und ihre Probleme als Motor einer globalen Entwicklung bezeichnet. Die Lösungen werden nicht mehr national erfolgen, erfolgen können, sondern Städte mit ähnlichen Problemen (wie Klimaveränderungen

---

[219] *Zukunftsinstitut 2021.*
[220] *Zukunftsinstitut 2021*
[221] *Beck, Ulrich – " Die Metamorphose der Welt" – Suhrkamp Berlin 2017 1*

oder aktuell die Corona Pandemie) werden gemeinsam nach Lösungen suchen, sie finden und umsetzen.[222]

Heimat werden die Großstädte nur über den sozialen Raum der Beziehung. Hier werden sich auch die jungen und mobilen Milieus in den Bereichen Neuorientierung finden.[223]

Rural Citys – Ländliche Städte

„Die Landlust vieler Städter, ihre Sehnsucht nach naturnahen, beschaulichen, stressfreien Lebensräumen fördert den Trend hin zu kleinräumigen, dörflichen Strukturen innerhalb von Städten. Stadtentwickler, vor allem aber auch die Bürger selbst erschaffen hybride Orte, die ihren Ausdruck beispielsweise im Urban Gardening, in gemeinschaftlich genutzten Grünflächen und Nachbarschaftsinitiativen finden. Lokale Communitys schaffen sich so Inseln gemeinsamer Identität und ländlicher Idylle in ihrer Stadt“[224].

In diesen Vorstellungen kommen die klassischen Elemente von Heimat wieder vollständig zum Tragen, sehen wir einmal von einer historischen Komponente mit Geschichtsforschung und Denkmalschutz ab. Anders als eine „Fertigheimat“, wie sie von populistischer Seite mit monokulturellem und monoethnischen Charakter propagiert werden, wird diese Lebensform und Lebensstil gerade in den Städten von einer ökonomisch potenten, gut ausgebildeten und sich neu-orientierenden Elite gesucht.[225]

---

[222] *Zukunftsinstitut 2021; siehe dazu auch die Ausführungen zu Beck, Ulrich „Metamorphose der Welt“, Seite 197 ff*

[223] *In der Coronakrise in 2020 zeigen sich diese subnational-globalisierten Konnektionen deutlich in solidarischen Aktionen, während sich nationale Staatsgebilde konkurrierend voneinander abgrenzen und eigene, nicht vernetzte Wege gehen.*

[224] *Zukunftsinstitut 2021; hier ist auch die aktuelle (2021) Diskussion um die Klimafreundlichkeit von Städten mit Wasseraufnahmepotential und Grünflächen zur Klimaregelung zu erwähnen. Alles auch „Heimatthemen“.*

[225] *Beispiele dazu sind u.a. Frankfurter Westend, dass über lange Zeiten Arbeiterviertel und Wohnbereich der amerikanischen Soldaten war, und heute viele hybride Orte mit Nahversorgung und beschaulichen Winkeln in alten Parks bietet.*

Progressive Provinz

Noch einen Schritt weiter gehen Menschen, die sich in die Dörfer im Umfeld der Städte oder in erreichbarer Nähe mit optimierter Verkehrsanbindung niederlassen. Wenn diese Personen und Gruppen die Dörfer nicht nur als Schlafstätten, sondern als Lebensraum nutzen, entwickeln sie auch eine eigene Heimat, die in einer Konvergenz auch die Eingesessenen in eine Entwicklung mitnimmt. Das Zukunftsinstitut zu diesem Trend: „Parallel zur fortschreitenden Urbanisierung erleben Dörfer und ländliche Regionen eine Renaissance. Lokale Visionäre, transitorische Architekturen, Offenheit, Storytelling und Selbstbewusstsein können ganze Regionen zur progressiven Provinz machen. Sie bringen ein urbanes Mindset (Denken) in den ländlichen Raum und können ganze Dörfer revitalisieren"[226].

Hier kann sich ein ganz neues Verständnis von neu zu schaffender gemeinsamer Heimat entwickeln. Gerade Kommunen und Regionen könne aufgrund von Kleinräumigkeit und im Verbund zu traditionellen Gepflogenheiten, Ritualen und ggfls. auch Steueraufkommen neue Formen des Zusammenlebens und Selbstbewusstseins entwickeln. Heimat als Territorium, Beziehung, Emotion und ggfls. auch Geschichte wäre hier zu schaffen.

Megatrend Konnektivität

„Konnektivität ist der wirkungsmächtigste Megatrend unserer Zeit. Das Prinzip der Vernetzung dominiert den gesellschaftlichen Wandel und eröffnet ein neues Kapitel in der Evolution der Gesellschaft. Digitale Kommunikationstechnologien verändern unser Leben grundlegend, reprogrammieren soziokulturelle Codes und lassen neue Lebensstile und Verhaltensmuster entstehen. Um diesen fundamentalen Umbruch erfolg-

---

[226] *Zukunftsinstitut 2021.*

reich zu begleiten, brauchen Unternehmen und Individuen neue Netzwerk-
kompetenzen und ein ganzheitlich-systemisches Verständnis des digitalen
Wandels"[227].

Digital Creatives

„Die Digital Creatives, ein vom Zukunftsinstitut benannter Lebensstil,
sind in der real-digitalen Welt zu Hause. Immer und überall online zu sein
ist für sie selbstverständlich. Für die zumeist 14- bis 35-Jährigen sind digitale Technologien der wichtigste Zugang zu ihrer Umwelt. Diese Early
Adopter experimentieren mit neuen Technologien – und nutzen die Möglichkeiten des Digitalen, um ihre Kreativität auszuleben"[228].

Wie an anderer Stelle bereits ausgeführt, ist Heimat der in diesem Bereich Tätigen das Internet der Raum der sozialen Beziehungen, unabhängig
von Ort / Territorium. Auch der Umweltbegriff ist ein digitaler. Hier finden
sich – wie oben ausführlicher dargestellt – die jungen und modernen Milieus in den Bereichen der Neuorientierung.

Heimat kann allerdings auch über den Trend „Hygge" als dem unmittelbaren Geborgenheitsraum, in dem man auch die Personen, mit denen man
häufig im Internet kommuniziert, auch real trifft, eine „kleine territoriale
Heimat" entstehen.

Kollaboration

„Unter Kollaboration versteht man die oft technisch vermittelte Zusammenarbeit in Teams. Zielsetzung ist oft die Generierung neuer Ideen oder
Problemlösungen, häufig ist die Zusammenarbeit intensiv, kreativ und zeit-

---

[227] *Zukunftsinstitut 2021.*
[228] *Zukunftsinstitut 2021.- Diese konnten auch im Zuge des Lockdowns während der
Corona Pandemie in ihrem Homeoffice effektiver und stressfreier arbeiten.*

lich begrenzt. Durch Austausch entstehen Synnovationen, neue Verbindungen oder Sichtweisen. Die digitale Kommunikation ist dabei ein starker Treiber"[229].

In diesem Trend findet sich erst auf den zweiten Blick ein überkommenes Heimatverständnis wieder, das der sozialen Beziehung in einem überschaubaren Raum, früher traditionell auf dem Dorf und der Problemlösungen über Genossenschaften entspricht. Die traditionellen Kooperationen / Kollaborationen auf dörflicher Ebene in unserer Region waren und sind zum Teil bis heute eigenständige und ortsansässige und ortsbezogene Genossenschaften für Wasserbeschaffung und -Entsorgung, Strom, Wegebaugenossenschaft, „Assekuranz", die genossenschaftlich organisierte Versicherung bei Schäden am Vieh, Haubergsgenossenschaft (Jahnschaft), Kirchenbauverein, Weidekampgenossenschaft mit genossenschaftlich organisiertem Hüten und Treiben, Waldbauernschaft, Landwirtschaftlicher Lokalverein (Viehzucht mit Haltung eines gemeinschaftlich gehaltenen Zuchtbullen), genossenschaftlich organisiertes Dreschen des Getreides mit eigener Dreschmaschine u.a.m.

Dies betraf alles manuelle und landwirtschaftlich genutzte Arbeiten in Kooperation. Abgesehen von dem digitalen Charakter der Kollaboration sind hier die gleichen Elemente der gemeinschaftlichen intensiven, kreativen und zeitlich begrenzten Problemlösungen zu finden. Über diese Genossenschaften und Gemeinschaften wurde auch der Zusammenhalt in Friede und Streit entwickelt und kultiviert. Kollaborationen können damit auch einem traditionellen Heimatbegriff zugesprochen werden, dem allerdings die oftmals beschworene, aber nie real vorhandene Idylle fehlt.

---

[229] *Zukunftsinstitut 2021.*

Megatrend Globalisierung

Wie Ulrich Beck in „Die Metamorphose der Welt" stellt auch das Zukunftsinstitut die Globalisierung als Antrieb für ein neues Handeln und Denken dar.

„Die Herausforderungen, die mit einer immer komplexeren, weil zunehmend vernetzten Welt verbunden sind, dürfen nicht den Blick auf die positiven Effekte verstellen, die die Globalisierung bewirkt. Denn während die Politik noch versucht, globale Prozesse mit alten nationalstaatlichen Mechanismen zu regulieren, ist die Weltgesellschaft längst auf dem Weg in die Zukunft des 21. Jahrhunderts. Viele aktuelle Trends verstärken die globale Dynamik, die das internationale System in den kommenden Jahren weiter in eine progressive Richtung bewegt"[230].

Bevölkerungswachstum

Global betrachtet wird die Bevölkerungszahl weiter deutlich ansteigen. Das hat vor allem massive Auswirkungen auf Städte: Nachverdichtungen, Neubauten und eine umfangreiche Reorganisation von Verkehr, Nahversorgung, Lebens- und Arbeitsräumen werden zur Herausforderung.

Der globale Trend findet sich in Deutschland auch in den Großstädten wieder, nicht jedoch in den Landgemeinden. In den letzteren wird ein stärkerer Rückgang der Bevölkerung bis 2030 zu erwarten sein als im Landesdurchschnitt. Der Rückgang wird um die 5% betragen und 2030 liegt der Zuwachs vor allem im Bereich der 65-jährigen und aufwärts. Damit wird sich auch der Heimatbegriff der modernen Milieus zunehmend als Leitbegriff entwickeln.

---

[230] *Zukunftsinstitut 2021.*

Generation Global

„Die jungen Menschen, die Teil der Generation Global sind, wissen: Globale Herausforderungen lassen sich nicht mit nationalem Denken lösen. Sie nutzen das Netz, um Lösungen zu finden und globale Probleme bei ihrer lokalen Wurzel zu packen. Die Generation Global führt wirtschaftlich wie gesellschaftlich einen Shift herbei, der Sinn und sozialen Mehrwert zum zentralen Bewertungskriterium macht"[231].

Hier zeigt sich in einem sehr ausgeprägten Maße, dass Heimat, wenn sie als solche bezeichnet oder wahrgenommen wird, globale Ausmaße bekommt. Damit sind die territorialen Anteile am Heimatverständnis nicht mehr vorhanden, der soziale Raum ist vielmehr die Beziehung zu gleichgesinnten Menschen im gleichen oder vergleichbaren Alter.

Global Migration

„In einer globalisierten Welt weisen viele Länder kontinuierliche Ströme von Ein- und Auswanderern auf. Vor allem für Gesellschaften mit einer alternden Bevölkerung, niedrigen Geburtenraten und gleichzeitig hoher Arbeitskräftenachfrage ist Zuwanderung eine enorme Chance. Die Herausforderung liegt darin, kulturelle Diversität kreativ und konstruktiv zu gestalten."[232]

Zum Heimatverständnis ist anzumerken, dass hier auf den Plural der „Heimaten" der in einer Region lebenden Menschen zu verweisen ist. Die reale Situation wird die populistischen, monokulturellen und monoethnischen Vorstellungen überholen und als unrealistisch ausweisen. Problematisch bleibt aber – und das wird eine sozialpolitische Aufgabe werden – den Modernisierungsskeptikern und Verlieren des sozialen Wandels jenseits jeglicher überheblichen Belehrung eine Perspektive für ihre Beheimatung in einem vielfältigen Territorium zu geben.

---

[231] *Zukunftsinstitut 2021.*
[232] *Zukunftsinstitut 2021.*

Glokalisierung

„Einerseits sind die Weltwirtschaft und das Leben der Menschen durch zunehmende Internationalisierung und globale Verflechtungen geprägt, andererseits kaufen Konsumenten beispielsweise vermehrt Produkte aus regionaler Herstellung, weil diese eine gewisse Nähe zum Erzeuger versprechen und sie nach regionalen Besonderheiten und Individualität suchen. Das Lokale gewinnt als Teil der Globalisierung stark an Bedeutung"[233].

Hier hat auch „Heimatshoppen", wenn es denn tatsächlich die Stärkung regionaler Eigenheiten und Produktionen und nicht nur ein Verkaufsgag für die in brutaler Ausbeutung in Bangladesch produzierten T-Shirts ist, seinen Ort. Über den Weg der Glokalisierung sind auch jüngere Generationen über „Fair-trade" und den ökologischen Fußabdruck eines Produktes zu gewinnen. Auch für die Mainstream-Milieus findet sich hier ein Anknüpfungspunkt

Neo-Nationalismus

„Als Gegentrend zur Globalisierung verkörpert der Neo-Nationalismus den Wunsch nach einem starken Staat, der seine Bürger vor Bedrohungen von außen schützt, meist verbunden mit der Sehnsucht nach 'den guten alten Zeiten' einer vermeintlich übersichtlicheren Welt ohne globale gesellschaftliche und wirtschaftliche Verflechtungen"[234].

In diesem Megatrend findet sich der traditionell orientierte Teil der Milieus wieder, vor allem aber auch das Prekäre Milieu. Es ist – wie das Zukunftsinstitut auch wiederkehrend betont – der Gegentrend zum Megatrend – oder sollte man sagen, dass die Globalisierung, die Glokalisierung und Generation Global der Gegentrend zum Neo-Nationalismus ist?

---

[233] *Zukunftsinstitut 2021.*
[234] *Zukunftsinstitut 2021.; siehe hierzu die zurzeit (2020/21) zu verzeichnenden Maßnahmen angesichts der Corona-Virus-Pandemie*

Nach der Analyse der Wahlergebnisse und anderer Untersuchungen sind hier auch jüngere Generationen beteiligt, wie sich u.a. an der JA[235] und ihren Grenzgängen zur Verfassungswidrigkeit ablesen lässt. Hier ist Heimat nur das starre, vorgegeben Fertigprodukt („Instant-Heimat"). Es bleibt zu fragen, ob man mit diesen Tendenzen einfach leben muss oder ob hier tatsächlich über einen emotional gleichwertigen Heimatbegriff, der nicht in Reden, sondern in Kontexten sich ausdrücken muss, eine demokratiebewahrende und –weiterentwickelnd Perspektive geschaffen werden kann.[236]

Exkurs zur Perspektive: Resonanz – ein Schlüsselwort von Hartmut Rosa

Der Soziologe Hartmut Rosa hat den vom Zukunftsinstitut als Schlüsselwort unserer Epoche benannten Begriff der Resonanz ausführlich, wenn auch noch nicht, wie er selbst erklärt, abschließend erläutert. Resonanz ist für ihn ein spezifischer Modus der Weltbeziehung und ein Gegenbegriff zu Entfremdung. „Demnach sind Menschen dann von (oder in) einem bestimmten 'Weltausschnitt' nicht entfremdet, wenn sie mit ihm in Resonanz sind"[237]. „Resonanz ereignet sich dort, wo Menschen von etwas erreicht, berührt oder bewegt werden"[238]. „Resonanz impliziert ..., dass darauf eine Antwort erfolgt. Der oder die Berührte antworten mit einer Emotion, was so viel bedeutet wie nach außen bewegen, antworten, entgegengehen"[239].

„Anders als Anerkennungsbeziehungen sind Resonanzbeziehungen aber nicht nur zu anderen Subjekten, sondern auch zu dinglichen Objekten einerseits und zu umgreifenden Totalitäten wie die Natur oder die Geschichte

---

[235] Junge Alternative, Jugendorganisation der AfD; die Erklärung als Rechtsextremistische Vereinigung durch den Verfassungsschutz wurde erst nach dem in 2019 gehaltenen Referat zu diesem Thema veröffentlicht

[236] Siehe dazu auch den Teil zu einem neuen Heimatbegriff am Ende dieses Buchs

[237] Rosa, Hartmut: Resonanz; https://www.resonanz.wien/blog/hartmut-rosa-ueber-resonanz/2017

[238] Rosa, Hartmut 2017

[239] Rosa, Hartmut 2017

als letzten erfahrbaren Wirklichkeiten möglich"[240]. An dieser Stelle setzt auch Rosa die Beziehung zu Heimat als eine umfassende Wirklichkeit aus Raum, Beziehung und Emotion an.

„Wer in Resonanz mit einem anderen gerät, bleibt dabei nicht der- oder dieselbe. Die Verwandlung muss dabei nicht immer existenziell und fundamental sein, obwohl sie es sein kann. Auch die kleinen, alltäglichen Resonanzerfahrungen verändern uns in ihrem Wechselspiel von Berührung und Selbstwirksamkeit"[241].

Resonanz bleibt jedoch auch unverfügbar: „Zum einen lässt sich Resonanz nicht erzwingen (und ebenso wenig absolut ausschließen), weshalb sie in ihrem Auftreten, ihrer Intensität und ihrer Dauer nicht vorhersagbar und kontrollierbar ist ... Zum anderen aber lässt sich niemals vorhersagen, was das Ergebnis eines Resonanzprozesses und der damit verbundenen Verwandlung sein wird. Eine Resonanzbeziehung ist grundsätzlich ergebnisoffen. Resonanzfähigkeit erfordert daher die Bereitschaft, sich auf Prozesse einlassen, bei denen wir weder wissen, wie lange sie dauern, noch was dabei herauskommt. Sich auf Resonanz einzulassen bedeutet, auf Verfügbarkeit zu verzichten"[242].

„Zu berücksichtigen ist allerdings, dass Resonanz nicht Harmonie oder Wohlklang meint und dass Dissonanz deshalb keineswegs im Gegensatz zur ihr steht. Der völlige Einklang aber macht es unmöglich, eine andere Stimme zu hören – was zur Folge hat, dass auch die eigene Stimme nicht mehr als solche identifiziert werden kann"[243].

„Menschliches Leben gelingt dann, so die Schlussfolgerung der Resonanztheorie, wenn die gesellschaftlichen Verhältnisse uns die Ausbildung von tragenden Resonanzachsen ... ermöglichen. Es gelingt, wenn wir uns auf resonante Weise mit anderen Menschen – in Freundschaft und Liebe,

---

[240] *Rosa, Hartmut 2017*
[241] *Rosa, Hartmut 2017*
[242] *Rosa, Hartmut 2017*
[243] *Rosa, Hartmut 2017*

aber auch in der Politik –, mit bestimmten Dingen und Stoffen (etwa denjenigen, mit und an denen wir arbeiten) und mit dem Leben oder mit der letzten, umgreifenden Wirklichkeit als solcher (etwa in der Religion, in der Natur oder in der Kunst) verbunden wissen"[244].

In einer Diskussion um den Heimatbegriff von Ernst Bloch hat Hartmut Rosa „Resonanz" und „Anwandlung" noch einmal präzisiert und in den für unseren Diskurs relevanten Zusammenhang gebracht. Er betont, dass Heimat nicht fraglos gegeben ist, sondern erst in der Resonanz, indem sie mich anspricht und ich ihr antworte, ihre Lebendigkeit entwickelt. Heimat kann man sich auch nicht aneignen, weil sie damit zu einem verfügbaren Objekt gemacht wird, letztlich dennoch unverfügbar bleibt. Es geht für ihn vielmehr darum, sich Heimat als einen „anverwandelten Ort" zu machen, nicht einfach Herkunftsort oder Territorium, sondern der Raum mit den Beziehungen, den Emotionen. „Da spricht uns etwas Anderes an, das nicht wir sind"[245].

Er beschreibt den Prozess der Resonanz und „Anverwandlung" u.a. mit kindlichem Verhalten. Kinder, so Rosa, wollen sich die Welt nicht verfügbar machen, sondern stoßen vieles an, um zu sehen, wie diese antwortet, wie sie mit ihnen in Beziehung tritt. Wer die Welt – und dies gilt auch für Heimat – verfügbar machen will, macht sie starr. Eine Welt ohne Resonanz ist eine starre Welt, eine Entfremdung.

In Bezug auf Bloch verweist er darauf, dass Heimat für diesen in Opposition zu Entfremdung steht, einer stummen Form von Welt. Diese Entfremdung wird aufgehoben dadurch, dass „der arbeitende, schaffende, die Gegebenheiten umbildende und überholende Mensch... das Seine ohne Entäußerung und Entfremdung in realer Demokratie begründet". Und erst damit beginnt der „Umbau der Welt als Heimat", der Prozess der „Anverwandlung"[246].

---

[244] *Rosa, Hartmut 2017*
[245] *Rosa, Hartmut 2017*
[246] *Bloch, Ernst 1985 S. 1628*

In diesem Sinne ist auch ein Verständnis des kryptischen „was allen in die Kindheit scheint" zu erreichen: Heimat als das zu Schaffende und in realer Demokratie begründete, tritt dann in aller Unverfügbarkeit in einen Resonanzprozess mit mir ein, der mich wie der kindliche Prozess der Beziehungsaufnahme zur Welt verwandelt. Heimat ist der Ort der Wechselwirkung aus der Differenz, die lebendig macht. Sie ist Begegnung mit einem anderen Unverfügbaren, mit dem ich in Beziehung treten kann. Hier, so Bloch, beginnt die Genesis, der Uranfang des Lebendigseins.

Metamorphose der Welt – Ulrich Beck

Ulrich Beck beginnt sein Buch „Metamorphose der Welt" mit einem Gedanken von Niklas Luhmann: „Dieses Buch wendet sich gegen den Versuch, Pellkartoffeln zu pflanzen"[247]. Wer dies versuche und dann noch erwarte, Kartoffeln ernten zu können, begeht, so Luhmann, einen Kategorienfehler.

„Denn die Welt, in der wir leben, verändert sich nicht bloß, sondern befindet sich in einer Metamorphose"[248]. Das, so Beck, sei eben viel mehr als nur ein Wandel, sondern eine „weitaus radikalere Veränderung: Die ewigen Gewissheiten moderner Gesellschaften brechen weg, und etwas ganz und gar Neues tritt auf den Plan. Um die Verwandlung der Welt zu erfassen, müssen wir dieses Neue untersuchen, uns ansehen, was aus dem Alten hervorbricht, und die Strukturen und Normen der Zukunft im Durcheinander der Gegenwart auszumachen versuchen"[249].

Der Ursprung dieser Metamorphose, die nicht mehr als Wandel, Evolution, Revolution bezeichnet werden kann, ist die geplante und durchgeführte Modernisierung globalen Ausmaßes, intendiert als das Gute, Sinnvolle (goods), die jedoch ungeahnte und ungewollte Nebenwirkungen (bads) zeigt. „Wir haben es mit zwei parallelen Prozessen zu tun. Erstens

---

[247] *Beck, Ulrich- Die Metamorphose der Welt, Suhrkamp Berlin 2017 S. 15*
[248] *Beck, Ulrich 2017 S. 15*
[249] *Beck, Ulrich 2017. S. 15 f*

mit dem der Modernisierung, in dem es um Fortschritt geht. Seine Ziele sind Innovationen und die Produktion und Distribution von goods. Neben ihn tritt zweitens der Prozess der Produktion und Distribution von bads. Beide entfalten sich in entgegengesetzter Richtung. Dennoch sind sie direkt miteinander verbunden"[250].

Angestrebt wird ein wirtschaftlicher und humaner Fortschritt (goods), die Nebenfolgen (bads) sind es aber, die jetzt zum Handeln über die politischen Lager und nationalen Grenzen hinaus in Selbstorganisation emanzipatorische Kraft entfalten.

Wie dies geschieht erklärt Beck folgendermaßen: „Erstens: Der Verstoß erzeugt die Norm (und nicht wie bisher die Norm den Verstoß). Und die antizipierte globale Katastrophe ist eine Verletzung heiliger Normen der Menschheit und der Zivilisation. Zweitens löst eine Verletzung heiliger Werte einen anthropologischen Schock und drittens eine soziale Katharsis aus. Auf diese Weise kommt es zur Entstehung neuer normativer Horizonte sozialen und politischen Handelns sowie eines neuen kosmopolitisierten Handlungsraums"[251].

Beck stellt die Globalisierung als einen nicht rückgängig zu machenden Prozess dar, der alle Lebensbereiche der Menschen erreicht. „Das Globale – also die kosmopolitisierte Realität – (ist) nicht bloß 'irgendwo da draußen' ..., sondern (konstituiert) die Grundlage der Lebensstrategien *aller* (Hervorhebung Beck) Menschen"[252].

Globalisierung entsteht nicht in politischen Entscheidungen, sondern in wissenschaftlichen und wirtschaftlichen Prozessen und in grenzüberschreitenden Zusammenschlüssen von Menschen, von Städten und Institutionen aus den unbedachten und nicht beabsichtigten „Nebenfolgen" (ein zentraler Begriff von Beck).

---

[250] *Beck, Ulrich 2017. S. 95*
[251] *Beck, Ulrich 2017 S 156; vgl. hierzu auch die Anmerkungen zu Gefühlen und Moral im Nachwort ab Seite 184*
[252] *Beck, Ulrich 2017 S. 240*

Auch für Beck geht ein Riss durch die Gesellschaft, bei ihm allerdings in einem globalen Ausmaß. Dieser Riss ist „nicht auf ein Versagen, eine Krise oder Armut zurückzuführen, sondern (schreitet) gerade mit den Erfolgen der Modernisierung (voran) und gewinnt an Tempo"[253]. Es handelt sich nicht um eine Krise, die nicht durch Nichthandeln gebremst werden kann, sondern im Gegenteil, die dadurch noch beschleunigt wird. Das Modell, nach dem Eltern ihren Kindern einen Weg in ihre Zukunft weisen können, ist längst zusammengebrochen. Beck bezeichnet die „Alten" als die „Neandertaler", die der jungen, globalen Generation „der Gattung homo cosmopoliticus" gegenüberstehen. „Die Metamorphose, die die Älteren als existenzielle Bedrohung erleben, ist ihnen zur zweiten Natur geworden"[254].

Mit einer neuen, globalisierten Generation vollzieht sich die Metamorphose. „Diese Veränderungen werden nicht durch eine revolutionäre Praxis herbeigeführt, sie entfalten sich hinter der Fassade einer vermeintlichen Kontinuität in Form eines Machtzuwachses der jüngeren Generation ... als eine sich unterschwelliger abspielende, heimlich vonstattengehende Metamorphose"[255].

„So wird am Ende dieser Diskussion über die fortschreitende Verwandlung der Welt offensichtlich, dass die Metamorphose der Ungleichheit das zentrale Problem der Zukunft ist"[256].

Und was hat das alles mit Heimat zu tun? Wenn ich zurückgreife auf die jungen und zukunftsorientierten Milieus, wo deutlich wurde, dass sie zum einen einen Zuwachs seit 2010 von bis zu 3% aufweisen, während andere wie die traditionellen Milieus im vergleichbaren Maße schrumpfen, dass ihre Grundorientierung durch „Machen und Erleben" sowie „Grenzen überwinden", durch Multioptionalität und neue Synthesen gekennzeichnet ist,

---

[253] *Beck, Ulrich 2017 S. 241*
[254] *Beck, Ulrich 2017 S 243 f*
[255] *Beck, Ulrich 2017 S 245*
[256] *Beck, Ulrich 2017 S 252*

ihre Ausrichtung global ist und daher Heimat als sozialer Raum der Beziehungen nicht an territoriale Parameter gebunden ist, können sich zwei Tendenzen ergeben: zum einen kann die globalisierte Welt und die gerade in den ökonomisch besser gestellten Milieus und weltweiten Arbeitsbeziehungen die Bedeutung von Heimat als Ort obsolet werden lassen, zum anderen sind gerade die Begegnungen mit Menschen und die gemeinsamen Anliegen, die sich aus den „Nebenfolgen der Modernisierung" ergeben, der soziale Ort, den wir („Neandertaler") bisher als Heimat bezeichneten.

Aufschlussreich ist auch ein Blick auf die „Generation Global" zu werfen. Hierzu das Zukunftsinstitut, dass mit seiner Darstellung des Megatrends „Generation Global", der unter „Megatrend Globalisierung" subsumiert wird, im Wortlaut: „Vernetzt sein ist das gelebte Prinzip der Generation Global, nicht nur untereinander, sondern sprichwörtlich mit der Welt. Eine heranwachsende Generation an Kosmopoliten verändert das alte, von Nationalstaaten und Engstirnigkeit geprägte Wertesystem hin zu einem neuen Altruismus, der globale Probleme vor die eigenen stellt. (vgl. Schulproteste zu Klima, die andere Milieus nicht verstehen können bis hin zur AfD Forderung der Bestrafung der beteiligten Schüler).

Für die Kinder der neuen und globalisierten Mittelschicht gehört Reisen nicht nur zur Normalität, es ist je nach Ausprägung auch Teil eines neuen Statusdenkens. Finanzielle Stärke führt nicht mehr zwingend zu hohem Ansehen, und alte Statussymbole, etwa dicke Autos, sind für die umweltbewusste Generation Global geradezu vulgär. Für sie hat Fair Trade einen höheren Stellenwert als Louis Vuitton, ... Die Generation Global löst sich von einem materialistischen Denken, in dem teure Dinge einen bestimmten sozialen Status garantierten. Umso empfänglicher ist sie für Sharing-Angebote... Geteilt werden deshalb selbstverständlich auch die Sorgen. Globale Probleme wie Terror und Umweltverschmutzung bereiten Jugendlichen inzwischen mehr Kopfzerbrechen als persönliche Probleme, die mit Ausbildung, finanzieller Situation oder Gesundheit verbunden sind. Das geht aus der aktuellen Shell-Studie (2015) hervor... Die Studienergebnisse spiegeln

die Erfahrungen der Kosmopoliten: Ob 9/11, Fukushima oder die Terroran-
schläge jüngster Zeit – diese Ereignisse gelten als prägend und schweißen
die sonst heterogene Generation zusammen...Die wichtigste Rolle spielen
künftig die Gruppen, denen ein Mensch sich zugehörig fühlt. Die Generation Global identifiziert sich nicht mehr mit dem Nationalstaat, sondern mit
Menschen... Interessensgemeinschaften und Initiativen können sich dank
der technologischen Vernetzung problemlos und über Grenzen hinweg organisieren ... Die Aktivitäten der Generation Global entstehen unabhängig
voneinander in verschiedensten Ausprägungen und in unterschiedlichsten
Teilen der Welt. Die oft hyperlokalen Projekte und Initiativen sind somit
Ausdruck einer neuen Klasse von Weltbürgern mit bewundernswerten alt-
ruistischen Werten. Denn die heranwachsende Generation Global nimmt
den Planeten als ihr Zuhause ernst und versteht globale Belange wie Klima-
schutz und Umweltverschmutzung als ihre eigenen"[257].

Ein Wermuttropfen allerdings ist nicht zu vermeiden: Ob Brexit, Trump,
der Front National oder die AfD: laut Umfrageergebnissen sitzen die Befürworter einer Politik der Abschottung und des Protektionismus auf dem
Land. Die Bevölkerung ist dort mehr traditionellen Rollenbildern verhaftet
und hat eine starke lokale Verankerung. Sie fühlt sich im Fortschritt einer
globalisierten urbanen Welt zurückgelassen, sieht durch diese ihre origi-
näre Identität bedroht. Hier kann die Verwandlung in eine „Progressive
Provinz" auch diesen Trend brechen, und das wäre gut für Heimat.

---

[257] *Zukunftsinstitut 2021*

TEIL 2

Sinn-volle Heimat?

In den folgenden Ausführungen werde ich der Frage nachgehen, ob und wenn ja, wie Heimat sinn-voll sein kann. Dabei ist die Trennung des Wortes „sinnvoll" sehr bewusst gewählt, da es zum einen in einer skeptischen Fragestellung formuliert werden kann: ist es überhaupt sinnvoll, sich mit Heimat zu beschäftigen? Zum anderen steht die Frage im Raum, ob und inwiefern Heimat Sinnträger oder Sinnvermittler sein kann.

Die Sinnfrage werde ich dahingehend behandeln, dass ich darstelle, wie, unter welchen Umständen und durch wen Heimat als Sinnträger benutzt wird, wo bestimmte Weltanschauungen - durchaus nicht nur im rechten Spektrum – axiomatisch-normativ vorgehen, wo und wie Heimat als Kontingenzbewältigung dient und damit pseudo-religiösen Charakter bekommt.

Ich werde dazu eine komprimierte Darstellung zeitgenössischer Denkweisen zu Religion, vornehmlich aus der Beobachtersituation der Religionssoziologie, einführen, um den pseudo-religiösen Charakter von Heimat auf einer rationalen Basis aufzuweisen.

Im Anschluss daran werde ich darstellen, wie Heimat und Sinn in einen dynamischen, handlungsorientierten Zusammenhang gebracht werden können, der auch als Option für die Arbeit eines Heimatvereins gesehen werden kann. Einen Blick werde ich auch auf Heimat als eine religiöse Kategorie werfen, auch hier in eine überkommene und aus der Zeit gefallene Variante des Heimatverständnisses, dem ich ein zeitgemäßes, anknüpfungsfähiges Verständnis entgegensetzen werde.

Klärungen

Um den Sinn von Heimat zu erkennen, ist es zunächst wichtig, vorhandene Missverständnisse, Fehlinterpretationen oder interessengeleitete Definitionen zu korrigieren. „Missverständnisse über die Heimat beruhen meist auf Verengungen oder Verzerrungen der Perspektive, der Vereinfachung oder Ausblenden von Sachverhalten und Begriffsvermischungen"[258].

Heimat ist zuerst ein Beziehungsbegriff

In der Erforschung der Ortsnamen im Bereich der (indo-) germanischen Sprachfamilien wird festgestellt, dass die heutigen Endungen auf „-ingen" primär Ableitungen zu Personennamen sind. Dies trifft sowohl für den skandinavischen als auch den mitteleuropäischen und englischen Bereich zu. Dieses Suffix wird wiederum zurückgeführt auf das althochdeutsche „heimingi", das sich bald zu einer eigenständigen Endung „-ingia" entwickelt hat in der Bedeutung „Heimat, Ort, wo jemand wohnt". Als Beispiel nehme ich dazu den Ortsnamen „Dirkingen" (eine kleine Siedlung im Stadtgebiet Drolshagen), der verstanden werden kann als „Ort wo die Leute des Dietrichs (Kurzform: Dirk) wohnen"[259]. Das „heimingi" wird abgeleitet aus dem althochdeutschen „heiminga", was mit „Heimleute, Heimgenossen" übersetzt werden kann. Vor der Ortsbezeichnung steht also „heimingi" für „Heimgenossenschaft"[260]. „Damit ist auf dem Umweg über eine Personen-

---

[258] *Scharnoski, Susanne: Heimat – Geschichte eines Missverständnisses, Darmstadt; Wiss. Buchgesellschaft 2019 S. 10. Von ihr stammen wesentliche Aspekte im folgenden Kapitel, auch wenn sie nicht ausdrücklich als Zitat gekennzeichnet sind.*
[259] *Vgl. dazu Flöer, Michael: Die Ortsnamen des Kreises Olpe. Im Auftrag der Akademie der Wissenschaften zu Göttingen herausgegeben von Kirstin Casemir und Jürgen Bielefeld: Udolph Verlag für Regionalgeschichte 2014, S. 77*
[260] *Anderson, Thorsten – Die Suffixbildung in der altgermanischen Toponymie, in: Suffixbildungen in alten Ortsnamen, Hrsg. Anderson, Thorsten und Eva Nyman, Uppsala 2004 S. 17*

gruppenbezeichnung ein Suffix zur Bildung primärer Siedlungsnamen entstanden"[261]. Am Beginn dessen, was heute als Heimat verstanden wird, stand also ein Beziehungsbegriff in Verbindung mit einem Ort, der später zu einem Rechtsbegriff wurde. Allerdings klären Rechtsbegriffe letztlich auch Beziehungen von Personen. Erst sekundär haben sie mit Orten zu tun.

Heimat ist im 17. Jahrhundert wieder ein Beziehungsbegriff

Heimat ist seit dem 17. Jahrhundert auch wieder ein Beziehungsbegriff. Das Heimatrecht ging unter anderem auf Bettelordnungen des 17. und 18. Jahrhunderts zurück und regelte, welche Instanz für die Versorgung der Armen zuständig war.[262] Mit dem preußischen Edikt von 1696 wurden die Gemeinden verpflichtet, sich um die Armen in ihrem Territorium zu kümmern. Das Heimatrecht wurde nachgewiesen durch ein Dokument, das „Heimatschein" genannt wurde. Diesen konnte man nicht nur durch Abstammung, wenn man in dem Ort geboren war, erhalten, sondern auch, wenn man das Bürgerrecht erworben hatte oder 10 Jahre dort gelebt hatte. Also schon früh eine Form der Staatsbürgerschaft durch Aufenthalt.[263]

Heimat - schon vor der Romantik eine emotionale Beziehung

Erst in der Romantik, so Wikipedia, sei der nüchterne Rechtsbegriff emotional aufgeladen worden. Das stimmt nicht. „Betrachtet man die

---

[261] *Anderson, Thorsten 2004 S. 17*

[262] *Diese Regelungen wurden durch die wachsende Zahl von Vagabunden und Bettlern in der frühen Neuzeit notwendig, da die Folgen der kleinen Eiszeit im 17. Jahrhundert Kälte, Dauerregen, Dürreperioden und Missernten waren und der Dreißigjährige Krieg Armut, Hunger, existenzielle Not und Krankheiten mit sich brachte. (vgl. Scharnoski, Susanne 2019)*

[263] *Soviel auch zur Diskussion der Rechten zum Abstammungsprinzip in der Heimatdiskussion*

Sprachgeschichte, ist diese Behauptung ... nicht haltbar: das neuhochdeutsche Wort geht zurück auf das ... das altdeutsche 'heimote', was Wohung oder Heimstatt bedeutete"[264]. Wenn man nun den gegenteiligen Begriff „elenti" nimmt, der Fremde, Verbannung, Ausland, Exil bedeutete, klärt es sich: das Wort heißt heute „Elend" und besagt, dass es einem fern der Heimat jämmerlich oder elend erging. In dem Lied „Innsbruck ich muss dich lassen" kommt diese Deutung ausdrücklich zur Geltung[265]: „Innsbruck ich muss dich lassen, ich fahr dahin mein Straßen in fremde Land dahin. Mein Freud ist mir genommen, die ich nit weiß bekommen, wo ich im Elend bin"[266]. Elend, das war auch der Ort des Ausgestoßenseins, der Verbannung für die Sünder, war auch die Welt, die jenseitige Heimat hingegen der Aufenthaltsort der Gläubigen, der Erlösten, der Auserwählten. Im christlichen Weltbild der Vormoderne ist der Mensch fremd auf dieser Welt, seine eigentliche Heimat liegt im Jenseits.

Heimat in der Ferne - das Heimatbild der Romantik

Schon die Romantik galt als typisch deutsch, als Erzeugnis des deutschen Geistes, als emotional aufgeladener Begriff, der mit Natur, Landschaft, kleinstädtischem Leben und Dorfidylle zusammenhängt und ganz bestimmte Gefühle und Stimmungen assoziieren lässt: Vertrautheit, Überschaubarkeit, Verwurzelung, Ruhe und Abgesichertheit. Populär ist die Überzeugung, dass die typisch deutsche Vorstellung von Heimat mit romantischen Bildern von einer unbeschädigten, friedlich harmonischen Na-

---

[264] *Scharnoski, Susanne 2019 S. 19*
[265] *In dem Lied „Innsbruck ich muss dich lassen" kommt zwar das Wort Heimat nicht vor, wohl aber das Elend, die Nicht-Heimat, in die der sich traurig verabschiedende Sänger zurückkehren will.*
[266] *Die Melodie werden Katholiken aus dem Gottesdienst kennen: „O heilige Seelenspeise auf dieser Pilgerreise", andere als „Es ruhen alle Wälder". Das Lied ist Mitte des 15. Jahrhunderts erstmalig als vierstimmiger Satz aufgeschrieben worden, mithin möglicherweise älter.*

tur verbunden sei, die dann als Vorbild für die konservative Heimatschutzbewegung des späten 19. Jahrhunderts gedient habe, die wiederum als Vorläufer der „Blut und Boden"-Ideologie der Nationalsozialisten geworden sei.

Auch das ist ein Kurzschluss, denn die (politische) Romantik war zunächst eine republikanisch orientierte Bewegung, die mit Blick in die Zukunft eine Veränderung des staatlichen Wesens in den Blick nahm. Bemerkenswert ist, dass es nicht einmal eine romantische Definition von Heimat gibt, wo doch damals gerade neue, kühne Definitionen für ästhetische und politische Begriffe gefunden wurde: Poesie, Geschichte, Natur, Staat, Individuum. Das Wort Heimat findet sich nur in literarischen Texten. Die Literaten und Philosophen im Deutschen Idealismus und der Romantik wandten sich sogar von der Natur ab und überließen sie den Naturwissenschaften. Diese ist objektivierbar und systematisierbar. Bis heute sind die Systematisierungen des Carl von Linné gebräuchlich. Für die Literaten und Philosophen hingegen wurde die Natur ein allgemeines Prinzip, religiöses Zeichensystem oder Projektionsraum der Seele.

Dieser Teil ist es wohl, der Romantik und Heimat zusammenbringen will. Doch dieser Schluss ist wieder zu kurz, denn die Naturbeschreibungen wirken zwar mit ihren Adjektiven wie lieblich, anmutig, angenehm, aber es sind Pauschalbeschreibungen, keineswegs Vorläufer einer ökologischen Bewegung.

Im Zentrum romantischer Romane steht nicht die konkrete Idylle des Heimatortes, seine Menschen und das alltägliche Leben, nicht einmal in einer verklärten Form. Nicht das einfache Leben der Bauern oder die Begrenztheit eines orts- und traditionsgebundenen Lebens, sondern gerade das Gegenteil: die Ferne. Wem Gott will rechte Gunst erweisen, den schickt er in die weite Welt, nicht in die Heimat. In der Ferne kann er die Erfüllung, im Symbol der Blauen Blume finden, nicht zu Hause. Wenn der Taugenichts Eichendorffs Heimatliches vernimmt, will er sofort wieder in die Ferne.

Das heute oft verklärt dargestellte Bild der Romantik hat nichts mit ihr selbst zu tun, vielmehr mit einer retrospektiven Projektion aus der Zeit um

1900, bei der über die Vertiefung des Nationalgefühls mit „romantischen" Vorstellungen sinniert wurde. Dies wird heute wieder gerade in rechtsnationalen und nationalistischen Publikationen aufgegriffen, verbunden mit dem Begriff „Ökologie", was bei ihnen aber nur „Natur" meint.[267]

Konkrete Heimat kommt erst nach der Romantik in den Blick

Erst in der Zeit des Vormärz (1830 / 1848) wurden die Vorstellungen von Heimat auf den Boden der Tatsachen geholt und geerdet. Aufgrund der sozialen und ökonomischen Veränderungen sowie der großen Auswanderungswellen wurden Fremdheit und Entfremdung für mehr Menschen erfahrbar. Gerade, weil nun zunehmend die Bindung an den Ort stärker infrage stand, wurde Heimat vermehrt zum Gegenstand der Betrachtung.

„Aus dem ziellosen, von unbestimmter Sehnsucht getriebenen und von einem Fluch verfolgten Wanderer der Romantik wird der Auswanderer, dem die alte Heimat Wohlstand oder Recht auf demokratische Mitbestimmung und freie Meinungsäußerung verweigert. Heimat ist damit nicht mehr zwangsläufig Schicksal; sie ist gestaltbar, doch kann man sich auch von ihr abwenden und eine neue Heimat suchen"[268]. Das „Elend" war in das eigene Umfeld zurückgekehrt.

Heimat gibt es auch in anderen Sprachen

Die Behauptung, Heimat sei etwas ganz besonders Deutsches, weil es das Wort in anderen Sprachen mit dieser Konnotation nicht gebe, ist ebenfalls nicht aufrecht zu erhalten. Das gilt gleichermaßen für die Auffassung, die aus einer deutschen Heimattümelei kommt wie auch für jene, überwiegend konservativ- traditionelle Kreise, die in der Folge von Martin Walser und

---

²⁶⁷ Vgl. u.a. Borrmann, Norbert in: Thema Sezession 56 Oktober 2013, S. 4 - 7
²⁶⁸ Scharnoski, Susanne 2019S. 36

Helmut Kohl formuliert wird: Für Heimat gibt es in anderen Sprachen kein vergleichbares Wort.

Das stimmt und stimmt nicht. Im England der vorletzten Jahrtausendwende, also um 1900 ist eine der deutschen Literatur durch aus vergleichbare Entwicklung zu beobachten „Beide Länder verbindet eine Kritik an den Auswüchsen von Industrialisierung, Urbanisierung und Materialismus; in beiden Ländern setzen sich Naturschützer für die Erhaltung landwirtschaftlich geprägter Kulturlandschaften und traditioneller Lebensweise ein... Das englische Ideal, das bewahrt werden und gegen Industrialisierung bewahrt werden soll, wird als 'english countryside' (ländliche Landschaften), 'rural England' (ländlicher Raum) oder 'heritage' (kulturelles Erbe) bezeichnet; gemeint ist aber genau das, was auch Heimatschützer in Deutschland bewahren wollten"[269].

Schon in der Romantik, während die deutschen Autoren wie von Eichendorff noch die blaue Ferne und die unbestimmte Sehnsucht nach Heimat beschrieben, wurde in der englischen Literatur Heimat beschrieben, und zwar in einer Konkretion, die heute einem Heimatverein zur Ehre gereichen würde. Das Wort wird nicht gebraucht, die Sache ist aber vergleichbar.

Ein weiteres Beispiel: Ein amerikanisches Volkslied - das ich 1968 erstmals von der Bluessängerin Odetta bei ihrem Auftritt bei dem „deutschen Woodstock" auf der Burg Waldeck gehört habe - heißt: „Home on the range". Hier der Anfang des Liedes:

"Oh, give me a home where the buffalo roam, where the deer and the antelope play, where seldom is heard a discouraging word and skies are not cloudy all day. Home, home on the range where the deer and the antelope play where seldom is heard a discouraging word and skies are not cloudy all day"

In der Übersetzung: *„Oh, gib mir ein Home, wo der Büffel grast, wo der Hirsch und die Antilope spielen, wo man selten ein entmutigendes Wort hört*

---

[269] *Scharnoski, Susanne Heimat 2019 S 76*

und der Himmel nicht jeden Tag wolkenverhangen ist. Home in der Range (Landschaft in den USA) wo..."

Wie, wenn nicht mit Heimat, sollte man diesen Begriff „home" übersetzen. Und er enthält hier genau die Kriterien von Territorium, Beziehung und Emotion. Auch wenn man als Alternative nur „Zuhause" gebrauchen würde, hätten wir den analogen Begriff, den vor allem die Heimatvertriebenen in den 50ger Jahren in Deutschland für Heimat benutzten: Daheim, bei meinem aus Schlesien stammenden Vater: „doheeme".

Ein Vergleich: Nur, weil es das Wort „lagom" im Deutschen nicht gibt, heißt es nicht, dass das, was es meint, in Deutschland nicht existiert. Es ist schwedisch und bedeutet: genau richtig, weder zu viel noch zu wenig. Wörtlich: gemäß den Gesetzen.[270] Aus Heimat nun ein deutsches Geheimnis oder Alleinstellungsmerkmal zu machen, ist zumindest übertrieben; ich würde es Unsinn nennen.

Was heißt Sinn?

Wie wäre es, wenn ich jetzt mit einem Leitgedanken weiterarbeiten würde, der heißt: Heimat und Unsinn? Vielleicht würden Sie ein paar Witze über Heimattümelei oder über die Ernsthaftigkeit der Musik von Florian Silbereisen erwarten. Aber: Sie haben dabei schon eine eigene Vorstellung, was Sinn oder Unsinn ist, vom Wort her die Abwesenheit von Sinn.

Nehmen Sie folgendes Beispiel: Wie oft denken Sie darüber nach, dass der Bus, der z.B. täglich von A nach B fährt, auch pünktlich ist, sein muss? Sicherlich nicht jeden Tag, vielleicht nie, wenn Sie grundsätzlich mit dem Auto fahren. Aber was passiert, wenn Sie den Bus nehmen wollen, am Marktplatz stehen - und der Bus kommt nicht. Dann fragen Sie: Ist was passiert? - Habe ich den Fahrplan richtig gelesen? - Hätte ich doch das Auto

---

[270] *Dorren, Gaston: Sprachen. Eine verbale Reise durch Europa; Berlin: Süddeutsche Zeitung Edition 2017 S. 111*

genommen! - Na gut, dann habe ich Zeit. Mal sehen ob ein Café schon auf hat. Es geht um Orientierung in einer Situation, die sich unerwartet verändert hat.

Dies ist auch individuell der Fall bei der Frage nach Sinn im Alltag. Diese wird erst gestellt, wenn etwas als unsinnig im Sinne von unlogisch oder unverständlich in der Bedeutung mitgeteilt wird, wenn also die Orientierung fehlt. Noch stärker aber, wenn wir in Grenzsituationen geraten wie bei einer plötzlichen schweren Erkrankung, wenn jemand gestorben ist oder wenn einen selbst ein schneller, vielleicht sogar schmerzhafter Tod erwartet. In diesem Verständnis ist die Sinnfrage die Frage nach dem Ganzen und Letzten des menschlichen Lebens. Und gerade in diesen Situationen überstrahlt das Bedürfnis nach Orientierung alle anderen Fragestellungen.

Gibt es darauf eine Antwort? Ja, wir geben uns immer eine, auch wenn es keine abschließende sein kann, da wir Orientierung brauchen. Und es ist die Antwort, die jeder und jede selbst finden und sich selbst geben muss, selbst wenn man eine noch so gute Erklärung, ein Sinnangebot, von anderen bekommt. Dies wird „subjektive Sinngebung" genannt.

Und noch ein weiteres: Wir haben gelernt, nach bestimmten Regeln zu handeln und zu kommunizieren, indem wir unser eigenes Handeln auf das der anderen abstimmen und damit auch dessen Bedeutung verstehen, also dessen Sinn erkennen.

Wenn in einem dieser Verständnisweisen (um nicht zu sagen: in diesem Sinne) etwas als sinnvoll erkannt wird, ist eine Desorientierung überwunden. Sinn gibt also Orientierung und wenn dieser erkannt und anerkannt wird, folgt ein wieder mehr oder weniger automatisiertes Denken, Empfinden und Handeln. Die Normalsituation ist wieder eingetreten.

Sinn als Wort und als Begriff

Schon die Vielfalt des Ursprungsworts „sinnan", was so viel wie reisen, gehen[271], aber auch besinnen, geistig und gedanklich verfolgen bedeuten kann, verweist darauf, dass seine Bedeutung im Verständnis von Zweck oder Ziel bis hin zur existentiellen Orientierung, dem „Sinn **des** Lebens" reicht und dabei auch die Gottesfrage einbezieht. Im Zusammenhang mit den Reflexionen zu Heimat spielt die letztere Bedeutung nur eine nachgeordnete Rolle, wird aber im Verlauf der Ausführungen auch angegangen. Zu fragen ist vielmehr nach der Bedeutung von Heimat als „Sinn **im** Leben"[272].

Grundlegend für diese Frage ist, wie es bei Victor Frankl heißt, der „Wille zum Sinn", unter dem er ein „für den Menschen als geistiges Wesen charakteristisches und tief verwurzeltes Bedürfnis nach einem persönlich verbindlichen Wert- und Orientierungssystem" [273] versteht. „Sinnfindung ist jedem Menschen - unabhängig von seiner Intelligenz, seinem Bildungsgrad, Alter, Geschlecht und seiner Religiosität - möglich"[274].

Bei der Frage „Wie sinn-voll ist Heimat?" geht es um den rationalen Zugang, um das Verstehen. Worte, wie Heimat, verweisen auf ein Ding (oder eine Person), auf etwas Seiendes, das benannt wird. Um aber eine Sache als sinnvoll anzunehmen, muss sie nicht nur auf etwas verweisen, sondern wir müssen zum Wesen des Benannten, hier also Heimat vordringen. Dieses wird aber nur erfasst, wenn man weiß, warum und wozu etwas da ist. Damit wird Heimat vom Wort zum Begriff, der gedanklich das Wesen oder

---

[271] *Vgl. Grimm, Jacob und Wilhelm: Deutsches Wörterbuch von Jacob Grimm und Wilhelm Grimm, digitalisierte Fassung im Wörterbuchnetz des Trier Center for Digital Humanities, Version 01/21, Bd 5, Sp. 2376*

[272] *„Wenn vom Sinn des Lebens gesprochen wird, so ist diese Frage an die Theologie weiterzugeben" Längle, Alfried in „Orientierung am Sinn" in der Folge von Frankl, Victor „Anthropologische Grundlagen der Psychotherapie" Bern, 1975.*

[273] *Becker, Peter: Sinnfindung als zentrale Komponente seelischer Gesundheit in: Längle, Alfried: Wege zum Sinn. München: Piper 1985 193*

[274] *Becker, Peter Sinnfindung 1985 S. 193*

etwas vom Wesen von Heimat festhält. „Sobald ich jedoch nach dem Warum und Wozu der Dinge frage, bringe ich sie in Zusammenhang nicht nur mit anderen Dingen, sondern auch mit mir selbst. Und damit erschließt sich eine neue Bedeutung von Sinn. Sinnvoll sind die Dinge insoweit, als sie für mich Bedeutung haben. Das aber heißt: Sinn hat nicht nur etwas zu tun mit unserem Verstehen, sondern auch mit unseren subjektiven Bedürfnissen, Interessen, Wünschen, Hoffnungen, Ansprüchen. Sinnvoll ist etwas, wenn und soweit es unserem menschlichen Verlangen entgegenkommt, uns Befriedigung und Erfüllung bringt.“[275]

In unserer Fragestellung werden wiederkehrend Zielerreichung und Zweck von Handlungen von Bedeutung sein. Sinnvoll ist etwas, wenn es für eine Person ein attraktives und subjektiv erreichbares Ziel darstellt. Zielerreichung ist immer das Ergebnis eines erfolgreichen Handelns. „Der Eindruck der Sinnlosigkeit hingegen stellt sich ein, wenn persönlich bedeutsame Ziele unerreichbar erscheinen oder wenn vorhandene Objekte, Ereignisse und Lebensbedingungen für die betreffende Person ihren Anreizwert verloren haben“[276]. Victor Frankl verweist zudem auf die engen Beziehungen zwischen Sinnfindung und seelischer Gesundheit, die „erkennen lassen, dass enge Beziehungen zwischen dem Konstrukt der Sinnfindung und anderen für eine Theorie der seelischen Gesundheit relevanten Konstruktionen wie Emotionen, subjektiven und objektiven Problemlösefähigkeiten sowie der Handlungsmotivation bestehen“[277].

Eine völlig andere Bedeutung hat Sinn in der soziologischen Systemtheorie.[278] Hier ist mit Sinn gemeint, dass Menschen oder Gruppen – als Systeme verstanden – die unendliche Vielfalt der Welt ganz spezifisch reduzieren, sodass der einzelne damit leben oder ein System funktionieren kann. Mit einem Zirkelschluss argumentiert: Sinn in einem System ist, was für es

---

[275] *Hürlimann, Kaspar: Zur Sinnfrage in der Philosophie in Krömler, Hans: Horizonte des Lebens. Zur Frage nach dem Sinn des Lebens, Zürich: Benzinger 1976 S. 165*
[276] *Becker, Peter 1985. S. 203*
[277] *Becker, Peter 1985 S. 203*
[278] *Hier lege ich die Systemtheorie nach Niklas Luhmann zugrunde*

Sinn macht, was es von anderen unterscheidet und seine Funktion beschreibt. Ich werde dies an anderer Stelle als Komplexitätsbewältigung auch im Sinne von Heimat genauer ausführen.

Theologisch argumentiert ist die Frage nach Sinn, auch als „die Sinnfrage" formuliert, die Frage nach dem Ganzen und Letzten des menschlichen Lebens. Damit ist auch ein Zweifaches gemeint: es muss einen Sinn geben und der Mensch muss Sinn erfahren wollen und können. Es ist in der christlichen Theologie „die Offenheit des Menschen auf Offenbarung und Handeln Gottes"[279] hin.

Wie kann Heimat sinnvoll sein?

Im Folgenden werde ich die allgemeinen Ausführungen zu Sinn auf das Phänomen Heimat herunterbrechen. Dabei wird es auch ein weiteres Mal um problematische Verständnisse von Heimat gehen, um die substanzlose Benutzung des Begriffs Heimat für politische Zwecke und Propaganda, die in Verbindung mit der Frage nach „Sinn im Leben" gebracht wird. Damit wird die Frage eingeleitet, wie „sinn-voll" Heimat ist und eine Antwort vorbereitet. Ausgangspunkt wird bei dieser Fragestellung sein, wem für was Heimat Orientierung sein soll, sein kann. Das wird auch eine religiöse Komponente einschließen.

Noch einmal: „Sinnvoll sind die Dinge insoweit, als sie für mich Bedeutung haben. Das aber heißt: Sinn hat nicht nur etwas zu tun mit unserem Verstehen, sondern auch mit unseren subjektiven Bedürfnissen, Interessen, Wünschen, Hoffnungen, Ansprüchen. Sinnvoll ist etwas, wenn und soweit es unserem menschlichen Verlangen entgegenkommt, uns Befriedigung und Erfüllung bringt"[280]. Hier kommt wieder Heimat ins Spiel.

---

[279] *Verweyen, Hansjürgen: Sinn. Fundamentaltheologisch in*
Lexikon für Theologie und Kirche, Freiburg: Herder 2006, Band 9 S.621 f
[280] *Hürlimann, Kaspar 1976 S. 165*

Heimat als sozialer Raum, der die Trias Territorium, Beziehung und Emotionen vereint, der der Raum von „kennen, gekannt sein und anerkannt sein" ist, die erlebt wird, als verstünde sie sich von selbst, die sich als Geborgenheit im Unbehausten darstellt, kann sinn-volle Heimat sein, die einem manchmal erst im Nachhinein zuwächst. Heimat ist auch – wie bereits weiter oben ausgeführt - immer "ein vages, verschieden besetzbares Symbol für intakte Beziehungen"[281], das von „unseren subjektiven Bedürfnissen, Interessen, Wünschen, Hoffnungen, Ansprüchen"[282] gefüllt wird.

Wenn sich aufgrund tatsächlicher oder vermeintlicher Unerreichbarkeit persönlich bedeutsamer Ziele oder des Verlustes von persönlichen Anreizen ein Eindruck der Sinnlosigkeit einstellt, bietet sich gerade Heimat in offensichtlicher Beliebigkeit als ein Surrogat an, das zumindest einen Eindruck von Geborgenheit vermittelt. Worin und gegenüber welcher Ungeborgenheit, welchem „elende", diese Geborgenheit besteht, wird jeweils subjektiv konstruiert[283].

„Sinnvoll sind die Dinge insoweit, als sie für mich Bedeutung haben"[284]. Damit in Zusammenhang stehen auch die Beziehungen zwischen Sinnfindung und seelischer Gesundheit, wie sie von Victor Frankl postuliert werden. So kann Heimat von der symbiotischen Verbindung über die Gestaltung einer lebenswerten und lebensfähigen Umwelt und kulturellem Engagement bis zum quasi-religiösen funktionalen Äquivalent Sinnträger sein. Damit ist auch Heimat nicht mehr nur ein Wort, sondern ein Begriff, der auf ihr Wesen verweist. Und dieses Wesen von Heimat ist immer auch ein Produkt der persönlichen Projektion, die mit anderen Begriffen eingegrenzt, also definiert werden muss. Heimat ist damit eine mögliche Antwort, eine Orientierung, die diese Befriedigung und Erfüllung bringen soll

---

[281] *Bausinger, Hermann 1980, S. 11*
[282] *Hürlimann, K. 1976 S 165*
[283] *Ich verweise auf die unterschiedlichen Verständnisse von Heimat und die sozial-psychologischen Aspekte im ersten Teil, die hier nicht erneut referiert werden sollen.*
[284] *Hürlimann, K. 1976 S 165*

oder je nach der Qualität und dem Umfang der subjektiven Bedürfnisse auch bringt. Heimat ist in diesem Verständnis sinn-voll.

Dem gegenüber wird zunächst das Wort, dann der Begriff Heimat auch Zwecken zugeordnet, die vorgeben, „Sinn im Leben" zu sein. Bei genauer Betrachtung wird nur eine Hülse verwendet, in der andere Absichten prioritär sind als die, eine Geborgenheit oder einen tragenden Sinn im Leben zu vermitteln und damit ein Sinnsurrogat produzieren. Diese Sicht ist zuerst abzuarbeiten, bevor der zuvor erarbeitete Heimatbegriff als sozialer Raum, der gestaltet werden will, auch Sinnangebot wird.

Heimat im Imperfekt

Der Diskurs um Heimat ist auffallend vergangenheitslastig.[285] Schon wenn man die aktuelle Literatur zu diesem Thema betrachtet, sind Fachwerkbauten, idyllische Landschaften oder Bilder der Romantik wie von Caspar David Friedrich die „Eye-Catcher", die Blickfänger[286]. Und sie assoziieren ein Heimatgefühl der „guten alten Zeit", so als wollten wir dahin zurück, wo wir ohnehin noch nie waren, sprechen aber gleichzeitig ein Bedürfnis, eine Sehnsucht an, ohne die die Bilder nicht Werbegrundlage sein könnten. Ein nachvollziehbarer Grund ist die Beschleunigung und Globalisierung der technisch- wissenschaftlichen Innovationen[287], mit denen viele Lebensbereiche schneller veralten. Wir leben in einer Welt in der immer

---

[285] *Vgl. zu diesen Gedankengängen auch Höhn, H.J.: Befremdliche Nähe, in Hemel, Ulrich und Manemann, Jürgen: Heimat finden – Heimat erfinden – Paderborn: Wilhelm Fink 2017. Von ihm stammen wichtige Impulse und Formulierungen.*

[286] *Dies gilt auch für kritische Publikationen wie die von Susanne Scharnowski, 2019, und das Autorenfoto auf dem Cover dieses Buches, das die Journalistin B. Engel nach einem Interview mit dem Autor zum Thema dieses Buches im Heimathaus Drolshagen aufgenommen hat. Es ist damit gleichzeitig augenzwinkernd ebenfalls „Eyecatcher".*

[287] *Darauf bin ich in den Kapiteln zum politischen Heimatbegriff und dem Riss in der Gesellschaft ausführlich eingegangen.*

weniger von dem, was war, künftig noch sein wird. Die Vergangenheit verliert zunehmend die Kraft, das Entscheiden und Handeln in der Gegenwart zu bestimmen. Sie eignet sich immer weniger als Grundlage, um vom Bekannten auf das Unbekannte zu schließen. Sich in der Gegenwart auf die Zukunft einzustellen, wird damit ständig schwieriger.

In diesem Zusammenhang ist der Rückschritt in eine vermeintlich „gute alte Zeit" psychologisch erklärbar und nostalgische Heimatvorstellung - zumindest vorübergehend – als Sinndeutung entlastend. Aber statt Nostalgie ist ein historisches Bewusstsein gefragt, dass nicht verklärt und Dinge im Nachhinein beschönigt oder verzuckert. Max Frisch hat Letzteres als „Heimatkunde mit dem Charakter der Geschichtsfälschung" [288] bezeichnet.

Stattdessen ist es notwendig, die eigene Gegenwart mit ihrem Herkommen zu verknüpfen und auf das auszurichten, was auf das Individuum im Laufe der Zeit zukommt. Ein Dreierschritt ist wieder hilfreich: Herkunft - Ankunft - Zukunft. Die ist die Grundlage von Heimatarbeit.

Heimat und Fremde

Heimat und Fremde, das „elende", gehören zusammen. Nun ist aber das Elend nicht einfach auf die Entfernung vom Herkunftsort, von dem Ort, der durch „Kennen, Gekanntwerden und Anerkannt sein" charakterisiert ist, das Elend kann auch in der Heimat groß sein, wenn man z.B. nicht anerkannt ist.

Eine andere Form des Elends kann auch die Forderung nach sogenannter Integration sein, sogenannt, weil diese oft eher Anpassung meint. Zum Verständnis ist ein Modell aus der Entwicklungspsychologie von Jean Piaget hilfreich, bei dem zwischen Assimilation und Akkomodation unterschieden wird. Bei der Assimilation bleibt das System erhalten und das neue Element,

---

[288] Frisch, Max: Die Schweiz als Heimat? - Dankesrede zur Verleihung des Schillerpreises 1974; https://www.youtube.com/watch?v=LnPLKQWbdFI

hier ein Mensch, wird sich diesem System anpassen. Die Veränderung vollzieht sich bei dem Individuum. Die andere Form wird Akkomodation genannt. Dabei verändert sich das System als Ganzes, der Blickwinkel aller Beteiligten wird erweitert, das System hat mehr Ressourcen[289].

Diese Form der sozialen Integration geht manchen Einheimischen zu weit. Sie verlangen von den Zugezogenen, den Fremden, vor allem Anpassung an das Vorgefundene (Assimilation), weil sie ansonsten ihre eigene Stabilität und ihr Selbstverständnis bedroht sehen, die bisher ihre eigene (vielleicht auch nur kleine, brüchige) Identität ausgemacht haben. Das damit verbundene Verständnis von Heimat ist ein festgelegtes, vergangenheitsbezogenes und starres Konzept. Nicht das System, sondern die Person muss sich für sie ändern. Dass dabei sich - im Verständnis der Systemtheorie - auch das System selbst schon verändert hat, indem es sich nun bewusst auf überkommene Regeln und Normen, also auf seinen Sinn beruft, sei nur am Rande erwähnt.

Erst recht ist die hinlänglich bekannte Ausgrenzung seitens der politischen Rechten ein „elende"[290]. Original-Ton Anton Friesen, AfD-Bundestagsabgeordneter: „Deutschland ist kein Siedlungsgebiet. Deutschland ist die Heimat des deutschen Volkes, aller deutschen Patrioten, egal, woher sie kommen. So ist es und so soll es auch bleiben. Das Recht auf Heimat, wird

---

[289] *Matis, Herbert: Systemansatz und Evolutionsgedanke in: Bauer, Leonhard und Matis, Herbert – Evolution – Organisation – Management. Berlin: Duncker & Humblodt, 1989, S.89 f. Matis folgt dabei Jean Piaget in: Origins of Intelligence 1952*

[290] *Ein kritischer Blick auf den trügerischen Begriff des „Migrationshintergrunds": Migrationshintergrund ist seltsamerweise vererbbar. Nach der behördlichen Definition haben alle Personen, die nach 1949 in die Bundesrepublik zugewandert sind, alle in Deutschland geborenen Ausländer und alle Personen, bei denen mindestens ein Elternteil zugewandert oder Ausländer ist, einen Migrationshintergrund. Deutsche in Deutschland geboren werden so mit Migration assoziiert. Das bedeutet, dass Migranten und ihre Nachkommen niemals endgültig und unumkehrbar in Deutschland angekommen sind. Sie bleiben auf Dauer und als deutsche Staatsbürger Ankömmlinge, zumindest statistisch. Nach Angaben der Statistiker lag der Anteil der Menschen 2018, die einen sogenannten Migrationshintergrund haben, bei 19,5 %.*

durch den globalen Flüchtlingspakt und den globalen Migrationspakt un-
terminiert"[291].

Die anspruchsvollere Variante der sozialen Integration ist die, bei der die
Zugezogenen sich am kulturellen Leben beteiligen, mit ihrer eigenen Geschichte und Identität, wenn sie an politischen Entscheidungsprozessen
mitwirken können und dies auch tun. Das setzt allerdings voraus, dass auch
eine andere ethnische, soziale oder religiöse Identität als gleichberechtigt
anerkannt und Teil des eigenen Sinnkonzeptes wird. Diese Form, die auch
die Chance der Veränderung, also die Akkomodation, nutzt, schafft Heimat,
findet sie neu, gegebenenfalls erfindet sie Heimat neu.[292] Hier setzt auch
meine Kritik an der Studie der Konrad-Adenauer-Stiftung von Volker Kronenberg „Heimat bilden – Herausforderungen - Erfahrungen – Perspektiven" an, wo der Begriff Mitbestimmung völlig fehlt.[293]

Offenbar ist aber auch, dass viele das Fernweh nach Sehnsuchtsorten
nur bei sich selbst sehen und sich dann bedroht fühlen, wenn das gleiche
Gefühl auch bei Millionen anderer Menschen vorhanden ist, für die gerade
ihre „deutsche Heimat" der Sehnsuchtsort ist, der Ort der Sicherheit, der
Meinungsfreiheit, der demokratischen Mitbestimmung, der ökonomischen
Sicherheit. „Dann ist rasch wieder vom Bedürfnis nach Heimat die Rede, in
der alles seinen Platz hat"[294].

Heimat ist sinn-voll als Synonym für Geborgenheit, als Gegenteil von
„elende", dem Unbehaustsein in der Fremde, aber auch von dem Territorium und den Beziehungen, in denen ich nicht anerkannt bin oder die sich

---

[291] *Friesen Anton, in: https://www.facebook.com/afdimbundes-
tag/posts/345315819385269?comment_id=346491865934331*
[292] *Dies wird an anderer Stelle von mir in einer noch unveröffentlichten Recherche
zu „HeimtNeuLernen" als Beheimatung vorgestellt.*
[293] *Kronenberg, Volker: Heimat bilden – Herausforderungen - Erfahrungen – Perspektiven Handreichung zur Politischen Bildung Band 25 konrad-adenauer-stiftung
e. V. 2018*
[294] *Tanner, Jakob: Die Schweiz als Heimat? 44 Jahre nach der Rede von Max Frisch
Vortrag bei der Tagung „Heimat und Demokratie" des Forum Gesundheit und Me-
dizin, Volkshaus Zürich, 8. Dez. 2018*

von meinem Sehnsuchtsort diametral unterscheiden. Gerade die Äußerungen der im Exil Lebenden, von Améry bis Mann, zeigen dies auf. In den festgelegten vergangenheitsbezogenen Konzepten von Heimat vollzieht sich aber Fremde, „elende" auch und schon in der Anwesenheit „fremder Elemente", die das fragile Sinnkonzept in Frage stellen.

Heimat als politische Mobilisierung

Heimat ist kein unschuldiger Begriff. Das gilt gerade heute angesichts der aktuellen Virulenz von Heimatdiskursen und Heimatinszenierungen. Heimat ist auch ein Mobilisierungskonzept, mit dem man - gerade wegen der Unbestimmtheit des Begriffs und der bewussten Unklarheit, was jeweils gemeint ist - Leute abholen, wo sie sind und sie dahin bringen kann, wo man sie haben möchte. Das kann Demokratie mit all ihren Chancen und Aufgaben sein, das kann aber genauso eine erzwungene Homogenität bedeuten.

Der Wert von Heimat und im Weiteren von einem Staat lässt sich auch daran messen, wie verteidigungswürdig man diese bzw. diesen einschätzt. Dabei ist nicht in erster Linie eine militärische Verteidigung gemeint, sondern auch im verbalen Diskurs.[295] Hier liegt nun auch eine Verpflichtung vor, die alles andere als durch Behaglichkeit definiert ist. Max Frisch: „Wer Heimat sagt, nimmt immer mehr auf sich"[296].

Das bedeutet auch, dass zur Heimat die Schande gehört, die ich akzeptieren muss, der Umgang mit Juden oder sogenanntem lebensunwertem Leben in der Nazizeit oder aktuell mit Minderheiten und Fremden[297], nicht

---

[295] *Frisch, Max: Die Schweiz als Heimat? Dankesrede zur Verleihung des Schillerpreises 1974; https://www.youtube.com/watch?v=LnPLKQWbdFI.*
Wie problematisch dies gegenwärtig ist, zeigt sich in den Haltungen zur Überwindung der Coronapandemie, nicht nur bei den sogenannten „Querdenkern" oder rechtspopulistischen Aktionen. Auch „staatstragende" Parteien und Parteiungen sind oft wenig verteidigungsbereit im Wort.
[296] *Frisch, Max 1974*
[297] *Frisch, Max 1974*

nur den nostalgischen Rückblick auf die Kartoffelernte oder die bildungs-
bürgerlichen Leistungen mit der Geschichte der Heimat zu verbinden. Heimat ist kein Geschenk der Geborgenheit, sondern eine anspruchsvolle Verpflichtung.[298]

Heimat zwischen Exklusion und Inklusion

Das Verschiedene und Andere ist dasjenige, was der / die Andere mit
dem Eigenen nicht teilt und damit nicht gemein hat („Du bist nicht wie ich.
Dir fehlt etwas, um so zu sein wie ich."). Wer diese Logik extrem ausreizt,
will allen nicht in allem gleichen, sondern gegenüber allen in allem anders
sein. Für das Anderssein braucht es Unterschiede, die Bestreitungen mit
Vorzügen paaren.[299]

In der Regel ist es unumgänglich, um der Identifikation zweier Größen
willen einen Unterschied zwischen ihnen auszumachen. Erst danach kommen Gemeinsamkeiten zur Sprache. Es macht jedoch auf Dauer einen Unterschied, ob man bei einer Verhältnisbestimmung, die der Klarstellung dienen soll, mit einer Beziehung beider Größen beginnt oder ob die
Benennung einer Verschiedenheit am Anfang steht. Wer Unterscheidungen
vornimmt, lässt sich ohnehin auf eine heikle Praxis ein. Denn jede Feststellung von Unterschieden zieht weitere Unterscheidungen nach sich. Wer allein daran die eigene Identität festmacht, tut sich bald schwer, Gemeinsamkeiten mit anderen zu entdecken. Man kann immer nur angeben, was die
anderen nicht sind. Wer derart mit Unterschieden hantiert, arbeitet jenen
zu, die daraus Exklusionen und Diskriminierungen machen.

---

298 *Wie dies vom Heimatverein für das Drolshagener Land konsequent gepflegt wird,
wie z.B. mit Lesungen, Ausstellungen und Studienreisen nach Auschwitz oder Burg
Vogelsang. Diese Gedanken folgen im Wesentlichen der Rede von Max Frisch 1974
„Schweiz als Heimat?" und der Rezeption von Tanner 2018.*
299 *vgl. Höhn, H.J. 2017 S. 23 f;*

Heimat als Befriedigung und Erfüllung durch Dinge, die Bedeutung haben, also Sinn geben, wird mit dem exklusiven Charakter der Sinndeutungen, die nur in der Abgrenzung gegenüber Anderen und Anderem bestehen, äußerst fragil. Notwendig dagegen ist ein inkludierender Heimatbegriff, der den Kern vermittelt und der nicht nur ein Wort mit beliebiger Konnotation bleibt.

Heimat als Volkszugehörigkeit

Wie der zitierte AfD-Abgeordnete so argumentieren auch die Identitären, dass Heimat unabdingbar Volkszugehörigkeit bedeutet. Wörtlich: „Wir fordern, dass die eigentliche Vielfalt der Welt, nämlich die der Völker und Kulturen erhalten bleibt. Aus diesem Grund lehnen wir die derzeit nach Europa hin stattfindende Masseneinwanderung entschieden ab. Als Symptom dieser Masseneinwanderung sehen wir uns momentan in wachsendem Ausmaß nicht nur von unseren Eliten, sondern auch von einer zunehmenden Gewaltbereitschaft radikaler Muslime bedroht"[300]. Wenn aber schon in der Definition des Bundesamts für Statistik die Nicht-Zugehörigkeit in der zweiten und dritten Generation nicht erreicht ist, wie leicht haben es dann diese Gruppen und Personen, sich ihre Identität gerade in der Abgrenzung gegenüber Zugewanderten festzuzurren.

Sicher, Identität grenzt sich immer von anderen ab, aber die Grenzziehungen der rechten Gruppierungen ergeben sich aus vormodernen Identitäts- und Heimatkonzepten. Identität und Heimat sind für sie Vorgegebenes, das überliefert und übernommen und in das man hineingeboren wird. Das heißt gleichzeitig, dass die „Anderen" alles das nicht besitzen, was sie als „Alteingesessene" aufzuweisen haben. Die im Übrigen fragile Identität ist ein reiner Selbstbezug, der nur durch rigide Setzung von Außengrenzen

---

[300] *www.identitaere-bewegung.de/idee-Tat/ vgl. dazu die Ausführungen über Populismus in diesem Buch*

aufrecht erhalten bleiben kann. Psychologisch ist dies ein Phänomen der Identifizierung bis hin zur Symbiose.

Heimatlosigkeit in der Moderne

Die Auseinandersetzung, die wir zuletzt in den Wahlkämpfen zum Europaparlament und in den Bundesländern erleben konnten, ist zu einem Kulturkampf mutiert, der sich um „Sagbarkeiten" drehte und dabei kalkulierte Tabubrüche vollzog. Thematisiert wurde vor allem die Frage der Zugehörigkeit, eine Kritik an Pluralität, die Abwehr des Fremden, die Frage danach, was denn das Eigene sei und letztlich die Betonung nationaler Souveränität.[301] Das ist kein ostdeutsches Phänomen, auch in meiner Heimatstadt hing - strategisch „clever" am Samstag vor dem Europa-Wahlsonntag - ein Plakat der NPD an einem Laternenpfahl mit der Aufschrift: „Dieser Laternenpfahl ist reserviert für Volksverräter". Noch bevor ich das Ordnungsamt unserer Stadt darauf aufmerksam machen konnte, war der Wahlkampf vorbei und das Plakat verschwunden. Immer wieder ging es auch um eine gefühlte oder behauptete Dominanz der sichtbaren Eliten, die angegriffen wurden.

Die moderne Gesellschaft ist aber mehr als nur ein in zwei Strömungen geteiltes Ganzes[302]. Kennzeichnend für sie ist generell, dass sie in viele Teilsysteme differenziert ist, die jeweils für eine bestimmte Funktion stehen:

---

[301] *Vgl. zu diesem Gedankengang auch Nassehi, Armin: Die empirische Heimatlosigkeit der Moderne. Skizze einer Leerstelle, in: Hemel, Ulrich 2017*
[302] *Ich verweise auf die Ausführungen zur Spaltung der Gesellschaft in Modernisierungsgewinner und Modernisierungsverlierer. Und die damit verbundenen unterschiedlichen, ja gegenläufigen Vorstellungen, was Heimat ist. Während die einen die zunehmende Komplexität begrüßen und aufgrund privilegierter Ausgangspositionen zu den Modernisierungsgewinnern zu zählen sind, zeigen andere ein ausgeprägtes Unbehagen an der Moderne. Als Verlierer erleben sie den tiefen Verlust einer alternativlosen Zugehörigkeit, sie erleben sich als abgehängt. Das gilt nicht nur für die prekären Milieus, sondern auffallend auch für eine traditionelle Elite.*

die Systeme Recht, Wissenschaft, Erziehung, Kunst, Kultur, aber auch Medien und Religion. Hier spricht man von einer „funktionalen Differenzierung"[303]. Diese Aufteilung ist notwendig, für ein effizientes Funktionieren.[304]

Das Nebeneinander der verschiedenen Systeme hat zu einer horizontalen Struktur der Gesellschaft geführt, keine vertikale, die auf Hierarchien mit Machtansprüchen und tatsächlicher Macht verweisen würde. Das Nebeneinander und fehlende Hierarchie führen aber auch dazu, dass es in dieser Gesellschaft kein eindeutiges Zentrum mehr gibt, auch kein System, das noch wie vor ein bis zwei Generationen, eine Orientierung für alle anbieten kann. Auch eine Diskussion um eine deutsche Leitkultur, die typischerweise auch von einem eigenen System her betrieben wird, gibt es nicht. Sie ist Leitkultur einer Gruppe, eines Milieus, die aber nicht für alle verbindlich gemacht werden kann.

Das aber hat auch zur Folge, dass jedes Teilsystem, jede gesellschaftliche Gruppe, einen eigenen Weg finden muss, mit den Unwägbarkeiten umzugehen, ihren Sinn zu finden, und das heißt in soziologischer Sprache: Kontingenzbewältigung zu betreiben. Und wo es keinen für die Gesellschaft als Ganzes verbindlichen Sinn gibt, wird jedes Teilsystem seinen eigenen Sinn formulieren.

Heimat im Futur

Statt sich auf das zu kaprizieren, was sich in unserem Rücken befindet, was wir hinter uns haben, gilt es ein zukunftsorientiertes Konzept von Heimat zu entwickeln.[305] Es gibt keinen Weg zurück ins Idyll, auch wenn wir gerne dort gewesen wären, wo wir noch nie waren. Heimat im Futur heißt,

---

[303] *Nassehi, Armin a.a.O in der Folge von Luhmann, Niklas, S. 50 f. Auch die weiteren Gedanken lehnen sich an Nassehi, A.2017 S.51 ff sowie Niklas Luhmann a.a.O. an.*
[304] *Jedes dieser Teilsysteme grenzt sich von den anderen ab, führt aber auch Kommunikationen mit den anderen.*
[305] *Hier wieder nach Höhn, H.J. 2017*

sich dem Ziel im Zukünftigen, Fremden und Unbekannten zuzuwenden. Immerhin war auch der Gegenbegriff von Heimat „elende". Und auch das ist kein Idyll.

Heimat im Futur steht nicht für etwas Vorgegebenes, in das der Mensch hineingeboren wird und wo er kraft seiner Geburt das Zugehörigkeitsrecht besitzt, sondern etwas Ausstehendes, das niemandem in der Weise des Hineingeborenseins zuteilwerden kann. Und dieses Ausstehende will geschaffen werden, wie es Bloch beschrieb: »Die Wurzel der Geschichte aber ist der, arbeitende, schaffende, die Gegebenheiten umbildende und überholende Mensch. Hat er sich erfasst und das Seine ohne Entäußerung und Entfremdung in realer Demokratie begründet, so entsteht in der Welt etwas, das allen in die Kindheit scheint und worin noch niemand war: Heimat.«[306]

Heimat und Identitätsbildung

Bei den Reflexionen, ob und wenn ja wie Heimat sinn-voll sein kann, kommen wir an dem Schlüsselbegriff der „Identität" nicht vorbei. Die Ausgangsfragen zur Identität sind: „Woher komme ich, was macht mich aus, was macht uns unverwechselbar und einzigartig?". Diese Frage haben in der Vergangenheit weltanschauliche Systeme einschließlich der Religionen aus ihrer Sicht umfassend und „endgültig" beantwortet. Die Moderne und die Zeit danach, die Postmoderne, hat diese Sicherheit aus festgelegten Antworten aufgelöst und in einen lebenslangen individualisierten Prozess verschoben, in vorläufige Antworten und in eine Patchwork-Identität, die sich jeder selbst zusammenbasteln kann und muss.

---

[306] *Bloch, Ernst 1985 S. 1628; Hier kann auch Heimat im christlichen Verständnis hilfreich sein als eine Beziehung zum Kommenden und eine Distanzierung vom Gegenwärtigen. "Das Beständige, das Stand- und Haltunggebende, das Veraltensresistente liegt in der Zukunft". (Wendel, Saskia: Heimat ist ein Gefühl- und das durch die Zeit pilgernde Volk Gottes nirgendwo zuhause. In: Hemel, Ulrich 2017)*

Bei weiteren ökonomischen Verunsicherungen im Rahmen von Globalisierung, bei der Menschen, Gruppen, ja ganze Nationen auf der Verliererseite stehen, suchen viele wieder nach eindeutigen Antworten. Sie verweigern die Arbeit an einer Hybrid-Identität, sie wollen wieder ein klares Gefühl dafür, woher sie kommen, wer sie sind und zu wem sie gehören. Wir erleben eine Renaissance mit einer Engführung, ja fast Gleichsetzung von kollektiver Identität und Heimat. Spürbar ist dahinter der starke Wunsch nach einer Rückkehr zu eindeutigen und stabilen, weil verlässlich und bindend vorgegebenen Normal-Identität, die man nicht ständig im Sinne der lebenslangen Identitätsarbeit neu adaptieren und sich erwerben muss.

Es wäre zu kurz gegriffen, den populistischen Bewegungen und Ideologien nun die Verantwortung für diese Entwicklung zuzuschreiben, vielmehr geben sie mit festen, exklusiven Erklärungen diesen Menschen eine Möglichkeit, die Identitätsfrage für sich zu beantworten[307]. Die von ihnen vorgegebenen Antworten greifen allerdings auf ein – und zwar ein einziges – vormodernes System zurück, bei dem die Herkunft eines Menschen schicksalhaft über dessen weiteren Lebensweg entscheidet. Sie bieten ihnen Identifikationen an, sich in einem fiktiven politischen und gesellschaftlichen Zustand mit anderen gleichzusetzen und dies als die einzige, richtige und weil, historisch so gewordene, auch zukünftige Möglichkeit anzusehen.

Dieser fiktive Zustand wird dann Heimat genannt und als ein bedrohter Zustand durch Eliten verstanden, die sich selbst rekrutieren und korrumpiert nur ihren eigenen Vorteil sehen, oder durch Migranten, die man verachten darf und muss, weil sie das durchaus fragile Selbstbild nur durch ihr Sosein und Dasein bedrohen, in Frage stellen.

Heimat ist hier, wie ich das am Beispiel des Heimatbegriffs der Romantik schon einmal aufgezeigt habe, ein Pauschalbegriff, der alles und nichts bedeutet, und, weil so entleert, auch mit allem gefüllt werden kann.

---

[307] *Siehe dazu auch die Ausführungen zum Populismus und zu den Gegentrends des Zukunftsinstituts*

Diese Identifikation mit einem fiktiven Zustand ist in mehreren Hinsichten infantil, und zwar nicht im positiven Sinne von kindlich, sondern „kindisch". Zum einen werden mit dem unreflektierten und emotionalisierten Rückgriff auf eine vorgestellte harmonische Welt Gefühle aktiviert. „Denn die Menschen müssen ihre intensiven negativen Affekte wie Scham, Hilflosigkeit und den Mangel an Anerkennung irgendwie bewältigen - sei es im internalisierenden Modus mit der Ausprägung von Depression, Angsterkrankungen oder Somatisierungen, sei es externalisierend als Wut, Aggression oder auch brütendes Ressentiment als Treibsatz für Aggression und Gewalt"[308].

Zum anderen entledigen sie sich durch die Identifikation aller Schwierigkeiten der unvermeidlichen Konflikte und Ambivalenzen mit sich und anderen und fliehen in eine vorgestellte Sicherheit einer symbiotischen Beziehung. Tiefenpsychologisch ist die Symbiose ein Symptom, das der Angstbewältigung dient.

Symbiotische Heimat als Sinnangebot

Die Identifizierung mit einem fiktiven und „verlorenen" Zustand und das symbiotische gemeinsame Aufgehen mit anderen Gleichgesinnten schafft ein Gefühl der Zugehörigkeit, das durchgehend mit Heimat verbunden wird. Ich erinnere: Heimat ist (sich aus-)kennen, bekannt und gekannt und anerkannt sein. Es ist hier eine begrenzte und ausgrenzende Zusammengehörigkeit, die im Internen Verhaltenssicherheit gibt.

„Und diese Sehnsucht wurde und wird in den letzten Jahren erfolgreich funktionalisiert und ausgebeutet. ... Hier geht es um den verführerischen Sog eines wortlosen Verstandenwerdens, um die Sehnsucht nach symbiotischer Beziehung als einen Ort des Zuhauses"[309].

---

[308] *Höhn, H.J.2017 S. 11 ff*
[309] *Höhn H.J. 2017 S.17*

Was ist eine symbiotische Heimat? Noch einmal zur Erinnerung: „Unter Symbiose verstehe ich das Verschmelzen eines Menschen mit einem anderen Menschen, einer Gruppe, einem Land usw., das soweit gehen kann, dass alles Trennende aufgehoben zu sein scheint. Der, der in der Symbiose lebt, fühlt sich aufgehoben in etwas, das ihm Schutz und Geborgenheit gibt und ihm die Qual des ewigen Entscheidens abnimmt. Es ist aber keine ruhige Geborgenheit, es ist eine Geborgenheit, die immer ängstlich aufrechterhalten werden muss – meist um den Preis der totalen Anpassung -, denn der symbiotisch Gebundene hat große Angst, dass diese Beziehung ...zerfällt" [310].

Eine symbiotische Heimat ist demzufolge ein fiktiver Zustand, in dem sich der Einzelne zugehörig und geschützt fühlt. Gleichzeitig wird diese Heimat als bedroht gefühlt, was zu verstärkter Exklusion führt bis hin zu gewalttätigen Überfällen auf ebenso fiktive Bedrohungen. Diese symbiotische Heimat ist Gefühl, kein realer Ort, keine echte Beziehung, „denn zu einer Beziehung gehören zwei sich voneinander unterscheidende Menschen"[311].

Sinn-voll ist bei einer symbiotischen Beziehung zu einer fiktiven Heimat, dass der Betreffende Sinn aus seiner Vorstellung von Heimat zieht, wie ein Stalker, der davon ausgeht, dass das Objekt seiner Begierde ihn doch auch liebt und mit ihm zusammen sein will.

Klarstellen möchte ich an dieser Stelle aber auch zweierlei: zum einen haben viele der Modernisierungsverlierer ihre prekäre Situation nicht willentlich herbeigeführt. Insofern sind sie Opfer eines gesellschaftlichen Wandels. Zum anderen aber geht es auch um die Vermeidung psychischer Anstrengung in Richtung Selbstreflexion, Selbstdistanzierung und Konfliktfähigkeit, das, was ich an anderer Stelle mit Selbstbildung bezeichne.[312] Ein „Weg aus der Symbiose würde... darin bestehen, dass man

---

[310] *Kast, Verena 1986 S. 105*
[311] *Kast, Verena 1986 S. 105*
[312] *Eine ergänzende Studie mit dem Titel „HeimatNeuDenken", bei der es um „Heimat in der Bildungsarbeit" gehen wird, ist in Arbeit. Dabei wird es mir u.a. um eine*

über Bewusstwerden zu seiner Identität findet. Dies wäre aber ein Prozess, der das ganze Leben lang immer weiter zu vollziehen ist"[313].

Exkurs: Situation der Geflüchteten und Identität

Eine Besonderheit im Zusammenhang mit Identität müssen wir aber bei den in unser Land Geflüchteten feststellen[314]. Sie haben unterschiedslos kein Hab und Gut mehr, aber etwas, was sie am Leben hält. Was sie mitbringen ist das, was man ihnen nicht nehmen kann: Biographische Prägungen, ethnische Zugehörigkeit, normative Überzeugungen und religiöse Bekenntnisse. Das gehört zu ihrer Identität. Und gerade das macht man ihnen in ihrem Herkunftsland streitig.

Dass dies zu ihrer Flucht geführt hat, müssen sie in dem Aufnahmeland als identitätsstiftend und lebensbedrohlich deutlich machen. Wenn sie aber bleiben wollen, müssen sie genau dies wieder ablegen oder verleugnen. Derselbe Unterschied, der sie aus ihrem Herkunftsland hat fliehen lassen, wird im Aufnahmeland als Integrationshemmnis wahrgenommen.

Kennzeichen einer modernen Gesellschaft aber ist, dass die Entwicklung und Wahrung von Identität auch die Anerkennung von Unterschieden impliziert. Die Unverwechselbarkeit und Freiheit eines Menschen haben mit seiner wohltuenden Verschiedenheit von anderen zu tun. Prekär wird es für die, die sich nun von anderen sagen lassen müssen, worin sie mit anderen nicht gleich sind und warum sie mit ihnen nicht gleichauf sein können. Eine solche Betonung von Unterschieden führt zwangsläufig zu Asymmetrien. Asymmetrische Freiheit ist aber aufgehobene Freiheit.

Lerntheorie nach G. Bateson, um die Nicht-Planbarkeit von Bildung (Höltershinken), Kompetenzentwicklung und Befreiende Bildungsarbeit (Freire) gehen. Voraussichtlich Mitte 2022.
[313] *Kast 1986 S.109*
[314] *Vgl. H.J. Höhn 2017 S.21 ff*

Heimat und personale Selbstbildung

„Aus der Fülle der Lebensmöglichkeiten kann Heimat immer nur wenige verwirklichen. Wer sich anders fühlt... der oder die kann sich vom Lebensmodell einer immer auch begrenzten Heimat eher abgestoßen und ausgestoßen fühlen. Heimat kann also in eine geistige und seelische Enge führen. Dies gilt besonders, wenn ein starker Konformitätsdruck vorherrscht, der in einem weiteren Verlauf auch einem abgrenzenden Heimatverständnis mit exkludierendem Charakter führt. Je höher der Konformitätsdruck, umso stärker auch die Identifizierung mit Idealen, Normen und Verhaltensmaximen. Dies kann so weit gehen, dass das Set der Erwartungen bis zur Selbstaufgabe und einer Verschmelzung der Individualität mit einem kollektiven Ganzen, geht." [315] Es handelt sich dabei um eine klassische Symbiose.

Diese Entwicklung ist eine reale Gefährdung, aber nicht die einzige Möglichkeit. Menschen, auch und insbesondere junge Menschen haben bei genügend psychischen Ressourcen (des inneren Selbst) und unterstützendem Kontext auch die Chance, zunächst ihre Lebenssituation zu verstehen (kognitive Kompetenz) und einen Alternativentwurf zu entwickeln, also Selbstbildung (Selbstkompetenz) im doppelten Verständnis zu betreiben: es selbst zu tun und das eigene Selbst zu bilden.[316] Die Negativfolie kann zum Referenzpunkt für Gegenentwürfe werden.[317]

---

[315] *Hemel, Ulrich: Heimat und personale Selbstbildung. Eine pädagogische Reflexion in: Hemel, Ulrich 2017 S 165 f.*
[316] *Vgl. Wolf, Walter: Zur Didaktik der politischen Bildung mit Jugendlichen - Auszubildende und Berufsanfänger in: Kaeber, Hannelore u.a. Politische Bildung mit Jugendlichen Bonn 1983; Schriftenreihe der Bundeszentrale für politische Bildung. S. 180 ff*
[317] *Ein Wort noch zu den Bedingungen religiös (oder ideologisch) geprägter Erfahrungen. Wenn stark normative Verhaltensvorgaben nicht nur in der Familie, sondern auch mit einer bestimmten örtlichen Gemeinschaft verbunden sind, werden die begrenzenden Effekte von Heimat und Heimatbindung verstärkt. Die daraus erwachsenden Diskriminierungen haben dann aber stärker mit den religiös-sozialen Erfahrungen als mit religiösen Überzeugungen zu tun.*

Heimat als religionssoziologische Kategorie

Die Frage nach Sinn ist auch eine religiöse Frage, die entsprechende Antworten generieren will. Daher werde ich im folgenden Abschnitt die Sinnhaftigkeit von Heimat auch mit Hilfe von religionssoziologischen Analysen aufzeigen. Dabei ist naheliegend, sowohl die traditionelle Sicht der christlichen Religionen zu Heimat und gleichzeitig deren heutige Unzulänglichkeit aufzuzeigen, als auch im Sinne eines nachmetaphysischen Denkens und unter Berücksichtigung einschlägiger religionssoziologischer Sichtweisen die Funktion von Heimat als ein „funktionales Äquivalent" zu Religion zu beschreiben.

Ich setze dabei voraus, dass Säkularisierung weiterhin erfolgt, in deren Folge zwar Religion nicht verschwindet, doch einem Wandel, möglicherweise sogar einer Metamorphose unterliegt. In einer gebotenen Kürze werde ich dazu Positionen anführen, die aus einer Beobachterposition Bezug nehmen zu religiösen Phänomenen und sich von substantiellen, aus der Sicht der Religion(en) oder ihrer Institutionen unterscheiden. Von hier aus werde ich den Heimatbegriff von der traditionellen theologischen Bedeutungszuweisung abgrenzen und ihn als einen auch quasi-religiösen Begriff erläutern. Mit theologischen Entwürfen, die quer zum Mainstream und den Positionen der religiösen Institutionen stehen, wird wiederum eine Synthese erfolgen, die im Habermasschen Sinn Glauben und Wissen zusammenführt und einen Anstoß formuliert, mit dem Heimat neu gedacht werden kann.

Begründung des quasireligiösen Charakters von Heimat - Heimat als Pseudoreligion

Was die Theologin Saskia Wendel für die Religion sagt, ist mit säkularer Grundlage auch für die rechtskonservative bis rechtsnationalistische Glaubensgemeinschaft zutreffend: „Der Sehnsucht nach Heimat und Beheimatung entspricht ein Bedürfnis danach, ein Ersehnen, Verlangen nach Geborgenheit, Beziehung, Schutz, Sorge erwachsen aus der existenziellen Erfahrung, dass kein Mensch nur für sich allein existieren kann"[318].

Bereits in den 70ger Jahren des vergangenen Jahrhunderts wies der Religionssoziologe und Theologe Giancarlo Milanesi darauf hin, dass die „sakralen Formen einer etablierten historischen Religion (in unserem Fall der christlichen) schwinden"[319]. Aber, so Milanesi weiter, es „entstehen wieder zahlreiche Sakralisationen (zu Heiligem gemachte Erscheinungen, der Verf.), die sich auf Objekte profaner Natur beziehen. Es handelt sich also um eine Verlagerung der religiösen Symbolik… Sie haben den Zweck (Sinn! der Verf.) die durch den Schwund des Sakralen entstandene Leere wieder aufzufüllen und Antwort zu geben auf Furcht, Unsicherheit und Unfähigkeit. Statt Frucht einer Suche nach Werten zu sein, leiten sie sich ab von der passiven und unkritischen Annahme von Modellen, die eine vermassende Dynamik aufzwingt"[320].

Heimat nimmt in dieser Sicht in einem religionssoziologischen Ansatz eine transzendentale Stelle ein, denn auffallend ist, dass Heimat allgemein und überwiegend in Begriffen beschrieben wird, die ein Noch-nicht oder ein Nicht-mehr bezeichnen. Dies entspricht im Christentum dem verlorenen Paradies und der Verheißung des Himmlischen Jerusalem. Wie ein transzendenter Gott wirken auch die Heimatvorstellungen sich auf das aktuelle Denken und Handeln aus und setzen normative Verbindlichkeiten. Dagegen zu verstoßen, ist Verrat, theologisch: Sünde, was mit „sich absondern" verwandt ist. Aus der Abgrenzung und der Sehnsucht entsteht eine dogmatische Haltung, die ihre Kraft vor allem aus der Ausgrenzung und der

---

[318] *Wendel, Saskia 2017*

[319] *Milanesi, Giancarlo: Religionssoziologie, Zürich: Benziger, 1976*

[320] *A.a.O.; Wie auch in anderen religiösen und ideologischen Systemen ist in den Anfängen ein Streit um den richtigen Weg zwischen den Dogmatikern / Fundamentalisten und den Pragmatikern festzustellen, wie unlängst bei der AfD zu beobachten war.*

Bekämpfung der angeblichen Bedrohungen schöpft. Sogar von einer Erbsünde ist zeitweise die Rede, womit je nach Situation die Flüchtlingspolitik Angela Merkels, die Korrumpierbarkeit der Eliten oder ähnliches bezeichnet wird. Wie auch im Christentum - vor allem zu Beginn - fühlt man sich gleichzeitig erlösungsbedürftig und auserwählt.

Betrachtet man hier vor allem die „Identitären", so wird in ihrer Organisationsform eine Parallele zu Sekten deutlich, die vor allem in der Anfangsphase nach einer Abspaltung als Minderheit einen Selbstschutz organisieren mit starker Binnenbindung und intensiver Abgrenzung nach außen.[321] Das ist an dieser Stelle aus Zeit- und Platzgründen nicht weiter zu diskutieren.

Halten wir nun noch einmal die Sicht von Saskia Wendel dagegen, für die Theologie eine „Theologie der Hoffnung" ist, „die zwar einerseits die menschliche Endlichkeit anerkennt und theologisch zu reflektieren sucht, die aber andererseits getragen ist von einer Hoffnung auf Heilung und Erlösung des Gebrochenen und Kontingenten, ohne allerdings die Endlichkeit zu überspringen und die Hoffnung auf eine reine Trostfunktion zu reduzieren...wäre sie dann doch nichts anderes als eine Vertröstungsideologie ohne jeden kritisch-prophetischen Stachel und Anspruch auf Veränderung schon hier und jetzt"[322].

---

[321] *Wie Sekten oder abgespaltene religiöse Bewegungen gehen sie von einem „ontologischen Wahrheitsbegriff" aus. Das bedeutet, von einem Weltbild, das so werden musste, wie sie es sehen, das unwandelbar und unvergänglich ist. Obwohl ihr Weltbild eine Folge der Kontingenzbewältigung ist, sehen sie die Wirklichkeit nicht als kontingent an (Zur Erinnerung: kontingent heißt: möglich aber nicht notwendig). Ein Diskurs über die Inhalte ist nicht möglich, er gilt als Verrat oder als gefährlich. Zur Vermittlung der „wahren Lehre" organisieren sie ihr Handeln, prägen über indoktrinierende Institutionen Weltbild und Sprache in einer Weise, die eine Verständigung mit Außenstehenden erschwert.*
[322] *Wendel, Saskia: Kontingenz – in: Franz, Albert et.al.: Lexikon philosophischer Grundbegriffe der Theologie, Freiburg: Herder 2003; S. 231*

Nachmetaphysisches Denken und die Aktualität der Säkularisierungsthese

Wissenschaftliche Innovationen und gesellschaftliche Veränderungen haben im 19. Jahrhundert jenes Denken aufgelöst, das sich auf eine einheitsstiftende Ordnung stützt, die sich als „metaphysisch" verstand. Grund dafür waren u.a. „(d)ie Verfahrensrationalität der Naturwissenschaften, das Endlichkeitsbewusstsein in den hermeneutischen Geisteswissenschaften und die Absage an eine Vorrangstellung der theoretischen Lebensform"[323]. Eine Rückkehr zu diesem Denken ist verstellt, sodass es keine ernstzunehmende Alternative mehr zum „nachmetaphysischen Denken" gibt[324]. „Dass sich die Lebenswelt stets verändert, ist der Grund dafür, dass die Philosophie in ihrer zweieinhalbtausendjährigen Geschichte keine endgültigen Antworten gefunden hat, die sie allerdings immer suchte. Die Veränderungen in der Lebenswelt verändern auch den von der Metaphysik so genannten Wesenskern eines Gegenstandes, der nicht als unveränderlich zu haben ist. Auf diese Erkenntnis, dass philosophische Begriffsarbeit immer einen Bezug zur sich ständig ändernden Lebenswelt hat, reagiert das nachmetaphysische Denken."[325]

In der Folge entstanden in der Moderne unterschiedliche Säkularisierungskonzepte, die davon ausgingen, dass Religion einen entscheidenden Bedeutungsverlust erfährt und im Rahmen der fortschreitenden gesellschaftlichen Modernisierungsprozesse ihren Niedergang erfährt und letztlich ganz verschwindet. So geht die Differenzierungsthese davon aus, dass die Religion zu einem gesellschaftlichen Teilsystem neben anderen sozialen Systemen wird, während eine Privatisierungsthese von einem Rückzug der

---

[323]*Huber, Wolfgang: Ausgenüchtert, nicht farbenblind: Jürgen Habermas will den Dialog von Glauben und Religionskritik, in: DIE ZEIT Nr. 51/2012*

[324] *Siehe dazu Habermas, Jürgen: Auch eine Geschichte der Philosophie Berlin: Suhrkamp, 2019; 2 Bände, insbesondere „Zur Frage einer Genealogie nachmetaphysischen Denkens" Bd. 1 S.21 ff*

[325] *Horster, Detlef: Jürgen Habermas – Darmstadt: Wissenschaftliche Buchgesellschaft, 2010; S. 55*

Religion aus der Öffentlichkeit spricht. Letztlich wird in der These vom Bedeutungsverlust der Religion davon ausgegangen, dass Religion in der Lebensführung von Individuen zunehmend an Bedeutung verliert.

„Der neuzeitliche Säkularisierungsprozeß umfasst eine Reihe von Phänomenen. Im Zentrum steht dabei die Emanzipation der weltlichen Bereiche von religiöser Vorherrschaft. Politik, Wirtschaft, Recht, Wissenschaft, Bildung, Kunst entziehen sich immer mehr den Vorgaben und der Kontrolle der Religion und entwickeln sich entsprechend einer je eigenen Logik. So wird Religion nach und nach aus der gesellschaftlichen Öffentlichkeit abgedrängt in den Bereich des Privaten - mit der Folge, dass religiöse Überzeugungen zu erodieren beginnen und ihre Tradierung immer häufiger nicht mehr gelingt. Dem korrespondiert der schwindende Einfluss der Kirchen, sowohl in der Gesellschaft wie in Bezug auf die Lebensführung der Individuen"[326].

„Bis in die siebziger Jahre des Zwanzigsten Jahrhunderts erfreuten sich Säkularisierungskonzepte, die von einschneidenden Bedeutungsverlusten und einem langsamen Niedergang der Religion im Zuge gesellschaftlicher Modernisierungsprozesse ausgingen, einer hohen Popularität. Ab den siebziger Jahren wird die Säkularisierungsthese jedoch zunehmend in Frage gestellt.... An die Stelle des einst so populären Säkularisierungsdiskurses ist eine Reihe von Ansätzen getreten, die Religion eine konstante Position und Funktion in der Gesellschaft zuschreiben"[327]. Von einer „Wiederkehr der Religion", wie oft behauptet wird[328], kann aus meiner Sicht jedoch nicht die

---

[326] *Knapp, Markus: Glauben und Wissen bei Jürgen Habermas. Religion in einer „postsäkularen" Gesellschaft in: Stimmen der Zeit Freiburg Herder Verlag; 1.4.2008 S. 270*

[327] *Köhrsen, Jens: Säkularisierung als Ausbreitungsprozess funktionaler Äquivalente zur Religion. Basel: Institutional Repository of the University of Basel University Library Official URL: http://edoc.unibas.ch/dok/A6328807. 2014 Dokument ohne Seitenangaben*

[328] *U.a. Casanova, José: Public Religions in the Modern World, Chicago 1994. oder Graf, Friedrich Wilhelm: Die Wiederkehr der Götter. Religion in der modernen Kultur, München: Beck 2004.*

Rede sein. Gleichwohl scheint Religion oder Spiritualität, wie es in manchen Milieus auch genannt wird, nicht verschwunden, sondern im Sinne von Thomas Luckmann zu einer „Unsichtbaren Religion" mutiert zu sein. Die Funktion von Religion, wie Niklas Luhmann sie hoch abstrakt beschrieb, scheint weiterhin relevant als Medium der Komplexitätsabsorbtion und Reduktion von Kontingenz möglich zu sein, ebenso eine „Religion ohne Gott" nach Ronald Dworkin. Parallel und als Gegenbewegung erfolgt auch ein Prozess der „Sakralisierung" profaner Bereiche. Diese Prozesse werden im Weiteren für das Verständnis von Heimat als „funktionales Äquivalent" komprimiert aufgeschlüsselt.

Unsichtbare Religion Thomas Luckmann

Für den Soziologen Thomas Luckmann verschwindet Religion nicht durch den Prozess der Säkularisierung, sondern sie wird unsichtbar, so auch der Titel „Die unsichtbare Religion" des 1991 in Deutschland erschienen Buches, das neben „Die soziale Konstruktion der Wirklichkeit" zu einem seiner Hauptwerke wurde. Luckmann beschreibt hier eine Veränderung von religiösen Sozialformen, die mit dem Bedeutungsverlust religiöser Institutionen einhergeht. Dem gegenüber setzt er die Sinnsuche und die Entwicklung religiöser Sinnstrukturen als ein wesentliches Merkmal des Menschen voraus. In diesem Sinne überschreitet (transzendiert) der Mensch sich selbst, indem er sich in sozialen Zusammenhängen und Beziehungen erfährt. Von dieser subjektiven Transzendenz unterscheidet Luckmann die objektivierten, verallgemeinerten Erfahrungen als Religion und davon noch einmal die spezialisierten Institutionen mit festen Doktrinen und Riten, die in der abendländischen Tradition „Kirche" genannt werden.

Mit dem Bedeutungsverlust der institutionalisierten Religion verbleiben für ihn jedoch die religiösen Erfahrungen im weitesten Sinne erhalten. Sie spielen im Alltag vieler Menschen immer noch eine wichtige Rolle, finden allerdings zunehmend in der Privatsphäre oder in anderen als den traditionellen religiösen Sozialformen statt. Überkommene religiöse Vorstellungen sind noch rudimentär vorhanden, besitzen aber keine gesellschaftlich verbindliche Struktur mehr, sondern werden mit subjektiven Erfahrungen vermischt und neu kombiniert. Er geht sogar davon aus, dass damit Wunscherfüllungen innerhalb der Privatsphäre zu einer religiösen Daseinsauffassung werden.[329]

Der Kern von Religion liegt für Luckmann in der Transzendenz (Überschreitung) der subjektiven und intersubjektiven Erfahrung, weshalb für ihn Religion eine soziale Wirklichkeit darstellt, noch vor deren historisch gewachsenen Institutionen: „Die institutionalisierte Religion ist zunächst die bewahrende Kraft im gesellschaftlichen Vorgang." Aber: „Institution ist nur eine unter den Sozialformen der Religion".[330] Sebastian Schüler schreibt im Rückgriff auf Luckmann: „In der Moderne werden die religiösen Aufgaben immer mehr zu Teilzeitrollen degradiert, dadurch werden die Spuren des 'Heiligen Kosmos' zunehmend mit den weltlichen Normen verwischt und die religiösen Normen verlieren damit ihre Plausibilität. Das offizielle Modell der Religion stimmt immer weniger mit den subjektiven Erfahrungen überein"[331].

Auch wenn Religion in der Öffentlichkeit zunehmend unsichtbar wird, machen Menschen weiterhin Transzendenzerfahrungen. Luckmann unterscheidet dabei drei Stufen. Die „kleinen Transzendenzen" werden in den unmittelbaren Erfahrungen, die die eigene biologische Begrenztheit des menschlichen Daseins übersteigen, aber auch in Erinnerungen und Tagträumen erfahren. Was wir im Alltag erleben, wenn wir in soziale Interaktionen eingebunden sind und uns als „Selbste" (Luckmann) erleben, gehört zu den „mittleren Transzendenzen". Hier erleben wir auch das Sinnsystem

---

[329] Vgl. Schüler, Sebastian: Religiöser Pluralismus und unsichtbare Religion in der säkularen Gesellschaft (Berger, Luckmann). in: Schmidt, Thomas M et al.: Religion und Säkularisierung ein interdisziplinäres Handbuch. Stuttgart: Metzeler 2014

[330] Luckmann, Thomas: Religiöse Strukturen in der säkularisierten Gesellschaft. In: BZW-Information 12, Stuttgart VIII (1964) S. 7– zitiert nach: Schüler, Sebastian – Religiöser Pluralismus und unsichtbare Religion in der säkularen Gesellschaft (Berger, Luckmann) S.71

[331] Schüler, S.2014 in Schmidt, Thomas et al. 2014 S. 71

des Alltags, das wir nicht geschaffen, in das wir aber hineingeboren wurden. Luckmann nennt dies „Weltansicht"[332]. Diese ist für ihn auch die grundlegende Sozialform von Religion. Die institutionalisierten Religionen verweisen jedoch auf die „großen Transzendenzen", die alle grundlegenden Fragen des Lebens wie Tod oder Leid umfassen. „Subjektiv sind große Transzendenzen nicht zugänglich, außer in ekstatischen oder tranceähnlichen Zuständen. Religionen bewältigen laut Luckmann traditionellerweise große Transzendenzen, indem sie Antworten oder Zuversicht auf solche außeralltäglichen Erfahrungen geben. Das Transzendieren gehört also zum Menschen - zu seiner Natur, wenn man so will-, während Religion nur eine bestimmte Ausprägung davon darstellt, die jedoch eine prägende Kraft gesellschaftlicher Wirklichkeit geworden ist"[333].

Luckmann stellt weiter fest, dass nicht nur die religiösen Institutionen mit ihrer Zuständigkeit für die großen Transzendenzen schwinden, sondern auch die großen Transzendenzen selbst. Die vorherrschenden neu entstehenden religiösen Themen sind eher der Privatsphäre zuzuordnen, also den mittleren und kleinen Transzendenzen. In diesen kann sich jeder selbst sein religiöses Heil aneignen. „Sie sind Dramatisierungen des subjektiv autonomen einzelnen, auf der Suche nach Selbstverwirklichung und Selbstbestätigung"[334]. Die Privatsphäre ist somit nicht nur Ort der Entstehung neuer religiöser Themen, sondern zugleich deren Inhalt.[335]

Zusammenfassend ist zu sagen: Religion verschwindet nach Luckmanns Meinung nicht, sondern erfährt eine Umformung durch die Prozesse der Moderne. In seiner Betrachtung der Religion in ihrer gesellschaftlichen Funktion weist er auch darauf hin, dass sie die ursprünglichen Funktionen nicht mehr wahrnimmt. Vielmehr übernehmen die kleinen und mittleren

---

[332] *Luckmann, Thomas Religiöse Strukturen in der säkularisierten Gesellschaft. In: BZW-Information 12, Stuttgart VIII (1964), 1-15 S. 89, zitiert nach Schüler, Sebastian 2014, S. 70*
[333] *Schüler, Sebastian 2014 S. 70*
[334] *Luckmann, Thomas 1964 S. 11, zitiert nach Schüler, Sebastian 2014 S. 72*
[335] *Vgl. Schüler, Sebastian 2014 S. 72*

Transzendenzen und der Rückzug in die Privatsphäre jene Funktionen, die bislang der Religion vorbehalten waren. Hier spricht man von „funktionalen Äquivalenten", also etwas Gleichartigem, nicht Identischem. In diesem Sinne ist Heimat ein solches „funktionales Äquivalent", das als Sinnsystem quasi-religiösen Charakter aufweist. In einer Zusammenführung mit der Religionssoziologie von Niklas Luhmann werde ich genauer darauf eingehen.

Religion ohne Gott – Ronald Dworkin

Ronald Dworkin (1931 - 2013) war Professor für Philosophie und Recht. In seinen Vorlesungen zu Albert Einstein, einem bekennenden Atheisten, der sich gleichzeitig als einen tief religiösen Menschen verstand, beschäftigte sich Dworkin mit der Frage, was das Zentrum wahrer Religiosität sei. Dworkin geht davon aus, dass es vor jeder Religion ein verbindliches Wertesystem gab und gibt, unabhängig vom Glauben an die Existenz von Gott oder Göttern. Religion erfolgt erst danach und greift immer auf das vorhandene Wertesystem zurück. Seine These ist daher „Religion ohne Gott". Dies ist im Blick auf eine Quasi-Religiosität von Heimat, die auch ohne Gottesbezug auskommt, von Bedeutung, nicht zuletzt, weil auch sie ein Wertesystem präsentiert, das von Menschen geteilt wird.[336]

Urteile, auch über Werte, die hinter und die für Heimat stehen, können falsch sein, aber wir haben „ein Recht darauf (...), sie für richtig zu halten, wenn wir auf ausreichende verantwortungsvolle Weise darüber nachgedacht haben"[337], so Dworkin.

Religion ist nach Dworkin ein „interpretativer Begriff"[338] und bezeichnet eine Sicht auf die Welt, die von einem Glauben an objektive Werte getragen

---

[336] *Hierzu auch Habermas, Jürgen: Auch eine Geschichte der Philosophie, Berlin 2019; S. 463 ff*
[337] *Dworkin, Ronald: Religion ohne Gott, Berlin: Suhrkamp, 2014 S. 27*
[338] *Dworkin 2014 S. 16*

wird, wie zum Beispiel daran, dass Geschöpfe eine Würde haben. „Eine religiöse Haltung erkennt die vollständige und eigenständige Wirklichkeit von Wert(en) an. Darüber hinaus beinhaltet sie, dass das menschliche Leben einen objektiven Sinn oder eine objektive Bedeutung hat. Jeder einzelne von uns hat eine angeborene und unausweichliche Verantwortung, danach zu streben, sein Leben zu einem erfolgreichen zu machen, das heißt: ein gutes Leben zu führen, also anzuerkennen, dass man sich selbst gegenüber in ethischer Hinsicht und Anderen gegenüber in moralischer Hinsicht verpflichtet ist... weil es an sich wichtig ist - ob wir so denken oder nicht"[339].

Jedes Urteil, ob Leben einen Sinn hat, beruht nicht auf objektiven Wahrheiten, sondern auf einem Werturteil. Dafür ist aber eine (auch angenommene) Existenz Gottes irrelevant. Dieser „ist nicht imstande, Antworten auf moralische Fragen zu kreieren"[340]. Werturteile bestehen auch ohne Existenz eines Gottes. Sie sind bereits existent und bleiben im Hintergrund unabhängig vorhanden. Werturteile können auch nicht durch wissenschaftliche Tatsachen gestützt werden, wie die Welt war, ist oder sein soll[341]. Aber Werturteile müssen emotional stimmig sein, wir müssen sie, so Dworkin, als ganze Person ergreifen.

So liegt unabhängig vom quasi-religiösen Gehalt von Heimat generell ein Werturteil für ein sinnvolles Leben vor, das erst im Nachhinein mit Heimat in Beziehung gebracht wird.

---

[339] *Dworkin 2014 S. 19*
[340] *Dworkin 2014 S.32*
[341] *Damit wendet sich Dworkin u.a. gegen eine dogmatisch naturalistische Sicht.*

Idealbildung und Sakralisierung als Gegenbewegung - Hans Joas

In seinem Buch „Die Macht des Heiligen - Eine Alternative zur Geschichte von der Entzauberung"[342] greift der Soziologe Hans Joas einen Begriff auf, den sein Kollege Giancarlo Milanesi bereits in den 70ger Jahren prognostizierte[343]: Sakralisierung, also Zusprechen von Heiligkeit. Für Joas ist es die Zuschreibung einer außeralltäglichen Kraft ohne Reflexion zu einem Gegenstand, Person oder Vorstellungsgehalt. Es gehöre, so Joas, zur menschlichen Existenz, Gegenstände oder Vorstellungen mit Emotionen aufzuladen, die damit eine eigene Aura erhalten. Er führt dies weiter in einen Prozess der Idealbildung, die eine Abstraktion und Kollektivierung von Heiligkeitserfahrungen sind. Für Joas sind die neuen Sakralisierungen, zu denen auch die Sakralisierung von Orten, Menschen, Volk und Nation, und die damit ganz nah an traditionellen Heimatvorstellungen heranrücken, Gegenbewegungen zur fortschreitenden Säkularisierung. Auch Institutionen können einem Prozess der Selbstsakralisierung unterliegen, wie er es u.a. bei der katholischen Kirche als heilige Institution festmacht, was auch bei dem mangelhaften Aufklärungswillen angesichts des sexuellen Missbrauchs durch Geistliche eine bedeutende Rolle gespielt hat.[344]

Joas geht davon aus, dass jeder Mensch „das Heilige" kennt. Auch, wenn er gar nicht religiös ist. Es leite sich aus intensiven menschlichen Erfahrungen ab.[345] „Solche, in denen wir das Gefühl haben, dass uns etwas aus dem Alltag, aus den bisherigen Grenzen unserer Person herausreißt. Etwas, das uns bis in unseren Kern berührt. In meinen Arbeiten nenne ich das Erfahrungen der Selbsttranszendenz. Angenommen, Sie sind heftig verliebt und

---

[342] *Joas, Hans: Die Macht des Heiligen. Eine Alternative zur Geschichte von der Entzauberung. Berlin: Suhrkamp, 2019*

[343] *Milanesi, Giancarlo 1976 Siehe dazu Anmerkung 308*

[344] *Joas, 2019 S. 450f*

[345] *Die Ähnlichkeiten zu Luckmanns Transzendenzbegriffen sind hier nicht zu übersehen.*

gehen mit dem geliebten Menschen zum ersten Mal essen. Nachdem Sie zusammengekommen sind, stellen Sie fest: Sie haben die Restaurantrechnung noch. Plötzlich entwickelt dieser höchst triviale Gegenstand eine Aura. Er wird für Sie zum Andenken einer herausragenden Situation. Sie können gar nicht anders, als das so zu empfinden. Das ist nicht Ergebnis Ihres Nachdenkens. Wissenschaftlich ausgedrückt: Wenn einem Gegenstand oder einer Person oder einem Vorstellungsgehalt eine starke außeralltägliche Kraft ohne Reflexion zugeschrieben wird, reden wir von Heiligkeit"[346].

Heimat unterliegt für Teilsysteme unserer Gesellschaft ebenfalls einem Sakralisierungsprozess bis hin zur Tabuisierung des Begriffs und der Selbstsakralisierung ihrer Protagonisten.

Kontingenz – die Funktion der Religion der Gesellschaft nach Niklas Luhmann

Religionssoziologie betrachtet Religionen nicht von ihrem theologischen Inhalt her, sondern wie sie sich empirisch zeigen und versucht, dies mit ihrem soziologischen Instrumentarium zu erklären und daraus Schlüsse zu ziehen[347].

Dazu ist der Begriff der Kontingenz im Sinne der Luhmannschen Systemtheorie besonders geeignet. Wenn etwas kontingent ist, besagt dies nicht, dass es objektiv so ist, wie es beschrieben wird, sondern dass eine Auswahl aus den letztlich unendlichen Möglichkeiten getroffen und damit eine innere Ordnung geschaffen wird.

---

[346]*Scheffer, Christoph: Gespräch mit Hans Joas, Religionsphilosoph und Soziologe – Funkkolleg Religion Macht Politik am 29.12.2018; Hessischer Rundfunk.*
[347] *Zugrunde gelegt werden hier die Hauptwerke von Luhmann, Niklas: Soziale Systeme.-Grundriss einer allgemeinen Theorie, Frankfurt: suhrkamp tabu wissenschaft 1991; dslb.: Die Religion der Gesellschaft. Frankfurt: suhrkamp tabu wissenschaft, 2000; dslb.: Das Medium der Religion. Eine soziologische Betrachtung über Gott und die Seelen www.soziale-systeme.ch/pdf/luhmann1.pdf; dslb.: Die Gesellschaft der Gesellschaft. Frankfurt: suhrkamp tabu wissenschaft 1998 (2 Bände)*

Religionen – und ich beziehe mich hier auf die mir vertraute abendländisch-christliche – dienen der Kontingenzabsorbierung, indem sie die Komplexität der Welterscheinungen in eine bestimmte Ordnung reduzieren. Typisch ist z.B., dass jede Religion eine eigene Vorstellung von der Entstehung der Welt hat, ihre eigenen Schöpfungsmythen.[348] In der christlichen Religion ist es eine Grundvoraussetzung, dass es Gott gibt, dieser ansprechbar ist (durch das Gebet) und in das Geschehen der Welt eingreifen kann.

Dies ist empirisch nicht erfahrbar und nachweisbar. Wenn jemand davon ausgeht, dass Gott ihm geholfen hat, wie es z.B. die Votivtafeln an Wallfahrtsorten beschreiben, stammt dies aus seiner Ordnung, seinem Verständnis. Aus den vielen Möglichkeiten, die man einer Heilung oder glücklichen Wiederkehr zugrunde legen kann, hat er die ausgesucht, die seinem System, seinem Denken, entsprechen. Das heißt aber nicht, dass dies wahr in einem objektiven Sinn ist, also intersubjektiv überprüfbar, es ist eben kontingent, möglich, aber nicht notwendig.[349]

Das Besondere der christlichen Religion ist, dass der Mensch als weltliches Wesen weder Einblick noch Einfluss hat auf die jenseitige Welt. Umgekehrt aber wohl: Gott kann, aber muss nicht eingreifen in das Geschehen. Das Jenseits ist also im Diesseits gegenwärtig, das Diesseits im Jenseits

---

[348] *Dazu u.a. Mann, Ulrich: Schöpfungsmythen. Vom Ursprung und Sinn der Welt, Stuttgart: Kreuz-Verlag, 1982*

[349] *Und noch ein Aspekt: Die christliche Religion geht von einer Wirklichkeit aus, die aus einem Diesseits und einem Jenseits besteht, die aber voneinander getrennt sind. Das Diesseits ist die Welt, die natürliche und die der Menschen. Sie ist erfahrbar, beschreibbar, gestaltbar. Das, was Jenseits dieser Welt liegt, bleibt unerfahrbar, unbeschreibbar. Es ist der Bereich, der Gott, Himmel, Transzendenz genannt wird. Auch hier greift der Begriff der Kontingenz: ein Jenseits ist nicht notwendig, um die Welt zu verstehen, aber es ist eine Möglichkeit. Es kann nicht bewiesen werden, aber auch das Gegenteil nicht. Dazu auch im Anhang die Ausführungen zum Re-Entry nach Luhmann.*

nicht.[350] Dies so anzunehmen (im doppelten Sinne!) ist, theologisch formuliert, „die Offenheit des Menschen auf Offenbarung und Handeln Gottes" hin.

Wie die Votivtafeln zeigen, hat die Religion Menschen geholfen, Unerwartetem, Unverständlichem oder Leiden einen Sinn zu geben. Mit Sinn verstehe ich an dieser Stelle die „Erklärung im eigenen System", die Bedeutung für das eigene Leben, auch über die augenblickliche Situation hinaus und damit in eine Generalisierung, dass das Leben sinn-voll ist.

In der säkularisierten Situation bei gleichzeitiger Verunsicherung durch die Moderne mit all den Ursachen und Folgen, die ich bereits aufgezeigt habe, ist Sehnsucht zur Verminderung der Komplexität und nach Zugehörigkeit geblieben. Elend ist der mittelalterliche Gegenbegriff zu Heimat, wenn sich also jemand im Elend befindet oder sich darin wähnt, wird er das Gegenteil suchen.

---

[350] *Auf die Bedeutung des Konstrukts der „Seele" als zu beiden Sphären zugehörig kann hier nicht explizit eingegangen werden. Damit würde das eigentliche Thema „Heimat" überfrachtet.*

Fazit zu Heimat als religiöses funktionales Äquivalent

Ziel der vorausgegangenen Diskussion war es, mit Hilfe eines religions-soziologischen und philosophischen Diskurses die keineswegs beendete Säkularisierung und die aktuelle Positionierung der Religion in ihrer gesellschaftlichen Funktion zu beschreiben. Nun geht es darum, dies kritisch auf den Diskurs um Heimat zu übertragen.

Heimat ist für Teile unserer Gesellschaft zu einem „funktionalen Äquivalent" geworden, also zu einem System, das in vielen Bereichen Grundzüge von Religion trägt. Dabei übernimmt Heimat in gesellschaftlichen Teilsystemen Komplexitätsreduktion, wie ich das im ersten Teil am Beispiel der Modernisierungsverlierer aufgezeigt habe, und dient der Kontingenzabsorbtion in dem Sinne, dass die kommunizierten Vorstellungen von Heimat (Systeme sind Kommunikation) das Unbestimmte in der Auswahl als Bestimmtes transformieren. Gegenüber anderen Systemen – ich erwähnte Wirtschaft und Politik, Kunst und Medien könnten ebenfalls genannt werden – leistet Heimat auch Transzendierung, Selbstüberschreitung der Person als Sinnsystem, von dem her Teilsysteme der Gesellschaft ihren Sinn bekommen.[351]

Zentral in diesem Diskurs ist, Religion einerseits und Heimat als eigenes, religion-adäquates System andererseits nicht mit den „Restbeständen metaphysischen Substanzdenkens" (Detlef Pollak) zu befrachten, also Interpretationen aus der eigenen religiösen Positionierung heraus, sondern beides in einer Beobachterposition auf ihre Funktionen im Gesamtsystem Gesellschaft zu betrachten. Das aber kann, auch wenn zeitweise der Eindruck entstanden ist, nicht ontologisch-überzeitlich geschehen, sondern muss im aktuellen zeitlichen Kontext erfolgen.

---

[351] *Das gilt insbesondere für Kunst, Wirtschaft, Medien, Politik.*

In diesem Sinne ist auch – zunächst auf Religion bezogen – der historische Wandel des Kontingenzbegriffs zu berücksichtigen.[352] „Was als Anknüpfungspunkt für Religion dient, welche religiösen Bedürfnisse in der Gesellschaft bestehen und welche religiösen Fragen gestellt werden, verändert sich in Abhängigkeit von den sich wandelnden gesellschaftlichen Bedingungen"[353]. Zwar ist im Verständnis von Luckmann Religion als funktionales System und im Medium der religiösen Institutionen weiterhin für die Kontingenzabsorbtion der großen Transzendenzfragen zuständig. Aber: „Das hohe Kontingenzbewusstsein, wie es charakteristisch ist für die Moderne, geht ... in der Moderne mit einem niedrigen Kontingenzerleben einher. Daraus erklärt sich zum einen möglicherweise, warum es in modernen Gesellschaften so etwas wie eine religiöse Gestimmtheit gibt, die an so manche der vielen kleinen Kontingenzen anzuknüpfen vermag, zum anderen aber vielleicht auch, warum große Kontingenzen überhaupt nicht mehr empfunden werden können. Wenn Menschen in modernen Gesellschaften immer weniger davon überzeugt sind, dass Kontingenz überwunden werden kann, nimmt wahrscheinlich auch der Bedarf nach einer Instanz ab, die behauptet, die Menschen hätten Grund, auf eine solche Überwindung zu hoffen"[354].

Ich kann Pollak auch zustimmen, dass es für Religion keinen unausweichlichen Bedarf gibt. „Ob Menschen Religion brauchen, variiert vielmehr sozial, historisch und individuell in erheblichem Umfang. Daher ist es erforderlich, die sozialen, historischen und individuellen Bedingungen des

---

[352] *Dies erfolgt hier zunächst und im Wesentlichen der Position Pollack, Detlef: Der historische Wandel des Kontingenzbegriffs als funktionales Bezugsproblem von Religion. 2008. In K.S. Rehberg (Hrsg.): Die Natur der Gesellschaft: Verhandlungen des 33. Kongresses der Deutschen Gesellschaft für Soziologie in Kassel 2006. Teilbd. 1 u. 2 (S. 1001-1012). Frankfurt am Main: Campus Verl. https://nbn-resolving.org/urn:nbn:de:0168-ssoar-152946*
[353] *Pollak, Detlef 2008 S. 1004*
[354] *Pollak, Detlef 2008 S. 1011*

religiösen Bedarfs soziologisch aufzuhellen und der Analyse auszusetzen"[355]. Dies bezieht sich auf einzelne oder Teilsysteme der Gesellschaft, hebt aber nicht die Bedeutung der Funktion von Religion für eine Gesellschaft auf.[356]

Pollak bezieht sich noch einmal auf Niklas Luhmann: „Natürlich stellen sich im Prozess der Modernisierung und Rationalisierung Sekundärrisiken ein, die es ausschließen, dass Kontingenzprobleme einfach verschwinden. Ob Religion an die immer abstrakter werdenden und divers anfallenden Kontingenzprobleme moderner Gesellschaften noch anzuschließen vermag, scheint allerdings eine offene Frage zu sein"[357].

Hier ist nun ein weiterer Aspekt anzuknüpfen, wie Heimat als „funktionales Äquivalent" in Teilsystemen die Funktion von Religion übernommen hat. Dabei ist zunächst festzuhalten, „dass es für funktionale Bezugsprobleme stets mehr als nur eine Lösung gibt. Wenn man versucht, den Bedarf an Religion über die Akzeptanz religiöser Problemlösungen zu ermitteln, sieht man daran vorbei, dass auch nichtreligiöse Problemlösungen in dem Maße, wie sie das Problem zu bearbeiten vermögen, auf den Bedarf einen Einfluss ausüben können"[358].

Damit kommen wieder die kleinen und mittleren Transzendenzen ins Spiel, wie ich unter der „Unsichtbaren Religion" Luckmanns ausgeführt habe. Unter dem Titel „Säkularisierung als Ausbreitungsprozess funktionaler Äquivalente zur Religion" entwickelt Jens Köhrsen von der Universität

---

[355] *Pollak, Detlef 2008 S.1005. Ich verweise hier auch auf B. Brechts Geschichten von Herrn Keuner zur Frage nach Gott. U.a. in: Brecht, Bertolt: Geschichten. Berlin / Weimar: Aufbau Verlag 1975 S. 258*
[356] *Hier ist auch auf das von Habermas wiederkehrend betonte Verhältnis von Glaube und Wissen, das ihn bereits in der „Theorie des kommunikativen Handelns" beschäftigte, aber dezidiert in „Auch eine Geschichte der Philosophie", hier Band 1, „Religion als eine „gegenwärtige" Gestalt des objektiven Geistes", S. 75 ff dargestellt hat.*
[357] *Pollak, Detlef: 2008 S. 1006 – mit Bezug zu Luhmann, Niklas: Funktion der Religion, Frankfurt a.M.: suhrkamp taschenbuch wissenschaft 1977: S. 253, 255*
[358] *Pollak, Detlef: 2008 S. 1006*

Basel eine Theorie aus der Verbindung der Luhmannschen Systemtheorie und der Luckmannschen „Unsichtbaren Religion", die eine Antwort auf die oben genannten Probleme geben kann.

„In der ... Theorie zeigt sich, dass Religion heute mit einer Reihe von nichtreligiösen funktionalen Äquivalenten im Bereich der an Relevanz gewinnenden 'kleinen und mittleren Kontingenzen' konkurriert. Zwar verbleibt die religiöse 'Kernfunktion' der Bearbeitung 'großer Kontingenzen' bei der Religion, diese Funktion wird aber immer weniger nachgefragt. Säkularisierung kann für den westeuropäischen Kontext dann bedeuten, dass Religion auf dem Markt der 'kleinen und mittleren Kontingenzen' an Präsenz verliert, während nichtreligiöse Äquivalente zunehmend an ihre Stelle treten." [359] Ausgehend von der Luhmannschen Beschreibung der Funktion von Religion als Kontingenzabsorbtionssystem, letztlich als Sinnproduzent einer Gesellschaft, weist er auf, dass Teilsysteme diese Funktion übernehmen, ohne selbst dem Religionssystem anzugehören.

„Eine mögliche Lösung des Problems besteht darin, das Luhmannsche Konzept des funktionalen Äquivalents einer Modifikation zu unterziehen und auf Systeme auszudehnen, denen die fragliche Funktion nicht primär zugewiesen wird: also etwa im Falle von Religion auf Systeme, die nicht dem Religionssystem angehören, aber dennoch eine (quasi-)religiöse Funktion erfüllen. Damit eröffnet sich die Möglichkeit systemfremde funktionale Äquivalente zu identifizieren. Ein systemfremdes funktionales Äquivalent liegt dann vor, wenn ein soziales System (soziales Phänomen) die (Teil) Funktion eines anderen Systems erfüllt, ohne dabei selbst diesem System anzugehören...Im Hinblick auf Religion würden dementsprechend areligiöse bzw. nichtreligiöse, funktionale Äquivalente zur Religion vorliegen"[360].

Mit der Übernahme der Definition als areligiöse funktionale Äquivalente ist es möglich, auch vorhandene religiöse Bedeutungsveränderungen weiterhin in der Religionstheorie Luhmanns zu beschreiben. Damit wird es

---

359 *Köhrsen, Jens 2014 Manuskript ohne Seitenangaben*
360 *Köhrsen, Jens 2014 Manuskript ohne Seitenangaben*

auch möglich, die Frage zu untersuchen, „wie sich Religion gegenüber Angeboten positioniert, die eine ähnliche Funktion wie das Religionssystem erfüllen"[361]. Damit ließen sich auch Praktiken und Bewegungen verstehen, denen sich eine quasi-religiöse Funktion zuschreiben lässt, die aber im klassischen Sinne nicht primär religiöser Natur sind. Auch das „System Heimat" gehört dazu.

„Ebenso wie Religion zeichnen sich diese Bewegungen, Praktiken und Überzeugungssysteme durch die Gegenwart von Ritualen, Anschauungs- und Wertesystemen, Mythen, Heiligtümern, Propheten und Priestern aus. Durch diese Beschaffenheit dürfte es auch ihnen gelingen, Kontingenzen des individuellen und gemeinschaftlichen Lebens zu absorbieren. Es handelt sich somit um areligiöse funktionale Äquivalente zur Religion, die sich vielleicht auch als eine Religiosität ohne Religion bezeichnen ließen"[362].

Die areligiösen funktionalen Äquivalente haben vieles mit religiösen Funktionen gemeinsam, daher „äquivalent", ähnlich, gleichwertig. Unterschieden sind sie durch den Bezug zu bzw. die Abwesenheit von Transzendenz als außerweltlichem Bezugspunkt. Auch in den Äquivalenten werden bestimmte Inhalte absolut gesetzt, aber nicht durch auf das Jenseitige bezogene Setzungen, wie es bei der Religion der Fall ist.[363]

Hier setzt für Köhrsen die Religionssoziologie von Luckmann an. „Die Funktion von Religion liegt in der Absorption von Kontingenzen unterschiedlicher Reichweite. Religion dient sowohl der Abfederung und Auflösung kleiner und mittlerer als auch großer Kontingenzen. Doch nur dort, wo auch semantische Formeln und symbolische Mechanismen zur Entfal-

---

361 *Köhrsen, Jens 2014 Manuskript ohne Seitenangaben*

362 *Köhrsen, Jens 2014 Manuskript ohne Seitenangaben; vgl. hierzu wieder Dworkin, R.: Religion ohne Gott*

363 *Hier kommt das „Re-Entry" zum Zug, das Luhmann für ein bedeutendes Kriterium transzendenzbezogener Religion beschreibt. Siehe dazu den Exkurs zum Re-Entry auf Seite...*

tung großer Kontingenzen zur Verfügung stehen, kann von Religion im engeren Sinne die Rede sein. Jene Formen, die Luckmann als unsichtbare, neue Religionsformen beschreibt, können eben diese Funktion nicht erfüllen. Sie sind lediglich auf den Bereich der kleinen und mittleren Kontingenzen ausgerichtet und gelten damit in dem hier definierten Sinne nicht als Religion"[364].

Damit können die nicht religiösen funktionalen Äquivalente die Absorption kleiner und mittlerer Kontingenzen übernehmen und machen Religion auf dieser Ebene ersetzbar. Damit kommt es auch zu einer Konkurrenzsituation zwischen den religiösen und den nicht-religiösen Anbietern von Kontingenzabsorptionsleistungen.

Wenn, wie festzustellen ist, das Leben der Menschen in modernen westlichen Gesellschaften immer weniger durch große Kontingenzen bestimmt ist, kommt es zu einem Bedeutungsverlust von Religion. In der Konkurrenzsituation der religiösen und der nicht-religiösen Anbieter werden letztere schneller und präziser reagieren „(A)religiöse Äquivalente zur Religion (können) spezifische Lösungen für Kontingenzprobleme leisten, die auf den jeweils relevanten Lebensbereich bezogen sind, ohne die Individuen durch umfassende Ganzheitlichkeitsansprüche zu überlasten. Nur wenn Kontingenzen massiv und gravierend auf die Lebensführung der Individuen einwirken, erweisen sich areligiöse Äquivalente als wenig furchtbar und ein Rückgriff auf Religion als nahe liegend"[365].

Die areligiösen funktionalen Äquivalente „setzen oft direkt an den Punkten an, an denen die Kontingenzen entstehen und stellen pragmatische Lösungen bereit. Demgegenüber transportiert Religion eine komplexe Weltanschauung und Lebenseinstellung, die – zumindest in ihren 'fundamentalistischen' Spielweisen – Anspruch darauf erhebt, alle gesellschaftlichen und persönlichen Lebensbereiche zu durchdringen. Dieser An-

---

[364] *Köhrsen, Jens 2014 Manuskript ohne Seitenangaben*
[365] *Köhrsen, Jens 2014 Manuskript ohne Seitenangaben*

spruch ist für das Individuum in einer funktional ausdifferenzierten Gesellschaft, die sich in funktionale Teilsysteme mit jeweils unterschiedlichen Anforderungen und Logiken zersetzt hat, kaum noch umzusetzen"[366].

Köhrsen nimmt auch noch einmal Bezug zur Säkularisierung, die „im Sinne eines Bedeutungsverlustes von Religion ... für den westeuropäischen Kontext dann bedeuten (würde), dass an die Stelle von Religion zunehmend nicht-religiöse Äquivalente mit ähnlichen Funktionen treten. Religion verschwindet hierbei nicht, denn sie erfüllt im Bereich der großen Kontingenzen nach wie vor eine Monopolfunktion. Aber sie verliert in ihren traditionellen Formen – etwa in Form des Kirchenbesuchs – an Präsenz in der Lebensführung der Individuen. Mögliche Leerräume werden nun mit funktionalen Äquivalenten gefüllt"[367].

Heimat als äquivalentes Sinnsystem

Wenn Heimat als ein quasi-religiöses Äquivalent behandelt werden soll, muss es als ein System verstanden werden. Dabei ist eine erste Voraussetzung, dass ein System kein Ding an sich ist, sondern erst und ausschließlich im Prozess der Kommunikation ent- und besteht. Dies geschieht in der Regel über Sprache, aber, so Luhmann, neben der Sprache können Objekte auch mit sozialem Sinn durch andere, z.B. symbolische Medien angereichert werden. Luhmann nennt hier u.a. Sakralobjekte oder Münzen. Auch sie haben Bedeutung, Sinn, ohne dass dieser sprachlich kommuniziert werden müsste. „Auch die besondere Art, wie 'Heimat' identifiziert wird, lässt sich nicht allein auf Sprache zurückführen und deshalb sprachlich auch nicht angemessen ausdrücken"[368].

---

[366] *Köhrsen, Jens 2014 Manuskript ohne Seitenangaben*

[367] *Köhrsen, Jens 2014 Manuskript ohne Seitenangaben*

[368] *Luhmann, Niklas: Die Gesellschaft der Gesellschaft. Frankfurt / Main: Suhrkamp, 1998, S. 48; Im Übrigen ist dies eine von insgesamt zwei Stellen in seinen Hauptwerken, wo Luhmann sich zum Thema Heimat äußert.*

Jedes System kommuniziert in einem binären Code, das heißt, dass beispielsweise die Kommunikation im System Recht von „recht" und „unrecht" bestimmt ist und in dieser Bestimmung liegt die Funktion von Recht. Die Funktion von Religion ist die Produktion von Sinn, also Orientierung zu geben angesichts der grundsätzlichen Unwägbarkeiten und Kontingenzen. Das gleiche gilt nun für das System Heimat, in dem die Kommunikation durch den zweiwertigen Code „geborgen – ungeborgen" definiert wird, der auch für Religion gelten kann. Alles, was als geborgen bezeichnet werden kann, gehört in das System Heimat, das Ungeborgene wird aus dem System ausgeschlossen[369]. Und diese Unterscheidung zwischen Geborgenheit und Ungeborgensein ist ihre Funktion, ihr Sinn, der wiederum anderen Funktionssystemen wie Wirtschaft, Politik, Erziehung Sinn verleiht. So geht es z.B. in der Politik nicht nur um die Zweiwertigkeit „Herrschen – Beherrscht werden", sondern auch, wieweit sie zu Geborgenheit führt. Das System Heimat gibt dem Handeln (als Was und Wie) erst einen Sinn, eine Orientierung (als Warum und Wozu) in einem überschreitenden Sinn.

Da Heimat aber nicht zu den Fragen der großen Transzendenz wie zu Leid oder Tod Stellung bezieht, sondern nur die im intersubjektiven Bereich, hier nach Geborgensein, aufgreift, ist sie der mittleren Kontingenzabsorbtion im Sinne der Luckmannschen Theorie zuzuschreiben. Wenn sie eine umfassende transzendente Geborgenheit thematisieren würde, würde sie zur Religion. In den meisten Fällen geht es aber bei Heimat um persönliche, private Bereiche, wie ich sie bereits zur Unsichtbaren Religion dargelegt habe. Das System Heimat setzt mit „Geborgenheit" auch einen Wertekanon als verbindlich, der jeder theistischen Variante vorausgeht, wie es Dworkin in seiner „Religion ohne Gott" beschrieb. Nicht zuletzt ist auch eine Sakralisierung von Heimat in gesellschaftlichen Milieus zu verzeichnen, die allerdings statt in kommunikativen Prozessen mit ontologischen Setzungen arbeitet.

---

[369] *Vgl. hierzu den Gegenpol von Heimat als „elende"*

Fazit: Heimat kann also als ein funktionales Äquivalent zu Religion betrachtet werden, da sie für Teilsysteme durchaus religiöse Funktionen übernimmt und damit auch als sinnstiftend angenommen werden kann.

Heimat ist sinngestützte Komplexitätsbegrenzung – ein Fazit

Die Ausgangsfrage ist die nach Sinn, speziell nach dem Sinn von Heimat. Noch einmal kurz zur Erinnerung: „Sinn" bezeichnet die Fähigkeit des Organismus, äußere oder innere Reize mit Hilfe der Sinnesorgane aufzunehmen und sie als Empfindungen, Wahrnehmungen oder Vorstellungen integriert im Bewusstsein zu aktualisieren, um seine Orientierung danach auszurichten.

Diese Orientierung ist eine Eingrenzung aus allen Möglichkeiten, die es auch noch geben könnte, also „Komplexitätsbegrenzung"[370]. Die Einzelheiten der Wahrnehmung werden in einen Zusammenhang gestellt, sodass sich daraus ein schlüssiges Ganzes ergibt. Dies wird in der Soziologie (Luhmanns) „Sinn" genannt. Die unendliche Komplexität der Welt wird dadurch auf ein überschaubares Maß reduziert. An die Stelle der äußeren Weltkomplexität erzeugt das System Mensch eine innere Ordnung. Dieser Vorgang wiederum wird (in der Luhmannschen Soziologie) „Sinnbildung" genannt. Dieser konstruierte Sinn ist durch Abgrenzungen bestimmt, durch das, was man hineinnimmt und was „draußen" bleiben muss. Aber allein das Wissen darum, dass es auch andere Möglichkeiten gibt, verweist auf die Grenzenlosigkeit der Welt. Heimat ist also „sinnvoll" als eine Auswahl aus den unendlichen Möglichkeiten, wie wir Orte, Territorien, Beziehungen, Emotionen etc. verstehen können. „Zugehörigkeit" beispielsweise ist zunächst ein

---

[370] *Nach Luhmann hat eine Kontingenzformel die Funktion, „Unbestimmbares in Bestimmbarkeit, also unendliche Informationslasten in endliche Informationslasten zu überführen". Kontingenzformeln dienen in der Kommunikation dazu, andere Möglichkeiten, die auch gegeben sind, zu unterdrücken. (nach Oberdorfer, Bernd: Kontingenzformel Gott. S 15ff in: Thomas, Günter et al.: Luhmann und die Theologie. Darmstadt: Wiss. Buchgesellschaft 2006*

subjektives Empfinden. Da dieses Gefühl aber immer auf andere oder anderes (eine Religion, eine Ideologie) bezogen ist, bekommt es Bedeutung durch das Signal, eben dazuzugehören, durch Zuspruch, Aufnahmerituale oder ähnliches. Ein Ort bleibt einfach ein Ort, wenn mit ihm nicht kennen, gekannt werden und anerkannt werden verbunden sind.

Das also, was die mit Heimat assoziierten Kategorien ausmachen und sie von Fremde oder Elend abgrenzen, ist der zu beschreibende „Sinn von Heimat". Dieser „Sinn" entsteht in der sozialen Übereinkunft, was zu Heimat gehört und was nicht. Heimat hat also nicht einfach einen Sinn, sondern er wird ihr gemeinsam zugeschrieben.

Sinn in diesem Verständnis geht somit über das subjektiv verstandene Sinnerleben oder über einen transzendental geprägten Sinnbegriff hinaus. Vielmehr entsteht er erst, und zwar durch Kommunikation, die eine gemeinsame Selektion aus den zuvor gegebenen Möglichkeiten vornimmt. Das ist „Komplexitätsreduktion". Aber immer ist auch möglich, dass andere, bisher ausgeschlossene Sichtweisen sich anmelden. Das ist „Kontingenz", die besagt, dass dies möglich, aber nicht notwendig und nicht alles ist.

Auch die – später normativ oder axiomatisch – beschriebene Sichtweise von Heimat, nach der die Auswahl und die Abgrenzung durch Vorgaben erfolgt, die übernommen und internalisiert werden, ist letztlich eine erfolgte Selektion aus den unendlichen Möglichkeiten, um die Komplexität zu reduzieren, die allerdings nicht in Kommunikation und Übereinkunft der Beteiligten erfolgt. Sie schließt damit das außerhalb des eigenen Musters liegende Potential, schließt in der Soziologensprache „Kontingenz" aus. Auf Gründe werde ich an anderer Stelle eingehen.[371]

---

[371] *Komplexität darf aber nicht zu stark reduziert werden, sodass die Bereiche, die man ausgegrenzt hat, verschwinden. In der Sprache des Soziologen Niklas Luhmann: „Wenn ein Sachverhalt zu sehr vereinfacht, zu sehr auf einen einzigen Aspekt zugespitzt wird, dann kann er nur noch sehr begrenzt erklärend eingesetzt werden. Ähnlich ist es auch hier: Nur, wenn die nicht gewählten Möglichkeiten im Möglichkeitshorizont verbleiben, sind nachträgliche Kurskorrekturen noch möglich." Denn: „Man*

Ein Resümee: Heimat ist sinnvoll, indem sie auch als gedankliches Konstrukt hilft, die Komplexität der umgebenden und der inneren Welt zu systematisieren, um eine Orientierung als Einzelner und als Gesellschaft mit ihren Untersystemen zu haben.

Exkurs: Heimat als „Sinn des Lebens" oder „Sinn im Leben" – eine theologische Zwischenbetrachtung

In der Logotherapie von Victor Frankl gibt es eine wesentliche Unterscheidung zur Sinnfrage. Es kommt darauf an, ob man nach dem Sinn im Leben oder nach dem Sinn des Lebens fragt. Letztere ist, so Frankl, an die Theologie weiterzugeben, also nicht aus psychotherapeutischer Sicht beantwortbar. Im folgenden Abschnitt geht es um eine Deutung des Heimatbegriffs in der theologischen Diskussion, der zwischen der „Ewigen Heimat als Sinn des Lebens" in traditioneller Sicht und „Heimat als Sinn im Leben" in einem zeitgemäßen Verständnis oszilliert.

In dieser Gegenüberstellung deuten sich bereits die gegensätzlichen Sinngehalte von Heimat an, bei der mehrere, untereinander nicht anschlussfähige Verständnisse von Heimat deutlich werden:

Die wirkliche Heimat des Menschen ist bei Gott, was hier so viel bedeutet wie Himmel, Jenseits, Heimat nach dem Tod. Dagegen steht: Heimat ist ein gutes Leben im Hier und Jetzt. Der Mensch ist Gottes Ebenbild und es gelten die Menschenrechte universal.

Die wahre Heimat des Menschen ist bei Gott

Zahlreiche Kirchenlieder, die mit besonderer Inbrunst bei Totengottesdiensten und Beerdigungen gesungen werden, bezeugen: „Wir sind nur

---

kann sich Fehlgriffe leisten, weil die Möglichkeiten damit noch nicht erschöpft sind. Man kann zum Ausgangspunkt zurückkehren und einen anderen Weg wählen"

Gast auf Erden und wandern ohne Ruh mit mancherlei Beschwerden der ewigen Heimat zu" (Paul Gerhard, Gotteslob, Ökumenisches Liedgut). Der biblische Bezug dazu ist u.a. Paulus im Korintherbrief, hier in der Übersetzung von Fridolin Stier: „Wir wissen ja: Wenn unser irdisches Zelthaus abgebrochen wird, so haben wir von Gott her einen Bau, der - kein Gemächt von Menschenhand - unendlich, in den Himmeln ist" [372] (2.Kor 5,1). Diese vom Leben und der Verkündigung des historischen Jesus abgekoppelte Feststellung der paulinischen Theologie ist im Verständnis der Naherwartung, dass also das Kommen Christi als Messias bevorsteht, zu deuten[373]. Diese Naherwartung ist, wie wir heute feststellen, nicht erfüllt worden, vielmehr hat es eine „Parusieverzögerung" gegeben. An die Wiederkunft wird dennoch in diesem Glaubenssystem festgehalten.

Geblieben ist bis heute die Erwartung, dass dieses „irdische Jammertal" nicht die letzte Antwort ist. Oder, wie es im maßgebenden Lexikon der Katholischen Theologie heißt, bezogen auf das heutige Verständnis von Parusie, von „Wiederkunft Christi": „…im Tod kommen für jeden Menschen Zeit und Geschichte an ihr sie von außen abbrechendes Ende, jedoch erhofft sich der christliche Glaube, dass darin zugleich das gelebte Leben … von Gott in ihre überzeitliche Endgültigkeit hinein aufgehoben und vollendet wird"[374].

Wie so vieles wurde und wird auch die Rede von der himmlischen Heimat in eine eher folkloristische Form transferiert und in einer naiven Form des Wiedersehens aller Lieben, Gerechten weiterverbreitet. Beispielhaft der Ruf bei der Verabschiedung eines Verstorbenen aus der Gemeinde: „Zum

---

[372] Stier, Fridolin: Das Neue Testament. Übersetzt von Friedolin Stier, München: Kösel 1989 S. 357 f

[373] Als Beispiel dazu aus dem ersten Korintherbrief, wieder nach Fridolin Stier: „Das aber sage ich, Brüder: Fleisch und Blut kann Gottes Königstum nicht erben… Nicht alle werden wir entschlafen, alle aber verwandelt werden… Eine Fanfare wird ertönen, und da werden die Toten – dem Verderb nicht preisgegeben – auferweckt und wir werden verwandelt. … und dieses Sterbliche muss sich in Unsterblichkeit kleiden" (1.Kor 15, 50 -53). S. 383

[374] Radl, Walter: Parusie. in: Lexikon für Theologie und Kirche, Bd. 7, Freiburg: Herder 2006 S. 1405.

Paradies mögen Engel dich begleiten, die heiligen Märtyrer dich begrüßen…"

Deuten wir diese überholte Sicht trotzdem einmal positiv: Sie kann auch auf die Fähigkeit des Menschen verweisen, sich nicht unter das Joch dessen zu beugen, was sie vorfinden, sondern Hoffnung hegen auf ein besseres Leben, auch wenn dies in einem unzugänglichen Transzendenten liegt.[375]

Bemerkenswert ist aber, wenn wir Bezug nehmen auf das Leben Jesu und das, was wir von ihm wissen, so ist der Begriff weder einer irdischen, ortsbezogenen Heimat noch eines transzendenten Heimatbegriffs mit ihm zu machen. Jesus war kein Heimatprotagonist, sondern Wanderprediger mit einer ausgeprägten Distanz zu Herkunftsort und Familie, also zu dem, was viele mit Heimat verbinden.[376]

Die Formel Jesu lautet „Reich Gottes". Aus der paulinischen Sicht ist es die Verkündigung einer jenseitigen Heimat, in der sich alles zum Guten gewendet hat. Für Jesus nicht. Denn eine Linie zwischen dieser und jener Welt, so der tschechische Philosoph Milan Machovec, wurde bei Jesus selbst und seinen ersten Schülern nicht gezogen. „Sie betreffen im Gegenteil hier alle Konsequenzen seiner Überlegungen vom 'Königreich Gottes' auch diese Welt, diese Geschichte, diese Politik, diese soziale Situation, die realen Sehnsüchte realer Menschen für ihre irdische Zukunft"[377] und weiter: „Jesus war ein mitreißender Verkünder des augenblicklichen Anspruchs an den

---

[375] *Siehe dazu auch Wendel, Saskia 2017. S. 199 f*
[376] *Vgl. Wendel, Saskia 2017 S. 198. „Es wurde ihm berichtet: Deine Mutter und deine Brüder stehen draußen und wollen dich sehen. Er aber hob an und sprach zu ihnen: Meine Mutter? Und meine Brüder? Die da sind es – die Hörer und Täter des Wortes Gottes." (Lk 8, 20 – 21) (Übersetzung Stier, Fridolin s. 148).*
[377] *Machovec, Milan: Jesus für Atheisten. Stuttgart: Kreuz Verlag 1983 in seiner auch unter theologischem Anspruch exakten Analyse in seinem Buch „Jesus für Atheisten" (1983) S.97*

Menschen vom Standpunkt dieses 'künftigen Zeitalters', was etwas bedeutend Anderes ist“ [378].

In aller Kürze: die heute weiterhin propagierte Sicht, dass die wirkliche Heimat des Menschen das Jenseits und erst nach dem Tod erreichbar sei, ist eine zwar über die Jahrhunderte tradierte, aber überholte (ideologische, weil einseitige und interessengeleitete) Sicht, die heutigen Erkenntnissen und Kenntnissen über den Kern der jesuanischen Botschaft nicht gerecht wird. Sie mag folkloristischen Bedürfnissen und einer Kontingenzbewältigung dienen, besitzt aber an keiner Stelle die für eine jetztzeitige Diskussion notwendigen Anknüpfungspunkte zu anderen, auch wissenschaftlichen Erkenntnissen.

Dem steht eine andere, im Folgenden dargestellte Sicht gegenüber, die mit der gleichen Ernsthaftigkeit theologisch begründet und formuliert werden kann.

Heimat ist ein gutes Leben im Hier und Jetzt.

Wenn die wahre Heimat des Menschen, aus der Sicht eines Christen, nicht das Dort und Dann, sondern im Hier und Jetzt ist, was heißt das? Zunächst ist noch einmal – und das ist anknüpfungsfähig auch für außerchristliche Denk- und Glaubensmuster – ist der Bezug auf das Leben Jesu zu nehmen. Die Theologin Saskia Wendel von der Universität Köln stellt dazu fest, dass es für Christen in ihrem Verständnis von Heimat ein Paradox gebe, wie oben bereits angedeutet:

---

[378] *Machovec, Milan 1983 (S.99). An dieser Stelle ist ein persönlicher Dank an meinen damaligen Exegeselehrer Prof. Dr. Ingo Broer angebracht, bei dem ich (1974) im Diskurs um die „Reich Gottes-These“ erstmals den Begriff „Jesuaner“ entwickelt habe. Die Beschäftigung mit Machovec im Rahmen der Bergpredigt Exegese war für mich eine Schlüsselerfahrung.*

„Trotz allem Sehnen nach Beheimatung und trotz allem konkreten Beheimatungsgeschehen sind Christen damit konfrontiert, dass sie sich in ihrer Glaubens- und damit auch Nachfolgepraxis auf einen Menschen beziehen, der sich von seiner Herkunftsfamilie losgesagt hat und dem sein Herkunftsort nicht mehr viel galt. Einem Menschen, der mit seinen Gefährtinnen und Gefährten nomadisierend durchs Land zog und in diesem Sinne heimatlos gewesen ist.

Der tradierte Zugehörigkeiten aufgekündigt hat zugunsten einer neuen Zugehörigkeit zum Wir derjenigen, die ihm nachfolgten, und zu denen, für die er beharrlich eingetreten ist, den Randständigen, Exkludierten, die aus Zugehörigkeiten herausgefallen sind, den Marginalisierten, den Opfern konkreter Herrschaftspraxen, letztlich den Opfern der Geschichte.

An dem letztlich der ultimative exkludierende Akt verübt wurde, der Mord durch den Foltertod, der zudem nicht nur physische Vernichtung bedeutete, sondern auch als ein Zeichen der Verfemung, Entehrung, Entwürdigung gedacht gewesen ist, als Akt, der die Erinnerungen an eine ehemals bestehende Zugehörigkeit auslöschen sollte - und dies über den Tod hinaus, da den Hingerichteten die Grabstätte verweigert wurde.

Dieser Mensch, dem die Heimat genommen wurde, der zugleich selbst auf Heimat verzichtet und sich darin neu beheimatet hat, verkündete zugleich die Botschaft von der definitiven Zusage, einer definitiven Zusage für alle Menschen, metaphorisch 'Reich Gottes' bzw. 'Leben in Fülle' genannt.“[379]

So gesehen ist also Heimat kein Ort, „wo er den Kopf hin betten könnte“ (Mt 8, 20), sondern bezogen auf ein Wir, eine Gemeinschaft – Heimat also, wie bereits dargestellt, als Beziehung. Es ist das persönliche Gefühl der Zugehörigkeit, das sich auf eine Glaubensgemeinschaft oder ein religiöses System erstreckt. Dort wo man jemanden kennt, wo man gekannt wird und

---

[379] *Wendel, Saskia 2017 S. 198 f; vgl. dazu auch Theißen, Gerd: Die Soziologie der Jesusbewegung; Gütersloh: Kaiser 1977 S. 14 ff*

anerkannt ist. Und diese Zugehörigkeit ist keine von Geburt an, keine exklusive, keine die allein und mystisch durch die Taufe vollzogen wird, sondern eine, die sich stets und immer wieder neu durch ein Ja zu einer Gemeinschaft, einem Wir ausdrückt. Es ist ein freiwilliges Ja, das auch Abweichungen und subjektive Perspektiven nicht nur duldet, sondern fördert.[380]

Glaubensgemeinschaften haben immer auch universale Ansprüche hinsichtlich ihres Bekenntnisses und einer Heilzusage. Und dennoch ist das „Wir", wie es Saskia Wendel immer wieder nennt, partikular, d.h. bei allem universalen Anspruch können Glaubensgemeinschaften nur für sich und ihr System Wahrheit und Zuständigkeit behaupten. Zudem konkurriert jede Glaubensgemeinschaft mit anderen, ebenso partikularen religiösen Systemen. Es kann sich also jemand für die Beheimatung in einem Glaubenssystem entscheiden und, wenn er eine andere, neue Beheimatung sucht, zu einem der konkurrierenden wechseln. Ein religiöses Wir existiert in einem übergreifenden Wir der Pluralität von Weltanschauungen, Religionen und Sinndeutungen. Entsprechend können sich religiöse Beheimatungen verändern oder auch ganz verschwinden.

Wie ist aber Heimat im christlichen Sinne zu verstehen, auch als Sinnangebot in der Pluralität der Weltanschauungen? Unabhängig davon, ob jemand sich gottgläubig, atheistisch, indifferent oder agnostisch versteht, gilt für ihn aus christlicher Sicht die Zusage eines „Lebens in Fülle". Profan ist dies in den Menschenrechten niedergelegt, im christlich-religiösen Verständnis ist dies „Gottesebenbildlichkeit" oder „Heil".

Dieses „Heil" ist nicht Gleichförmigkeit, aber es ist für alle in gleichem Maße aktiv und passiv verbindlich oder gültig, nicht exklusiv nur für eine Person oder Gruppen Gläubiger – das „nulla salus extra ecclesiam" gilt schon lange nicht mehr, hat noch niemals außerhalb des Systems Katholische Kirche gegolten. Heil ist Verheißung, Utopie, wie Heimat bei Bloch, eine Utopie, die durch Handeln, nicht durch Erwartung geschaffen wird.

---

[380] *Hierzu ebenfalls Wendel, Saskia; 2017*

Ein „Reich Gottes" kommt nicht durch blutige Erlösung von erfundener Schuld eines nie gelebten Urmenschen Adam, sondern durch aktives Tun als „Befreiung". Niemand ist in christlicher Sicht von der Befreiung zum Heil ausgeschlossen, zugleich ist niemand gezwungen, daran zu glauben oder sich ihm zugehörig zu fühlen.

Die Sprache der Christen hat hierfür eine meines Erachtens gute Metapher: das Volk Gottes auf dem Weg.[381] Selbst wenn jemand jegliche Rückführung des christlichen Bekenntnisses auf einen göttlichen Ursprung oder eine transzendentale Verweisung ablehnt, kann er sich der Utopie des „Guten Lebens für alle" problemlos anschließen. Diese Theologie ist bei Weltanschauungen und Wissenschaften anschlussfähig.

Ein Volk, das auf dem Weg ist, das sich auch schon auf dem Weg beheimatet fühlt und sich einer Utopie nähern will, muss sich auch bewegen, muss von un-heimlichen, weil unheimatlichen Strukturen und Prozessen befreien. Es kann nicht an einer imaginierten Bushaltestelle warten, dass die „Erlösung" von was auch immer vorbeikommt. Heimat ist kein ursprünglicher und exklusiver Besitz, sondern ein auch in jeder Hinsicht vorläufiges „Wir", eine Beziehung, ein Gefühl. Ein Sehnsuchtsort, wo noch nie jemand war, vielleicht auch niemand hinkommt, dem man sich aber dennoch durch Tun und Hoffen nähern kann. Heimat ist Heilsvertrauen, nicht Gewissheit, nicht Besitz, betont Saskia Wendel.

Dies ist Beheimatung, ein ständiger Prozess. Und dass hier die Ansätze einer Theologie der Befreiung aufscheinen, ist nicht Zufall, sondern Absicht.

---

[381] *Auch Wendel, Saskia verwendet diesen Begriff, der im II Vatikanischen Konzil in der Dogmatischen Konstitution über die Kirche Lumen gentium (1964) zu einer zentralen Aussage wurde.*

„Wie sinn-voll ist Heimat?" – Zusammenfassung und Positionierung

In einer Zusammenfassung und der bisherigen Herleitung lassen sich unter der Fragestellung „Wie sinn-voll ist Heimat?" zwei diametral entgegenstehende Positionierungen feststellen. Dazu gehören auch alle bisherigen theologisch indizierten Argumente. In der einen Richtung ist ein Heimatbegriff festzustellen, der von beweislosen Voraussetzungen ausgeht und von diesen Setzungen her bestimmt, was Heimat ist. Diese Festlegungen werden für alle im gleichen Maße verbindlich gemacht, auch für die, die man aus diesem System, diesem Verständnis von Heimat ausschließt.

Diesen nenne ich axiomatischen[382] oder normativen Heimatbegriff. Dieser Ansatz geht von einem vorgeschriebenen Endpunkt aus, zu dem man über ebenfalls bereits festgelegte Schritte und Erkenntnisse kommt. Der Endpunkt - ich vermeide hier den Begriff Ziel - wird aus anderen, ebenso axiomatischen Theorien abgeleitet und ist im Prinzip unwandelbar, zeit- und damit geschichtslos.

Dem steht ein systemisches Verständnis von Heimat gegenüber. Dieser Ansatz ist eine Art, die Wirklichkeit als eine sich ständig verändernde zu verstehen. Es geht bei diesem Verständnis darum, dass Individuen in einer bestimmten Umwelt zu Wahrnehmungen und Entscheidungen kommen, die eine stetige Veränderung der Subjekte und des Systems als Ganzes vornehmen. Festlegungen von dritter Seite gibt es nicht, sondern Ziele und Wege entstehen im Prozess. Grundprinzip ist Selbstorganisation. Verbunden, aber nicht identisch mit ihr ist die Wissenschaft der Ökologie.[383]

---

[382] *Ein Axiom ist eine ontologische Begründung, die nicht begründet werden braucht. Die Begrenzung und Abgrenzung für Denken und Handeln wird als Norm bezeichnet.*
[383] *Dieses Verständnis ist ursprünglich aus der Erforschung lebendiger biologischer Systeme (Ökosysteme) abgeleitet und erfolgreich auf das Verständnis gesellschaftlicher Vorgänge sowie auf Führungsfragen in der Wirtschaft oder der Therapie übertragen worden.*

Heimat ist hier also nicht etwas Vorgegebenes, sondern etwas, was im Prozess der Menschen erst geschaffen wird.

Das wird hier noch einmal in kurzen Thesen zusammengefasst. Dazu werde ich die theologischen Begründungen über die reine These hinaus weiter ausführen, da sich hier – auch für unseren Kontext – die unterschiedlichen Sichtweisen deutlich hervorheben.

Axiomatisch-normativer Heimatbegriff

Normative Heimat ist überkommen, hat schon immer so bestanden und wird unverändert in die Zukunft verlängert. Auch das Etikett „Ökologie" in diesem Denkmuster ist an eine vorgestellt immer schon so vorhandene Natur gebunden.[384] Heimatschutz als Denkmalschutz kann ebenso eine starr ruhende Heimat als Leitbild haben, wenn Innenstädte wie Puppenstuben oder Modelleisenbahnanlagen gebaut werden oder wenn pauschal nur von „Verspargelung" einer Landschaft gesprochen wird.[385]

Auch die von Friedrich Merz in seinem Sinne interpretierte „freiheitliche demokratische deutsche Leitkultur" enthält eine normative Festlegung.[386] Dagegen schrieb Jürgen Habermas: „In einem demokratischen Verfassungsstaat darf auch die Mehrheit den Minderheiten die eigene kulturelle Lebensform – soweit diese von der gemeinsamen politischen Kultur des Landes abweicht – nicht als sogenannte Leitkultur vorschreiben."[387]

---

[384] *Vgl. dazu den „Ökologiebegriff" der politischen Rechten, den ich im Anhang unter „Heimat, Ökologie und die politische Rechte" erläutere.*
[385] *Dabei geht es nicht um Wildwuchs oder übermäßige Belastungen einzelner durch Windkrafträder, sondern die Argumentation, dass damit Landschaft verschandelt wird. Als Heimatdiskussion würde sich hier eignen, nicht fremden Investoren, sondern den Bürgern die finanziellen Vorteile zu belassen. Mitbestimmung ist eine politische Form der Zugehörigkeit, also „heimatlich".*
[386] *Die politische Rechte in Deutschland hat dies seinerzeit als Steilvorlage für ihre Vorstellung von Heimat genommen. Siehe dazu u.a. „Grundsatzprogramm der AfD"*
[387] *Habermas, Jürgen 2019 S. 466*

Ein normatives Verständnis von Heimat bedeutet gleichzeitig den Ausschluss all der Personen, Weltanschauungen und Beziehungen, die dem vorgegebenen Verständnis von Heimat nicht entsprechen.[388]

Identifizierung[389] mit Heimat ist die Annahme und das Gefühl, in ein großes Ganzes an Ideen und Beziehungen hineingenommen zu sein, auch mit dem Risiko, die persönliche Individualität zugunsten einer kollektiven aufzugeben. Totalitäre Gesellschaftssysteme setzen bewusst dies als Methode ein, was treffend mit Gleichschaltung beschrieben wird.

Identifizierungen und Symbiosen kennen keine echte Wertschätzung, sondern reduzieren Anerkennung auf einzelne Merkmale, die den eigenen entsprechen. Wenn das größere Ganze – wie eine Nation oder eine bestimmte Form von Heimat, aber auch eine Idee – verehrt wird, geschieht dies, in der Erwartung, dafür geliebt zu werden.

Noch einmal: normativ meint, dass etwas vorgegeben ist, wie es sein soll und wie Abweichungen davon zu bewerten sind. Ein axiomatisch-normativer Heimatbegriff entspricht dem überkommenen Begriff des kirchlichen Dogmas[390]. Im theologischen Sprachgebrauch ist ein Dogma „eine von Gott offenbarte, in Schrift und Tradition enthaltene und vom kirchlichen Lehramt ausdrücklich und definitiv als zu glauben vorgelegte Wahrheit"[391]. Darin ist auch ein Überlegenheitsanspruch des Dogmas als einzige und wegen

---

[388] *Dies gilt nicht nur für rechtspopulistische Gruppierungen, sondern zeigt sich auch in der Diskussion um Migration*

[389] *Identifizierung ist die Haltung, sich mit einem größeren Ganzen als Einheit zu fühlen. Das, was das größere Ganze vorgibt wird unwidersprochen aufgenommen und umgesetzt. Identifizierung ist entwicklungspsychologisch bei Kindern normal und gesund, bei Erwachsenen oder Gruppen ein Zeichen mangelnder Identität oder Reife, bzw. eine Regression in frühere (psychische) Zustände. Vgl. dazu auch die ergänzenden Ausführungen zur Symbiose im Anhang.*

[390] *Das Grundwort „Dogma" hat im Gegensatz zu dem pejorativen (abwertenden) Charakter von „dogmatisch" deskriptive Bedeutung.*

[391]*Wassilowski, Günther: Dogma in Franz, Albert u.a. – Lexikon philosophischer Grundbegriffe der Theologie Freiburg 2003. S. 96 ff. Ebenso dort: Seit dem 2. Jahrhundert „steht der Begriff bei den christlichen Apologeten für das verbindliche Ganze*

190

der (angenommenen) göttlichen Offenbarung auch widerspruchsfreie Wahrheit enthalten. Die neuzeitliche Infragestellung des Dogmas zielt vor allem auf die Geschichtlichkeit einer kontingenten und doch überzeitliche Wahrheit beanspruchenden Satzaussage. Heimat als widerspruchsfreie universelle Wahrheit entspricht als religiöses funktionales Äquivalent dem dogmatischen theologischen Ansatz. Der ideologische und aus der Zeit gefallene Charakter beider Denkrichtungen wurde aufgewiesen.

Evolutionär systemisch – ein Ökologischer Heimatbegriff

Im Folgenden werde ich einen zeitgerechten Begriff von Heimat entwickeln, der sich an einem nicht dogmatischen Ökologiebegriff orientiert. Grundlage der weiteren Überlegungen sind die Ansätze vielschichtiger Systemtheorien.

Evolutionär ist hier kein Werbeslogan, sondern eine seit Mitte des 20. Jahrhunderts gebräuchliche wissenschaftliche Beschreibung der Entwicklung von lebenden Systemen, zu denen gleichermaßen biologische Systeme, oft als „Ökosysteme" verkürzt beschrieben (Maturana, Prigogine), gesellschaftliche Systeme (Luhmann) oder das Universum (Jantsch) gehören. Zu den Grundlagen dieses Verständnisses gehört, dass lebende Systeme sich selbst organisieren, in gegenseitigem Kontakt zu ihrer Umwelt stehen und eine eigene interne Ordnung durch permanente Fluktuationen (selbstorganisierte Veränderungen) aufrechterhalten.[392] In diesem Sinne ist auch Ethik

---

der christlichen Lehre, die theoretisch und praktisch den Lehren der Philosophen gleichen kann, aber aufgrund der Christusoffenbarung dieser prinzipiell überlegen ist."
[392] *Leitwissenschaften dieses um die Mitte des 20. Jahrhunderts entstandenen Denkens sind die Systemtheorie, die erforscht und erklärt, wie sich natürliche und gesellschaftliche Systeme verhalten und überleben, und die Ökologie, die „die von den klassischen Wissenschaften nicht beantwortete Frage nach dem Funktionieren der Natur als Ganzes und nach dem Zusammenwirken ihrer Teile" zum Inhalt hat.*

evolutionär, indem sie statt individueller Rechte „die Übernahme von Verantwortung schöpferische Teilnahme an der Gestaltung der Menschenwelt bedeutet" [393].

Heimat ist in diesem Verständnis ein Konstrukt, ein System, das verschiedene Teilsysteme zusammenfasst und ein dynamisches Ganzes bildet. Entscheidend ist hier nicht ein Territorium mit seinen Grenzen, sondern was dieses Territorium für das Zusammenleben von Menschen bedeutet. Nicht die überkommenen Strukturen selbst sind das Entscheidende, sondern die Prozesse, die ständig neue, besser an die Herausforderungen angepasste Strukturen bilden. Nicht die Pflichten aus einem normativen System sind entscheidend, sondern die gemeinsame Verantwortung für das Ganze.

Für ein in diesem Sinne ökologisches Verständnis von Heimat müssen wir also auf die sie konstituierenden Untersysteme schauen und überprüfen, wie weit sie Zugehörigkeit vermitteln, wie sie Beziehungen fördern, wie sie eine offene Weiterentwicklung eines Sozialsystems bewirken, wie sie die natürlichen Grundlagen des Lebens schützen, wie sie eine Kommunikation entwickeln, die das Ganze weiterführt im Sinne einer offenen Evolution, die sich bekanntermaßen jeder geplanten Vorgabe entzieht.

Heimat ist gestaltbar, in dem die dazugehörenden und eine als Heimat wahrnehmbare Ganzheit bildenden Teile (Untersysteme) in ihrer Vernetzung erkannt, einzeln und als Ganzes gefördert werden. Ökologisches Handeln nimmt vorhandene Strömungen und Entwicklungen auf und verstärkt sie im Sinne einer größeren Breite und Stärke, anerkennt aber auch, dass sich selbstorganisierende Systeme nur begrenzt steuern lassen.

Erkennbar ist nun, dass sich ein evolutionäres oder ökologisches Verständnis diametral von einem überkommenen axiomatisch-normativ verstandenen Heimatbegriff unterscheiden. Das ist nicht einfacher als bisheriges Tun, nicht komplizierter, wohl aber komplexer. Und eine

---

[393] *Jantsch, Erich: Die Selbstorganisation des Universums Vom Urknall zum menschlichen Geist. München: dtv 1986 S. 359*

dementsprechende Heimatarbeit ein ständiges Fördern und in Bewegung halten von Entwicklungen. Ein Kernsatz der Rede von Max Frisch, der sich auch an die Hoffnungen von Ernst Bloch binden könnte, heißt: „Wer Heimat sagt, nimmt mehr auf sich".

Heimat hat man in diesem Verständnis nicht einfach, sondern man wird in sie aufgenommen - oder auch nicht.[394] Wiederum spielt hier Beziehung als Heimat oder Heimat als Beziehung die größere Rolle.

Kennzeichnend ist das Gefühl der Zugehörigkeit zu einem, wie es Wendel nennt, „WIR", einer Gruppe, Gemeinschaft oder Gesellschaft. Und ein Wir ist nicht einfach ein Kollektiv, was ein „ES" sein würde, sondern eine Dialogische Einheit „ICH - DU" („Alles wirkliche Leben ist Begegnung" Martin Buber). Dazu gehört auch die wechselseitige Anerkennung, die Grundlage einer sozialen Integration ist und in dessen Vollzug sich die Identität des Selbst konstituieren kann.

Beheimatung ist konkret in den Beziehungen zu einer anderen Person, somit personales Geschehen. Beheimatung heißt damit auch, dass sie sich nicht - wie im normativen Heimatbegriff - um die Aneignung von etwas vermutlich Bekannten, Vertrauten handelt, sondern im Gegenteil: Beheimatung vollzieht sich immer in der zukünftigen Fremde, der fremden Zukunft und setzt den Weggang aus der Vertrautheit voraus. Weggang aus dem Ort, den Beziehungen, die auch mit dem Ort verbunden sind, aber auch die Abkehr von einer bislang vertretenen Weltanschauung, der eigenen bisherigen geistigen Heimat.

Heimat ist somit ein Kontext, indem der Einzelne Sinn (in Heimat) entdecken kann, die seine eigene unverwechselbare Person als lebendigen und

---

394 *Die Theologin Saskia Wendel führt den zunächst im theologischen Raum gebräuchlichen Begriff der Beheimatung weiter. Es ist für sie ein dynamischer Prozess, der vor allem nicht auf einem Abstammungsprinzip beruht. Sie bezieht sich dabei auch auf die christliche Grundlegung, dass niemand von Geburt her schon zur religiösen Gemeinschaft gehört, sondern erst durch ein Aufnahmeritual wie die im Christentum die Taufe, die Beschneidung im Judentum oder die Erdung des Kindes bei der indonesischen Urbevölkerung Borneos eine Zugehörigkeit erfährt.*

gestaltenden Teil des sozialen Systems erkennt und anerkennt. Das aber nennt man Identität, die einen Entwicklungsschritt aus kindlicher Identifizierung hinaus darstellt.[395]

Statt einer Übernahme von Regeln und Verständnissen einer vorgestellten Heimat, geht der ökologische Ansatz davon aus, dass die Beteiligten an den sozialen Systemen ihnen erst den Sinn verleihen. Heimat wird also erst Sinn gegeben durch das was geschieht und was angestrebt wird.

Projekttheologie

Auch in einer bislang wenig diskutierten Theologie sind für den Ökologischen Heimatbegriff, gerade auch im Blick auf den Sinn, also Orientierung, wichtige, vielleicht sogar visionäre Aspekte zu finden.

Diametral der normativen, dogmatischen Theologie entgegengesetzt ist eine Vision, die mit dem Namen des Südtiroler Franziskaner Bruno Klammer verbunden ist. Erstmalig trat er 1994 mit einem Manifest an die Öffentlichkeit, das er schlicht „Projekttheologie" nannte. In dieser „theologia", dem Reden und Künden von Gott, kommen zum einen auch die Grundlagen eines ökologisch genannten Heimatbegriffs zum Tragen, zum anderen spiegeln sie eine Praxis wider, in denen Religion immanent zu Heimat und Sinnangebot werden kann.

Für ihn gibt es die allgemeine Wahrheit nicht, sondern diese entsteht erst in Projekten, in gemeinsamen Handlungen, in denen gerade Minderheiten nicht trotz, sondern wegen der von dem Mainstream abweichenden Meinungen und Verhaltensweisen eine maßgebende Kraft sind. Für ihn

---

395 *Die Bezeichnung „Identitäre" ist somit Unsinn, da hier eine gegenseitige Identifizierung vollzogen wird und der kollektive Widerstand gegen politische oder gesellschaftliche Ansprüche bis zur Norm als „Identität" bezeichnet wird. Ich verweise auf die weiter oben angeführten Fluchtmechanismen, wie sie Erikson und Fromm im Zusammenhang mit dem Nazismus dargestellt haben.*

wird sie nicht „ex cathedra", vom Lehrpult der Wissenschaft oder des kirchlichen Lehrstuhls aus entwickelt, sondern generiert sich aus der Kraft des gemeinsamen Denkens und des Dialogs.

„Die Hinwendung zur Projekttheologie ist... aus dem Fortschreiten des Pluralismus geboren, in welchem Gruppen, Minderheiten, Strömungen immer neu entstehen. Und die Zuwendung... ist aus dem Leiden geboren. Nicht Mehrheit zu sein, hat im Verlauf der Geschichte die Größte aller Leiden über die Menschheit gebracht.

Jeder nimmt für sich in Anspruch, in seinen Minderheitsrechten geschützt zu werden. Jeder erhält aber dadurch zugleich den Auftrag, anderen Minderheiten gegenüber gerecht, offener und verständnisvoller zu werden"[396].

Nach Klammer ist es Zeit, anders, prozessbezogener zu denken und projektorientierter zu handeln. „Eine Epoche schlägt um, weil sie, aufgrund von Voraussetzungen umschlagen muss. Etwas hat sich verändert. Alle weiteren Veränderungen sind Folgen davon"[397].

„Projekttheologie besagt, dass wir alle, Minderheiten, Mehrheiten - unterschiedliche Anschauungen - Interessen - Befürworter - Neinsager - Forscher - Befürworter des Alten und Gegner des Neuen und die Vertreter aller Bereiche an einem Tisch der Wahrheit sitzen. Niemand besitzt die Wahrheit völlig und allein. Und was wir an dem Tische tun: Wir reden über mögliche Wahrheit und Wahrheiten. Und sehen, wie weit unser Wahrheitsgespräch kommt. Und das Ziel allen Redens für uns und für alle Menschen ist: den Fortschritt zu erreichen... und Gespräch für Gespräch etwas vom Leiden zurückzudrängen. Den Menschen den Frieden für ihr Menschsein zu bringen"[398].

---

[396] *Klammer, Bruno: Projekttheologie. Ein Manifest" Bozen: Distel-Edition 1994 S 9*
[397] *Klammer, Bruno 1994 S. 9*
[398] *Klammer, Bruno 1994 S 10; vgl. Dazu auch Hansdieter Hüsch „Den möchte ich sehen..."*

„Denen die arm sind, gebe ich etwas. Den Kleinen stehe ich bei. Ich vermindere ihre Aussichtslosigkeit, und ihren Anteil an der Wahrheit vergrößere ich. Die Anteile der zu Großen dränge ich zurück. Weil alle zur Wahrheit finden müssen, und niemand darf dies tun zulasten von anderen"[399].

„Es ist eine verfehlte Aussage zu meinen, dass jemand gänzlich gläubig, ein anderer aber gänzlich ungläubig sei. Niemand ist dem Ganzen nach gänzlich. Niemand dem Geiste nach, niemand in praktischen Dingen"[400].

„Wer Toleranz für sich fordert, kann anderen das gleiche nicht verweigern"[401].

„Projekttheologie heißt: Ich lasse auch offen. Mit einem jeden lässt sich teilen. ... Es gibt nicht die einzige Wahrheit...Es gibt nur die Wahrheiten. Netze von Wahrheiten"[402].

---

[399] *Klammer, Bruno 1994 S. 11*
[400] *Klammer, Bruno 1994 S.14*
[401] *Klammer, Bruno A.a.O S 10*
[402] *Klammer, Bruno 1994 S. 15*

Ökologisches Heimatverständnis –
Gutes Leben für alle

Heimat ist für mich also „Ökologische Heimat", ein Begriff, der auf ein ganzheitliches Konzept verweist, das mehr beschreibt als die Verbindungen von ökologischem Landbau, natürlichen Ökosystemen und einem (politischen) Heimatverständnis. Er hat auch nichts mit dem Gebrauch des Wortes aus der rechtsnationalen bis rechtsextremen Ecke zu tun.

Diesem Konzept geht vielmehr eine Ethik voraus, die Erich Jantsch in seinem epochalen Werk über „Die Selbstorganisation des Universums" als „Evolutionäre Ethik" bezeichnet.

„Ethik als integraler Aspekt der Evolution beruht nicht auf Offenbarung, wie die Ethik der Religionen, die einen persönlichen Gott annehmen. Sie ist durch die Dynamik des schöpferischen Prozesses auf allen Ebenen direkt erlebbar"[403]. Für ihn ist ethisches Verhalten ganz allgemein evolutionsgerechtes Verhalten. „Dies bedeutet, dass Ethik mit der Evolution überhaupt erst entsteht und dass ihre Entwicklung im Prinzip offen verläuft"[404].

„Was wir in der westlichen Welt Ethik nennen, ist ein Verhaltenskodex auf der gesellschaftlichen Ebene, der aber fast ausschließlich darauf ausgerichtet ist, die freie Entfaltung des Individuums zu sichern. Daher ist bei uns immer so viel von Rechten die Rede ... fast nie von Verantwortung"[405].

„Rechtsanspruch ist ein statisches und defensives, strukturell empfundenes Konzept, während die Übernahme von Verantwortung schöpferische Teilnahme an der Gestaltung der Menschenwelt bedeutet"[406]. Eine Evolutionäre Ethik geht daher nicht von Rechten, sondern von Verantwortung als Grundprinzip der Ethik aus.

---

[403] *Jantsch, Erich 1986 S. 357*
[404] *Jantsch, Erich 1986. S. 357*
[405] *Jantsch, Erich 1986 S. 359*
[406] *Jantsch, Erich 1986 S. 359*

Ökologisches Denken und Handeln geht immer von einer Vielheit aus, die ein dynamisches Ganzes bildet, das sich selbst organisiert, weiterentwickelt und evolviert. Wenn ich also von einem ökologischen Heimatbegriff spreche, dann deshalb, weil all die Vorgänge und Beziehungen, die Emotionen und die Werte in Denken und Handeln für eine „Verantwortete Zukunft"[407] notwendig sind. Natur, Gesellschaft, menschliche Organismen und soziale Systeme wirken zusammen als ein Ganzes, das auch wegen seiner Komplexität nicht extern steuerbar ist.

Ein ökologischer Heimatbegriff ist eigentlich ein Pleonasmus, eine Verdoppelung, da das Wort oikos im Griechischen schon die Haus- und Wirtschaftsgemeinschaft bedeutet. Heimatliche Heimat könnte man sagen, im Gegensatz zu einer unheimlichen Heimat. Und der moderne Begriff der Ökologie schließt die Zukunftsoffenheit sich entwickelnder Systeme, die Verschiedenheit in der Einheit, aber auch die Beteiligung und letztlich im politischen Verständnis von Ökologie die Mitbestimmung ein.

Einer solchen Heimat spreche ich, wie in den vielen Herleitungen und Begründungen der bisherigen Abhandlung formuliert, den Sinn zu, den wir zur Entwicklung eines guten Lebens für alle brauchen. Denn das ist sinnvolle Heimat: „Gutes Leben für alle". Ein ökologisches Heimatverständnis ist nicht einfach anzuordnen, sondern nur durch langsame, aber stetige Kulturveränderung zu erreichen, auch in mühseliger Kleinarbeit. Auf der Seite des ökologischen Verständnisses stehen die weiter oben vorgestellten Megatrends, die Hoffnung auf die jungen Milieus und vielleicht auch die Einsicht, dass wir alle **HeimatNeuDenken** müssen. Meine Überlegungen könnten dazu beitragen.

---

[407] *Ein Begriff, den ich zuerst bei Hans Jonas' „Prinzip Verantwortung" explizit ausgeführt erfahren habe und der einen guten Teil meiner Politischen Bildungsarbeit ausgemacht hat.*

Wahrheit und Wirklichkeit von HeimatNeuDenken

Anspruch meiner Ausführungen war es, einen rationalen und damit diskursfähigen Begriff Heimat zu entwickeln. Ich habe die Denkbewegung zu einem Ökologischen Heimatbegriff von den Dingen und Beziehungen abgeleitet statt von Absichten und Empfindungen und damit meine rationale Position verdeutlicht. Jürgen Mittelstraß, emeritierter Professor für Philosophie an der Universität Konstanz, zu dieser Art des Vorgehens: „Ich will als rational oder als eine rationale Position eine solche bezeichnen, die Geltungsansprüche formuliert und deren Einlösung nicht nach außen abgibt. Die Bemühung um Rationalität bedeutet, sehr genau zu unterscheiden, seine Behauptungen sehr genau zu wägen, jederzeit bereit sein, die mit diesen Behauptungen formulierten Geltungsansprüche einzulösen, dies nicht abzugeben an Instanzen, die entweder vorgeben, dies zu leisten, oder von denen man erwartet, dass sie dies leisten"[408]. Verbunden mit dieser Position habe ich einen Geltungsanspruch im rationalen Diskurs entwickelt, auch indem ich mich von anderen Positionen argumentativ abgegrenzt habe. Wer sich auf diesen Denkanspruch und Denkweg eingelassen hat, hat sich auch dem Risiko ausgesetzt, dass Gewissheiten zerstört wurden, möglicherweise auch sich verweigert, weil das Unbekannte des Risikos für ihn zu groß war. Aber auch er ist an dieser Stelle angekommen, anders und verändert gegenüber dem Anfang.

„Der *Zauber des Denkens*," so Siegfried Reusch, Chefredakteur des Journals für Philosophie *„der blaue reiter"*, „liegt... weniger in der Hoffnung auf Erlösung von der Sehnsucht nach eindeutigen Wahrheiten begründet – sei es durch das Auffinden der *einen* Weltordnung, sei es durch die letztgültige Einsicht, eine solche nie finden zu können –, als vielmehr darin, dass viele

---

[408] *Mittelstraß, Jürgen: Wer will bezweifeln, dass die Hasen vor der Tür auch ohne uns herumlaufen? In: Reusch, Siegfried: Der Zauber des Denkens – Gespräche über Philosophie; Darmstadt: Wiss. Buchgesellschaft 2012; S. 22*

Weltsichten nebeneinander bestehen und sich mitunter auch ergänzen können. Anders ausgedrückt: Der *Zauber des Denkens* ist dessen welterschließendes kommunikatives Potential"[409].

Was aber ist nun wahr, wenn wir über Heimat sprechen? „Wahrheit ist das, was in einem theoretischen Zusammenhang in dem Sinne wahr ist, dass es ein Stück Wirklichkeit angemessen wiedergibt. Zugleich ist es etwas, das sich im Dialog gegenüber Einsprüchen und konstruktiver Kritik bewährt"[410].

Deutlich gemacht habe ich durchgehend in diesem Sinne, dass Heimat ein Konstrukt, dadurch aber auch Wirklichkeit ist. Ich gehe davon aus, dass auch erkennbar wurde, dass der Begriff Heimat keineswegs als gesetzt gelten kann, auch wenn er als Wirklichkeit etwas Vorfindbares darstellt, das gedanklich zu durchdringen ist. „Die Wirklichkeit sagt nicht von sich aus, wie sie ist. Unser Bild von Wirklichkeit ist immer ein solches, in das unsere gliedernden und unterscheidenden Aktivitäten Eingang gefunden haben. Insofern bewegen wir uns in einer teils unabhängig von uns existierenden, teils durch unsere Unterscheidungen und Begrifflichkeiten gegliederten Welt. Wer will bezweifeln, dass die Hasen vor der Tür auch ohne uns herumlaufen?"[411].

Mit dem durchgehend interdisziplinären Vorgehen entstehen Hybride und möglicherweise „gewagte Kreuzungen"[412], die sich monistischen Deutungen entziehen. Dem entspricht auch mein im Vorwort bereits angeführter Anspruch, das zur Sprache zu bringen, was zu der Fragestellung etwas zu sagen hat, ohne zu allem was zu sagen. Dies kann nur interdisziplinär geschehen, bedurfte aber einer Sorgfalt, um einen naive Synkretismus zu

---

409 *Reusch, Siegried: Dem Denken wohnt ein Zauber inne. S.6 in: dslb.: Der Zauber des Denkens. 2012*
410 *Mittelstraß, Jürgen 2012 S.19*
411 *Mittelstraß, Jürgen 2012 S. 20*
412 *Vgl. dazu Sloterdijk, Peter: Philosophie als Zivilisationspädagogik S. 10 in: Reusch, Siegfried 2012*

vermeiden. So kann der Diskurs in einer „mehrsprachlichen Gleichberechtigung"[413] erfolgen und eine „Monopolisierung der Deutungshoheit"[414] vermieden werden. Sloterdijk nennt dies eine „Demokratische Theorie": „Demokratisch ist eine Theorie dann, wenn sie so etwas wie Waffengleichheit der diskursiven Bedingungen unterstellt"[415].

Ergänzend dazu Mittelstraß: „Eine Begründung ist in diesem Sinne auch nie definitiv abgeschlossen im Sinne von letztbegründet. Dies wäre von vorneherein dogmatisch. Ich selbst halte nur einen Begründungsanspruch für vertretbar, in dem Exklusivität nicht mitbehauptet wird, Exklusivität in dem Sinne, dass es zu einer gegebenen Begründung keine Alternativen gäbe. Allerdings - und das ist etwas, was immer hinzugefügt werden muss -, das, was dann konkurrierend auftritt, muss mindestens ebenso gut begründet sein und sich als begründet ausweisen können, wie der Versuch, gegen den es sich wendet"[416].

Dies sind die Maßstäbe, die ich an meine Reflexionen angelegt habe. Ich hoffe und wünsche, dass nun mit den gleichen Maßstäben ein lebendiger Diskurs beginnt zum

HeimatNeuDenken.

---

413 *Sloterdiijk, Peter 2012 .S.10*
414 *Sloterdiijk, Peter 2012 S.10*
415 *Sloterdiijk, Peter 2012.S.14*
416 *Mittelstraß, Jürgen 2012 S.22*

Anhang

Im folgenden Anhang stelle ich unsystematisch weitere Aspekte vor, die im Zuge der Erarbeitung des HeimatNeuDenken eine Rolle gespielt haben, die aber nicht immer in einen schlüssigen Zusammenhang mit der Denkbewegung des Buches zu bringen waren. Schade wäre es, wenn diese völlig unberücksichtigt bleiben würden. Ich stelle sie daher „ad libitum" zur Verfügung.

Luhmanns Re-Entry in Kurzform - eine religionssoziologische Grundlage

Ein System wird definiert durch Grenzen, durch das, was dazugehört und was draußen vor bleiben muss. Am Beispiel Recht: Ein Rechtssystem legt fest, was Recht ist und dazugehört, und was nicht dazugehört, was dann Unrecht ist. Unrecht ist nicht positiv beschreibbar, sondern nur durch Negation des Positiven. Ein Beispiel: Stehlen ist kein Begriff, der sich aus sich selbst erschließt, sondern nur durch den positiven Begriff des Eigentums. Nicht-Eigentum kann man nicht sagen, nicht definieren: Es gibt kein Nicht-Eigentum, nur Eigentum eines anderen, das nicht das eigene ist. Aber auch dann ist es vom positiven Begriff abgeleitet. „Alles was Recht ist" wird von der positiven Seite her definiert. Die Wertung, dass etwas Unrecht ist, wird ebenfalls auf der positiven Seite vollzogen. Das gleiche gilt für das System wahr - unwahr.

Paradoxerweise lässt sich die positive Seite des Eigentums nicht in ikonografischer Form, also Bildern eindeutig festhalten, wohl aber das Verbot, sich das Eigentum des anderen widerrechtlich anzueignen. [417]

---

[417] *Wie es eindrücklich die mittelalterlichen Fresken in der Lieberhausener Kirche im Bergischen Land zeigen. Hier ist auch ein Bezug zu Beck zu finden, dass der Normverstoß die Norm vorgibt. Ebenso das vorhandene Wertesystem bei Dworkin.*

Das System der monotheistischen Religionen beruht auf dem Gegensatz von Immanenz und Transzendenz. Hier ist die Seite des Beobachtbaren die der Immanenz, der Welt. Die andere Seite, die essentiell für Religion ist, ist die der Nicht-Welt, der Nicht-Immanenz, der Transzendenz, nach und seit Kant Erkenntnis des verschlossenen Bereichs jenseits möglicher Erfahrung, die Annahme, dass es Dinge außerhalb allen Bewusstseins gibt (Fichte). Es sind bloße Möglichkeitsbedingungen von Erkenntnis, regulative Ideen der Vernunft.

Im Gegensatz zu den oben genannten Systemen „recht – unrecht" und „wahr – unwahr" bestimmt im System Religion nicht die positive Seite das System, sondern diese wird von der Gegenseite her bestimmt. Das, was richtig und wahr im System Religion ist, wird nicht von der empirischen, wahrnehmbaren Seite her bestimmt, sondern indem eine spekulative Idee oder Annahme als wahr und wesentlich angesehen wird. Diese Annahme bleibt aber nicht in der Transzendenz, sondern bestimmt die Immanenz. Die Transzendenz ist in der Immanenz wirksam, sie tritt also wirkmächtig an und definiert sich als von dort verdankt (Schöpfer - Schöpfung). Gleichzeitig ist die andere Seite der Immanenz prinzipiell unerreichbar und stellt damit die Theologie vor massive Begründungsprobleme.[418]

Die christliche Theologie geht daher davon aus, dass die andere Seite der Immanenz, der Welt, mit Gott gleich zu setzen ist. Gott ist aber entweder unerfahrbar und damit irrelevant für die Welt, oder er ist Teil der Welt, in der Welt oder wie die Formulierungen immer auch sein mögen. Dann wäre er aber nicht Gott. Der Ausweg aus dem logischen Dilemma besteht in der Annahme der „Offenbarung", dem Wirken und Einwirken des Göttlichen in der Welt. Die Unterscheidung von Immanenz und Transzendenz wiederholt sich also in der Immanenz und ist so - nach Meinung der Theologen - wahrnehmbar.

---

⁴¹⁸ *Vgl. dazu auch Habermas, Jürgen 2019, S. 461 ff*

Ein kurzer historischer Rückgriff - Säkularisierung und Heimat

Eine historische Rückschau zeigt - wenig überraschend - einen zeitlichen Zusammenhang von Aufklärung und Säkularisierung einerseits und dem Auftauchen eines emotional und gemeinschaftlich geprägten Heimatbegriffs. „Der erste umfassende Säkularisierungsschub erfolgte im 18. Jahrhundert mit der Aufklärung. Damals brach sich der Wille zur autonomen Gestaltung der Welt Bahn, der sich u.a. in mehr oder weniger deutlicher Absetzung vom überlieferten Christentum äußerte, gleichzeitig aber in vieler Hinsicht von dessen lange kulturbestimmendem Erbe zehrte. Im 19. Jahrhundert wurden weite Bereiche des Geisteslebens aus dem christlichen Bezugshorizont ausgegliedert. Christliches wurde dabei in neue weltanschauliche Konstellationen eingeschmolzen"[419].

Weil Aufklärung mit der Überwindung der Sicherheit in einer alles erklärenden Metaphysik verbunden ist und der technisch-industriellen Fortschritt neue gesellschaftliche und für breite Schichten der Bevölkerung auch ökonomische Probleme brachten, ist von einem breiten als „Unbehaustsein im Umbruch" verbundenen Gefühl auszugehen.[420]

„Heimat erscheint (daher, d.Verf.) eher als Gegenbegriff zu Fortschritt und Moderne, als Reaktion auf die in Deutschland besonders drastischen technisch-industriellen Modernisierungsschübe und Umbrüche, weniger als Gegenpol zu 'Fremde', sondern eher als Gegenpol zur Entfremdung.

---

[419] *Ruh, Ulrich: Säkularisierung. II Geistesgeschichtlich in LThK Bd. 8 S. 1467*
[420] *Auf den Antimodernismus in der Katholischen Kirche im 19. Jahrhundert sowie die Aufnahme der Sozialen Frage kann ich hier nicht eingehen. Die Anmerkung, dass es zu Aufklärung jene Gegenbewegung gab und der Verweis auf die Unbehaustheit gerade der Unterschichten muss hier genügen. Als Sauerländer und Mitglied der Katholischen Arbeitnehmerbewegung ist es mir wichtig, auch auf einen „Sohn unserer Heimat", auf Franz Hitze aus dem benachbarten Olpe zu verweisen, dessen Vorlesungsmanuskripte aus seiner Zeit als erster Professor für Christliche Gesellschaftslehre in der Königlichen Akademie Münster Eingang in die Enzyklika „Rerum novarum" gefunden haben.*

Heimat bündelt all das, was durch gesellschaftliche Umbrüche und technisch-industrielle Umwälzungen als bedroht wahrgenommen wird: Tradition, Geborgenheit, Gemeinschaft, Bindung, Stabilität, Nähe, Sicherheit, Vertrautheit, Harmonie, Überschaubarkeit und nicht zuletzt Natur und Landschaft"[421].

In Heimat wurde der Anker gesucht, der im gesellschaftlich-technischen Umbruch, im Zurücklassen der großen metaphysischen Erklärungen und dem Beginn des nach-metaphysischen Denkens und der sich anbahnenden Säkularisation Halt und Orientierung, kurz gesagt auch „Sinn" bieten konnte. Hier ist schon auch eine mittlere Kontingenzabsorbtion zu verzeichnen, da die großen Religionen und ihre Institutionen, allen voran die katholische Kirche, in eigenen Grundfesten erschüttert, nur überkommene Großentwürfe und Grundsätzliches verkünden konnten, die aber an dem erwarteten Erklärungsbedarf meilenweit vorbeigingen. Damit ist der Rückgriff auf die kleinen und mittleren Transzendenzen vorbereitet.[422]

Stadt-Land - Progressive Provinz & Rural Cities

Als jemand, der seit seiner Jugend sich für seine Region, für die Menschen der Heimat und die Erhaltung von Natur und Lebensbedingungen einsetzt, der aber kein Kind der Großstadt, sondern durchaus stolz „der Junge vom Dorf" ist, liegt es für mich nahe, auch die Zukunft des ländlichen Bereichs näher ins Auge zu fassen. Und da in unserem Städtchen in der jüngeren Generation durchaus ein Aufbruch und unkonventionelle und gleichzeitig unspektakuläre Schritte zu verzeichnen sind, kann unser Heimatverein, dem ich lange als Mitglied und im Vorstand dienen konnte, auch eine Perspektive geben.

---

[421] *Scharnowski, Susanne 2019 S. 15*
[422] *Zu erläutern wäre hier auch, ob und inwieweit diese Entwicklungen zur Verstärkung nationalistischer Bestrebungen mit eindeutigen Sakralisierungen und Idealbildungen beigetragen haben. Dazu ist allerdings hier nicht der Raum.*

Die heimatliche Idylle ist in Deutschland seit jeher ländlich geprägt, am liebsten in den alpinen Bereich verlegt. Das heißt auch, vor allem „verortet", Heimat als ein bestimmter Ort. Dies ist nicht mehr länger aufrecht zu halten. Zum einen sind auch „städtische Heimaten", benannt als Quartiere, zu finden, zum anderen tritt die Bedeutung von konkreten Orten in einer globalisierten, digitalisierten und urbanisierten Welt immer mehr zurück. Zentraler werden Lebensstil und Haltung (vgl. dazu auch die Milieus).

Das Zukunftsinstitut Österreich hat auch für Deutschland festgestellt, dass sich die Dichotomien von Stadt und Land zunehmend mehr auflösen werden. Ländliche Lebensstile halten Einzug in die Stadt in den Wohnvierteln und neuen milieuspezifischen Nachbarschaften (Frankfurt Westend) und urbane Lebensstile verbreiten sich auf dem Land. Es entstehen also hybride Lebensräume auf dem Land und in der Stadt.

Immer noch gelten die Städte als Experimentierräume, Kreativitätsschmieden, als Lebensräume der Zukunft. Dies ist auch im Megatrend der Globalisierung zu finden, wo der Bevölkerungszuwachs in den Städten stark ansteigt, während auf dem Land sowohl die Geburtenrate als auch der Verbleib gerade jüngerer Menschen zunehmend zurückgeht. Ländliche Regionen werden dagegen wenig beachtet, der großstädtische Glanz überblendet weite Bereiche.

Wie sieht es aber wirklich aus? „Wer genau hinsieht, dem eröffnet sich nämlich ein differenzierteres Bild von Stadt- und Landbevölkerung. Die meisten Deutschen leben nämlich weder in einem Dorf noch in der glitzernden Großstadtmetropole – sondern in vergleichsweise kleinen Städten. Lediglich circa 15 Prozent der Deutschen leben laut Statistischem Bundesamt in Gemeinden unter 5.000 Einwohner und nur ungefähr 30 Prozent in Städten mit über 100.000 Einwohnern. Die Mehrheit der Deutschen wohnt also in Klein- und Mittelstädten"[423].

---

[423] *Papasabbas, Lena et al.: Progressive Provinz & Rural Cities Zwischen der Sehnsucht nach Landleben und Urbanität als Mindset; Zukunftsinstitut Wien, 2021*

Das Zukunftsinstitut weiter: „Wanderungssalden belegen, dass große Städte in Deutschland in erster Linie für Zuwanderer aus dem Ausland attraktiv sind. Heute zeigt die Binnenwanderung ein ganz klares Bild: Außer der Gruppe der Bildungswanderer – junge Erwachsene zwischen 18 und 29 Jahren – verlassen mehr Menschen aller Altersgruppen die deutschen Millionenstädte als aus anderen Regionen Deutschlands zuziehen.

Die wachsende Mobilität und die langsame Angleichung kultureller und ökonomischer Möglichkeiten durch digitale Netzwerke ermöglichen es vermehrt, zwischen urbanen und ruralen Räumen je nach Lebenssituation und Lebensphase zu pendeln. Wohnorte werden individuell gewählt, niemand muss sein ganzes Leben an einem Ort verbringen. Die eine Heimat gibt es nicht mehr, für urbane und rurale Nomaden gibt es hingegen Heimaten.

Diese werden aktiv mitgestaltet, sie sind keineswegs nur noch an zufällige Gegebenheiten wie den Geburtsort geknüpft. Die Kulturanthropologin Ina-Maria Greverus beschreibt Heimat als Lebensqualität, und darüber hinaus als Leistung, sich seine Umwelt anzueignen. Heimat hat weniger mit Orten als mit Beziehungen zu tun"[424].

„In den nächsten Jahren wird sich deshalb die Sehnsucht in Richtung Urbanität wieder umkehren: Dörfer, Kleinstädte und Regionen können eine Renaissance erleben. In den Konzepten der Progressiven Provinz finden Beziehungsqualität und Weltoffenheit auf neue Weise zusammen – und erzeugen eine neue Vitalität des Lokalen"[425].

Doch dies gilt nicht für alle Bereiche in Deutschland. „Längst verläuft der Bruch zwischen den Gewinnern und den Verlierern der Urbanisierung zwischen den Regionen. Deshalb gibt es zwei Provinzen: In der einen verkriechen sich die Bewohner in Passivität und Opfermentalität, in der anderen herrscht ein Klima der Offenheit und des Wandels"[426]. „Hier hat sich eine

---

[424] Papasabbas, Lena et al.2021
[425] Papasabbas, Lena et al.2021
[426] Papasabbas, Lena et al 2021

kulturelle Urbanisierung durchgesetzt, ohne die chaotisierenden Nachteile der Großstadt in Kauf zu nehmen. Sie reinnovieren sich selbst"[427]

„Die Sehnsucht nach Intensität, Individualität und Selbstverwirklichung zieht die Menschen in die Stadt. Aber wenn eine Lebensbiografie in städtischer Entfremdung stockt, wenn man in einer bestimmten Lebensphase das Tempo nicht mehr halten kann, werden neue Pläne geschmiedet. Dann wird mit unendlicher Geduld der Bauernhof renoviert. Dort, wo die Kinder glücklicher aufwachsen sollen als zwischen Beton und Verkehrsstress"[428].

Bei dieser Entwicklung zeigt sich auch, dass trotz offensichtlicher Ortsbezogenheit von Heimat, es vor allem um den Beziehungsaspekt geht, der im ländlichen Raum – zumindest in der Erwartung – eine größere und verbindlichere Rolle spielt. „Letztlich geht es nicht um Flucht, sondern um das Ankommen. Es geht im Kern um ein neues regionales oder dörfliches Selbstbewusstsein, das auch Rückkehrer und Neuankömmlinge und die Tradition mit der Hypermoderne integrieren kann. Gerade die Wissensgesellschaft eröffnet dem Neo-Lokalen neue Märkte und Chancen, sowohl im Boom der Lebensqualität (von Biolandbau bis Gourmet-Bauernhof) als auch im menschlichen Beziehungswesen (von Gesundheits- und Therapieleistungen bis zu Sport und Naturerleben). Design, Kultur und Kunst sowie die Gastronomie können gerade in der tiefsten Provinz die entscheidende vitalisierende Rolle spielen.... Im Kern der ländlichen Renaissance stehen die lebendigen Beziehungen zwischen Menschen. Kleinstädte, Dörfer und Regionen können sich selbst neu erfinden, wenn sie ihre sozialen Potenziale heben: Der Standortvorteil gegenüber der Großstadt ist die kooperative Empathie"[429].

Was sind die Pfeiler der „Progressiven Provinz", die eine entsprechende Sogkraft ausüben soll?

---

[427] *Papasabbas, Lena et al 2021*
[428] *Papasabbas, Lena et al. 2021*
[429] *Papasabbas, Lena et al. 2021*

Da sind zunächst einmal wieder Menschen – lokale Visionäre. „Die Renaissance des Ortes braucht charismatische Bürgermeister – aus den Großstädten Zurückgekehrte und Vielgereiste, die ihre Wurzeln wiederentdecken und zu Change-Agents des Ländlichen werden. Die Heimkehrer bringen Impulse (und bisweilen auch Kapital) in den Ort und verändern das Klima in Richtung Zukunft – wenn man ihnen Spielräume lässt"[430]. Und da ist: Selbstvertrauen. „Im Unterschied zu Nationalstolz, der immer eine gefährliche Komponente der Abwertung anderer enthält, kann Regionalstolz charmant und einladend sein. Die Liebe zur Heimat ist die Grundlage selbstbewussten Wandels. Aber diese Heimatliebe kann glokal sein: Sie muss sich nicht abgrenzen, sondern kann sich auf die ganze Welt beziehen, der man etwas Eigenes, Spezifisches hinzufügt (und eben nicht gegenüberstellt)"[431]. Und nicht zuletzt Offenheit nach außen. „Auch Dörfer haben immer schon Fremde aufgenommen – und von ihnen profitiert. ... Weltoffenheit ist gerade für das Dorf oder die Kleinstadt existenziell: Wenn das lokale Klima von Depression und Abwehrängsten geprägt ist, kommt eine Negativspirale in Gang. Wer möchte schon dorthin, wo das Misstrauen herrscht, die Neidkultur und das Schweigen – das über Nacht in Grölen umschlagen kann?"[432].

Symbiose oder Heimatliebe: Individuation ist Gesundung

Symbiosetendenzen sind nach Verena Kast dort am stärksten wo wir uns am hilflosesten vorkommen. Und sie betont auch die Umkehrung des Satzes: „wir sind dort am hilflosesten, wo wir uns am stärksten in symbiotischen Bindungen befinden"[433]. Der Weg der Gesundung ist psychologisch beschrieben: die Individuation. Dies ist nach C.G. Jung: „zum Einzelwesen

---

[430] *Papasabbas, Lena et al. 2021*
[431] *Papasabbas, Lena et al. 2021*
[432] *Papasabbas, Lena et al. 2021*
[433] *Kast, Verena.1989 S 118*

werden, und, insofern wir unter Individualität unsere innerste, letzte und unvergleichbare Einzigartigkeit verstehen, zum eigenen Selbst werden. Man könnte 'Individuation' darum auch 'Verselbstständigung' oder als 'Selbstverwirklichung' übersetzen"[434].

„Dabei ist nicht zu übersehen, dass Individuation ... das Gefühl des Getrenntseins vermittelt, aber auch ein Gefühl der Verlassenheit"[435]. Für die Psychologin kann dieses Getrenntsein wieder in eine Symbiose zurückführen, aber auch im dialektischen Sinne in „reifer Liebe"[436] (Erich Fromm) aufgehoben werden. „Liebe kann man nicht fordern", weiß sie auch, daher spricht sie von „Bezogenheit", in der andere wie ich eigenständige Wesen sind, die in ihrer Bezogenheit Individuen bleiben, die ihre Vereinzelung gegenseitig aufheben.[437] Eine im Sinne von Erich Fromm reife Liebe ist eine menschliche Form der Wiedervereinigung mit jemand Anderem oder etwas Anderem, ohne sich oder das Andere einzuverleiben.[438] Heimatliebe ohne Sentimentalitäten, sondern liebevolle Zuneigung zu dem, was ein gutes Leben für alle ausmacht.

Heimat als Vielfalt, Zugehörigkeit als Inklusion, Individualität als Freiheitsbonus, das ist eine Heimat als Beziehung, unabhängig von Territorien oder Quartier.

---

[434] *C.G. Jung: Die Beziehungen zwischen dem Ich und dem Unbewussten dtv 1990 S. 59*
[435] *Kast, Verena 1989*
[436] *Vgl. Erich Fromm: Die Kunst des Liebens. Frankfurt / Main: Ullstein 1980*
[437] *Individuation ist also ein kraftvoller und kraftzehrender Prozess, aus der Umklammerung des Kollektivs sich zu einem differenzierten Wesen zu befreien, das in einer Bezogenheit sowohl Eigenstand als auch Zugehörigkeit erfährt.*
Dieser Prozess ist in der Extremform Therapie, Heimat ist aber kein Therapiethema. Wo aber der Einzelne in seiner individuellen Existenz wahr-genommen wird, ist ein Kontext, ein Umfeld geschaffen, das es ermöglicht aus der symbiotischen Umklammerung wieder frei zu werden.
[438] *Reife Liebe erwartet nichts, sondern gibt Liebe, weil das „Objekt" der Liebe dieser würdig ist, nicht aus Verdienst oder Taktik.*

Auch ein ökologischer Heimatbegriff grenzt ab, aber nicht aus. Für ihn sind alle Elemente konstitutiv und in ständiger Wechselbeziehung. Abgrenzte Teile gehören zur Umwelt des Systems, werden also nicht ausgeschaltet oder (mental bis real) vernichtet. Inklusion bedeutet daher, all das mit hereinzunehmen, was einer auch evolutionären Entwicklung dient

Gefühlvoll – die Basis der Moral?

In der von mir im letzten Teil formulierten Gegenüberstellung wird auch eine Besonderheit deutlich. Philipp Hübel bezog sich im Rahmen eines Gesprächs zu „Gefühlvoll – die Basis der Moral?" auf Erkenntnisse, nach denen sich Menschen sich auf Grundprinzipien, verlassen die – empirisch weltweit überprüft – allerdings jeweils unterschiedlich ausgeprägt sind.[439] Dabei zeigen sich zwei zunächst gegenläufige Tendenzen. Die eine ist eher liberal und individualistisch, die andere eher traditionell-konservativ und kollektivistisch geprägt. Die eher liberale Variante steht für die Grundprinzipien „Fürsorge – Fairness – Freiheit". Der traditionell-konservativen Variante sind die „Grundprinzipien „Autorität – Loyalität – Reinheit" eigen.

Wenn Heimat „Gutes Leben für alle" bedeutet, dann sind Fürsorge verbunden mit Diskriminierungsverbot, Einsatz für Schwache und sich kümmern, Fairness mit der gerechten Verteilung von Gütern und Chancen und Freiheit mit Autonomie, nicht eingeschränkt sein zu sein.

In eher kollektivistisch und / oder traditionell geprägten Gesellschaften und Milieus wird Autorität mit einer klaren Sozialhierarchie, die eindeutig zwischen oben und unten unterscheidet und in der fast immer der Mann das bestimmende Element ist, deren Forderungen Frauen und Kinder zu gehorchen haben, also das klassische Patriarchat bestimmend sein. Verbunden damit ist auch die Vorstellung einer klaren staatlichen Hierarchie. Zu

---

439 *Im Rückgriff auf die Sendung „Gefühlvoll – die Basis der Moral?" Ein Gespräch im Rahmen des „Philosophischen Radios" vom 21. 06. 2019 mit Studiogast Philipp Hübel; Moderation: Jürgen Wiebicke, wdr 2019*

diesen Vorstellungen gehört auch die uneingeschränkte Forderung nach Loyalität, die sich aus dem Verhältnis Innengruppe – Außengruppe definiert und damit festlegt, wer zur Gruppe gehört. Mit diesen fühlt man sich verbunden, Außenstehende werden mit Vorsicht behandelt bis hin zur Abwertung. Als Drittes geht es um Vorstellungen von Reinheit. Die Verletzung der vorgegebenen Reinheitsprinzipien z.B. zu Themen wie Leben-Tod, Abtreibung, Sexualität vor der Ehe, Masturbation etc. wie in den klassischen traditionellen Denkschemata üblich, werden gruppenintern und mit dem Anspruch der überlegenen Moral auch an Außenstehenden geahndet.

Gemeinsam ist beiden Auffassungen: Menschen reagieren auf Verletzungen ihrer Prinzipien mit moralischem Zorn und Empörung[440]. Auch in den Widersprüchen eines axiomatischen zu einem ökologischen Heimatverständnis.

Heimat, Ökologie und die politische Rechte

Der Heimatbegriff wird zunehmend auch von dem rechten Spektrum bis zu den Neu-Nationalisten mit Ökologie in Verbindung gebracht. Es ist aber die für die Rechte typische Argumentationsweise, die Festlegung von normativen Standards, die gerade keine Vielfalt und Entwicklung zulassen. Vielfalt, Entwicklung und offene Evolution sind jedoch die konstituierenden Elemente von Ökologie.

Ich lege bei meinen Ausführungen einen Querschnitt aus rechtsnationalen Zeitschriften zugrunde sowie deren Rezensionen. „Ökologie ist rechts" ist ein Artikel des 2016 verstorbenen Autors Norbert Borrmann überschrieben, indem er bedauert, dass die Rechte sich ihre Traditionslinie hat wegnehmen lassen. Hier, wie an anderen Stellen auch, kommt das eingeschränkte und normative Verständnis von „Ökologie als Natur" zum Tragen.

---

[440] *Vgl. dazu Beck, Ulrich 2017. Hier vor allem der Gedanke, dass die Normverletzung erst die Norm schafft.*

In allen Artikeln geschieht eine Auseinandersetzung mit den GRÜNEN. Nicht ihr ökologisches Programm, sondern eine tatsächliche oder zugeschriebene Ideologie wird kritisiert. Die Auseinandersetzung wiederum geschieht nicht auf einer faktenbasierten Argumentation, sondern in eben ideologischer Art. So heißt es unter anderem, da die „Gender-Lehre" als auch Homosexualität gegen die Naturgesetze verstoßen würden, seien die Grünen offensichtlich keine Naturschutzpartei, sondern eine „Mogelpackung". Auch die „Erhaltung der deutschen Art" gilt als Naturschutz. Umweltschutz ist auf diese Weise potenziell anschlussfähig an rechte Kernthemen wie völkischer Nationalismus, Migration, Antisemitismus oder Geschlechterpolitik.

Zugrunde gelegt wird allerdings ein romantischer Naturbegriff, der mit einem konservativen und axiomatischen Heimatbegriff verknüpft wird und damit der Abgrenzung zu anderen politischen Spektren dient. Auch die rechten Ansätze sprechen oft davon, dass der Mensch als Teil eines „ganzheitlichen Ansatzes" gedacht wird, bei dem allerdings der Mensch sich der Natur und den vermeintlich naturgegebenen Tatsachen unterzuordnen habe. Hier werden antimoderne Ansätze mit Umweltschutz zu antiegalitären Ideen verwoben. Auch die perfide Verknüpfung von Naturschutz mit ethnischen Konzepten wird hergestellt, indem „Völker" wie Tierarten in ihrem angestammten Lebensraum zu schützen sind, jedoch zur Gefahr werden, wenn sie ihren Lebensraum verlassen. (Gilt dies auch, wenn die Rechten dies tun?). Die NPD hat es auf einen einfachen Nenner gebracht: „Umweltschutz ist Heimatschutz", was bei dieser Partei heißt: es ist ihnen ein „Herzensanliegen von uns Nationalisten" und deshalb sollten „die heimischen Wälder von Müll befreit werden". Kann man es noch lächerlicher machen?

Der Klimawandel ist ein wiederkehrendes Thema auch in der rechten Presse, allerdings wird der menschengemachte Klimawandel ebenso wie der Treibhauseffekt geleugnet, vielmehr u.a. auf eine verstärkte Sonneneinstrahlung zurückgeführt (wenn das so ist, kann man ja auch mal nachfragen, woher dies kommt: Ozonloch und andere Phänomene). Konsequenterweise werden damit auch regenerative Energien abgelehnt.

Besonders hasserfüllt gerät Greta Thumberg in den Fokus als »Ikone einer postchristlichen Ersatzreligion«. Auffällig sind auch die offen antisemitischen, besser antijüdischen Kommentierungen. Zum einen wird wieder die „jüdische Weltverschwörung“ aus der Mottenkiste geholt und zum anderen der Lieblingsfeind der Rechten, der Philanthrop, was Menschenliebender meint, George Soros angegriffen. „Das zentrale Narrativ, an welchem sich das Thema aufspannt, ist die Mär einer internationalen jüdischen Verschwörung gegen Deutschland. Diese versuche mit Hilfe der Energie- bzw. Umweltpolitik und den von ihr dominierten Medien ihre finsteren Machenschaften zu treiben.“

Auch der von mir hier in die Diskussion eingebrachte Begriff der Beheimatung wird in der rechten Presse benutzt: den Landschaftsschutz und das „sich Beheimaten in einer bestimmten Natur“. Diese „Beheimatung“ präge die „Seelenlandschaft“ des Menschen, wie Falter an anderer Stelle schreibt. Falters Naturbegriff ist zutiefst biologistisch, etwa, wenn er die Zweigeschlechtlichkeit als Naturtatsache benennt oder mit Rückgriff auf Hans Blüher von zwei Menschenarten ausgeht, den „Vollmenschen“ und den „Menschengesichtigen oder Attrappe(n)“.

Welchen Sinn hat in diesen Ausführungen Heimat? Zunächst kommt Heimat erwartungsgemäß nicht als konkreter Ort oder Beziehung vor, sondern in der normativen Pauschalisierung und Abgrenzung. Zudem ist sie mit einem undifferenzierten, starren Konzept von Natur verbunden. Es ist ein ländliches Bild von Heimat, wie sich u.a. bei Borrelmann in der Abgrenzung zu den GRÜNEN zeigt: „Die »Grünen« sind Großstadtpflanzen, Kinder des Asphalts, nicht der Natur. Ganz im Gegensatz zu den genuin rechten Ökologen“. Und wie es sowohl historisch als auch aktuell festzustellen ist, die Rechtsnationalisten belegen positiv konnotierte Begriffe mit ihren Erklärungen. Damit geben sie sich den Anstrich, die Tradition zu wahren und gleichzeitig auf der Höhe der Zeit zu sein.

Der Sinn von Heimat ist für diese Kreise ein Etikett, das in der Unbestimmtheit und in Verbindung mit einer totalitären Engführung des Begriffs Ökologie über all die menschenverachtenden Behauptungen geklebt wird. Es sind die „Pril-Blümchen" der 6oger Jahre: Man kann sie überall hinkleben, sie haben keinen Charakter, aber man kann wunderbar Macken vertuschen oder von anderen Hässlichkeiten ablenken.

LITERATURVERZEICHNIS[441]

Anderson, Thorsten: *Die Suffixbildung in der altgermanischen Toponymie, in: Suffixbildungen in alten Ortsnamen, Hrsg. Anderson, Thorsten und Eva Nyman, Uppsala 2004*

Barz, H. / Tippelt, R.: *Weiterbildung und soziale Milieus in Deutschland Hrsg. Deutsches Institut für Erwachsenenbildung; Bertelsmann, Gütersloh 2007*

Bastian, Andrea: *Der Heimat-Begriff. Eine begriffsgeschichtliche Untersuchung in verschiedenen Funktionsbereichen der deutschen Sprache, Max Niemeyer Tübingen 1995*

Bateson, Gregory: *Ökologie des Geistes, suhrkamp tabu wissenschaft, Frankfurt 1990*

Bauer, Leonhard et al.: *Evolution – Organisation – Management; Duncker & Humblodt, Berlin 1989*

Bausinger, Hermann: *Heimat in einer offenen Gesellschaft - Begriffsgeschichte als Problemgeschichte, in: J. Kelter (Hrsg.), Die Ohnmacht der Gefühle. Heimat zwischen Wunsch und Wirklichkeit, Weingarten 1986*

Bausinger, Hermann: *Heimat? Heimat! – Heimat als Aufgabe, in: „der blaue reiter" – Journal für Philosophie*

---

[441] *Engagierte Positionen der hier aufgeführten Autoren haben stellenweise dazu geführt, dass ich nicht nur ihre Ansichten, sondern auch Formulierungen in meinen Ausführungen übernommen habe. Ich bitte diese daher, mir dies nachzusehen und als ein Zeichen der Zustimmung und Übereinstimmung anzusehen. Zitate sind als solche gekennzeichnet.*

Ausgabe 23; (1/ 2007) omega verlag, Hrsg. Siegfried Reusch

Bausinger, Hermann: Heimat und Identität, in: Bausinger, Hermann/Köstlin, Konrad (Hrsg.): Heimat und Identität, Neumünster 1980

Beck, Ulrich: Die Metamorphose der Welt, Suhrkamp Berlin 2017

Becker, Peter: Sinnfindung als zentrale Komponente seelischer Gesundheit, in: Längle, Alfried, Wege zum Sinn, Bern 1975

Bloch, Ernst: Das Prinzip Hoffnung. Werkausgabe. Band 5 Frankfurt/Main, Suhrkamp 1985

Bongarts, Gregor: Sinn, transcript-Verlag, Bielefeld 2012

Borrmann, Norbert: Warum rechts? Vom Wagnis, rechts zu sein, Regin-Verlag, Kiel 2011,

Brecht, Bertolt: Geschichten. Berlin / Weimar: Aufbau Verlag 1975

Bronfenbrenner, Urie: Ökologie der menschlichen Entwicklung,– Fischer Frankfurt/Main 1981

Bundesregierung: Lebenslagen in Deutschland - Der Sechste Armuts- und Reichtumsbericht der Bundesregierung

Creydt, Meinhard: Die-heimatfeindliche-Ausrichtung-der-AfD, telepolis https://www.heise.de/tp/features, 21. August 2018

de Vries, Catherine E. u.a.: Die Macht der Vergangenheit - Wie Nostalgie die öffentliche Meinung in Europa beeinflusst, Bertelsmann Stiftung, Gütersloh 2018

Decker, Oliver u.a.: Flucht ins Autoritäre – Leipziger Autoritaris-
mus Studie, psychosozialverlag Gießen 2018

Deterling, Detlef: Welche Strategien verwenden die Rechten mit
ihrer Sprache? Zur Rhetorik der AfD in FR
vom 28.11.2018

Dettling, Daniel: Populisten sind nützlich, SZ vom 23. 01.2019

de Vries, Catherine E. u.a.: Die Macht der Vergangenheit - Wie Nostalgie
die öffentliche Meinung in Europa beeinflusst,
Bertelsmann Stiftung, Gütersloh 2018

Deterling, Detlef: Welche Strategien verwenden die Rechten mit
ihrer Sprache? Zur Rhetorik der AfD, in: FR
vom 28.11.2018

Dorren, Gaston: Sprachen - Eine verbale Reise durch Europa,
Süddeutsche Zeitung Edition, Berlin 2017

Dworkin, Ronald Religion ohne Gott, Suhrkamp, Berlin 2014

Erikson, Erik H.: Jugend und Krise - Die Psychodynamik im
sozialen Wandel, Klett Verlag, Stuttgart 1974

Ernst-Bloch-Zentrum: Talk bei Bloch - Heimat als Utopie vom 9.
März 2017, www. youtube.com/ watch?v=
86HT sie7 EVA

FAZ Grünen-Politiker Habeck will Begriff Heimat
nicht AfD überlassen, in: FAZ vom 06. 10. 2017

Flöer, Michael: Die Ortsnamen des Kreises Olpe Verlag für Regionalgeschichte, Bielefeld 2014

Frankl, Victor: Der leidende Mensch - Anthropologische
Grundlagen der Psychotherapie, Huber, Bern
1984

Franz, Albert et.al.:   *Lexikon philosophischer Grundbegriffe der Theologie, Freiburg: Herder 2003*

Freire, Paulo: *Erziehung als Praxis der Freiheit; Kreuz Verlag, Stuttgart 1974*

Friesen, Anton   *facebook.com/afdimbundestag/posts/345315819385269? comment_id= 346491865934331*

Frisch, Max: *Die Schweiz als Heimat – Vortrag, https://www.youtube.com/watch*

Fromm, Erich: *Die Kunst des Liebens, Ullstein, Frankfurt 1980*

Fromm, Erich: *Die Furcht vor der Freiheit, Europäische Verlagsanstalt Frankfurt 1980*

Gatterer, Harry: *Die Welt tendiert zur Komplexität in: https://www.zukunftsinstitut.de/artikel/die-welt-tendiert-zur-komplexitaet*

Goethe, J.W. von: *Gedenkausgabe der Werke, Briefe und Gespräche, Zürich und Stuttgart 1948, Bd. 13,*

Graf, Friedrich Wilhelm: *Die Wiederkehr der Götter: Religion in der modernen Kultur, München 2004*

Greverus, Ina-Maria: *Der territoriale Mensch. Ein literaturanthropologischer Versuch zum Heimatphänomen, Frankfurt/Main: Athenäum 1972*

Greverus, Ina-Maria: *Auf der Suche nach Heimat – München 1979*

Grimm, Jacob u. Wilhelm: *Deutsches Wörterbuch von Jacob Grimm und Wilhelm Grimm, digitalisierte Fassung im Wörterbuchnetz des Trier Center for Digital Humanities, Version 01/21,*

Gröner, Anke:

Heimat ist überall - Der Heimatbegriff in Weblogs und auf Instagram – Ludwig-Maximilians-Universität München Historisches Seminar Abteilung Neueste Geschichte und Zeitgeschichte, München 2015

Gross, Rainer:

Heimat - Gemischte Gefühle - Zur Dynamik innerer Bilder, Göttingen 2019

Habermas, Jürgen:

Auch eine Geschichte der Philosophie, Berlin 2019; 2 Bände

Hammer. Dominik:

My home is my castle - Rechtspopulistische Heimatbegriffe, in: Heimat finden - Heimat erfinden - Politisch-philosophische Perspektiven, Paderborn 2017

Hemel, U. / J. Manemann:

Heimat finden - Heimat erfinden - Politisch-philosophische Perspektiven, Paderborn 2017

Hemel, U. / J.Manemann:

Heimat und personale Selbstbildung - eine pädagogische Reflexion, in: Heimat finden - Heimat erfinden, Paderborn 2017

Höhn, Hans-Joachim:

Befremdliche Nähe - Typologie und Topologie prekärer Beheimatung, in: Heimat finden - Heimat erfinden, Paderborn 2017

Höhn, Hans-Joachim:

Zeit-Diagnose - Theologische Orientierung im Zeitalter der Beschleunigung, Darmstadt 2006

Horster, Detlef:

Jürgen Habermas – Darmstadt, 2010

Horx, Matthias:

Digitalisierung wird übertrieben dpa, erschienen u.a. bei Zeit-online; https://www.zeit.de/news/2017-12/29

Hradi, Stefan:	*Soziale Milieus - eine praxisorientierte Forschungsperspektive, - in: Aus Politik und Zeitgeschichte apuz/29426 Bundeszentrale für Politische Bildung, Bonn 2006*

Huber, Wolfgang:	*Mit Gott und allen Agnostikern - Ausgenüchtert, nicht farbenblind: Jürgen Habermas will den Dialog von Glauben und Religionskritik. DIE ZEIT Nr. 51/2012*

Hübel, Philipp	*Gefühlvoll – die Basis der Moral? Ein Gespräch im Rahmen des „Philosophischen Radios" vom 21. 06. 2019; Moderation: Jürgen Wiebicke, wdr 2019*

Hürlimann, Kaspar:	*Zur Sinnfrage in der Philosophie, in: Krömler, Hans: Horizonte des Lebens – zur Frage nach dem Sinn des Lebens, Zürich: Benzinger 1976*

Irchenhauser, Maria Regina: *Heimat im Spannungsfeld Globalisierung – Promotionsarbeit an der Queen's University Kingston, Ontario, Canada (September, 2009)*

Jantsch, Erich:	*Die Selbstorganisation des Universums – Vom Urknall zum menschlichen Geist, München 1986*

Joas, Hans:	*Religion als Integrationshindernis, in: Heimat finden - Heimat erfinden, Paderborn 2017*

Joas, Hans:	*Die Macht des Heiligen – Eine Alternative zur Geschichte der Entzauberung, Berlin 2019*

Joas, Hans:	*Extra 01 Gespräch mit Hans Joas, Funkkolleg Religion Macht; Hessischer Rundfunk 29.12.2018*

Jung, C.G.:	*Die Beziehungen zwischen dem Ich und dem Unbewussten, dtv, München 1990*

Kast, Verena: Der schöpferische Sprung - vom therapeuti-
                               schen Umgang mit Krisen, München 1989

Kast, Verena: Wege aus Angst und Symbiose - Märchen psy-
                               chologisch gedeutet, Olten 1982

Katholische Sozialethische Arbeitsstelle: Die Sinus-Milieus – ein sozialwis-
                               senschaftliches Instrument für die pastorale
                               Arbeit, Hamm; 2006

Kelter, J. (Hrsg.):   Die Ohnmacht der Gefühle. Heimat zwischen
                               Wunsch und Wirklichkeit, Weingarten 1986.

Klammer, Bruno: Projekttheologie, Distel Verlag, Bozen 1994

Knapp, Markus: Glauben und Wissen bei Jürgen Habermas -
                               Religion in einer „postsäkularen" Gesellschaft
                               in „Stimmen der Zeit" Herder Verlag;
                               1.4.2008

Knoblauch, Hubert: Religiöser Pluralismus und unsichtbare Reli-
                               gion in der säkularen Gesellschaft
                               https://core.ac.uk/download/pdf

Knoblauch, Hubert: Die Verflüchtigung der Religion ins Religiöse
                               Thomas Luckmanns Unsichtbare Religion Vor-
                               wort zu Luckmann, Thomas: Die unsichtbare
                               Religion, Berlin 1991

Köhrsen, Jens: Religion ohne Religion? - Säkularisierung als
                               Ausbreitungsprozess funktionaler Äquivalente
                               zur Religion. Theologische Zeitschrift, Jg. 70,
                               Basel 2014

Korff, Wilhelm: Norm, in: Lexikon für Theologie und Kirche,
                               Bd. 7. Herder, Freiburg 2006

Krömler, Hans: Horizonte des Lebens. Zur Frage nach dem
                               Sinn des Lebens, Benzinger Zürich 1976

Kronenberg, Volker: *Heimat bilden – Herausforderungen - Erfahrungen – Perspektiven Handreichung zur Politischen Bildung, Band 25 konrad-adenauer-stiftung e. V. 2018*

Kruip, Gerhard: *Die Einheit der Menschheitsfamilie und die Rechte der Migranten, in: Heimat finden - Heimat erfinden, Paderborn 2017*

Längle, Alfried: *Wege zum Sinn, München: Piper 1985*

Lange. Annalina: *Das politische Konzept ‚Heimat' Populismus, AfD, CSU, Innenministerium, www.pop-zeitschrift.de 2017*

Lilla, Mark: *Der Glanz der Vergangenheit - Über den Geist der Reaktion Zürich 2018*

Luckmann, Thomas: *Die unsichtbare Religion Berlin 1991*

Luckmann, Thomas: *Religiöse Strukturen in der säkularisierten Gesellschaft. In: BZW-Information 12, Stuttgart VIII (1964)*

Luhmann, Niklas: *Die Gesellschaft der Gesellschaft, Frankfurt 1998*

Luhmann, Niklas: *Soziale Systeme - Grundriss einer allgemeinen Theorie, Suhrkamp, Frankfurt 1991*

Luhmann, Niklas: *Die Religion der Gesellschaft, Suhrkamp, Frankfurt 2000*

Luhmann, Niklas: *Das Medium der Religion Eine soziologische Betrachtung über Gott und die Seelen www.soziale-systeme.ch/pdf/luhmann1.pdf*

Machovec, Milan   *Jesus für Atheisten, Klett, Stuttgart 1983*

Manemann, Jürgen: Wieviel Heimat braucht der Mensch? (Jean A-méry) - Reflexionen nach Auschwitz, in: Heimat finden - Heimat erfinden – Paderborn 2017

Mann, Ulrich: Schöpfungsmythen – Vom Ursprung und Sinn der Welt, Kreuz, Stuttgart 1982

Matis, Herbert: Systemansatz und Evolutionsgedanke in: Bauer, Leonhard und Matis, Herbert – Evolution – Organisation – Management; Duncker & Humblodt, Berlin 1989

Meuthen, Jörg u.a.:   Programm für Deutschland – Grundsatzprogramm der Alternative für Deutschland - 2016

Merkel, Wolfgang: Interview mit Peter Lindner, Eine kulturelle Trennlinie durchschneidet Deutschland – Süddeutsche Zeitung vom 25. 07. 2018

Merkel, Wolfgang: So spaltet die Globalisierung die Gesellschaft – Cicero 03.02. 2016

Messner, Reinhold: Heimat, deine Klischees, in: Messner, Reinhold (Hrsg.) Die Option: 1939 stimmen 86% der Südtiroler für das Aufgeben ihrer Heimat, warum?; ein Lehrstück in Zeitgeschichte, München: Piper 1989, akt. Neuausgabe 1995,

Meyer, Thomas: Fundamentalismus - Aufstand gegen die Moderne, Rowohlt, Hamburg 1989

Milanesi, Giancarlo: Religionssoziologie, Benziger Zürich 1976

Mittelstraß, Jürgen: Wer will bezweifeln, dass die Hasen vor der Tür auch ohne uns herumlaufen? in: Reusch, Siegfried: Der Zauber des Denkens - Gespräche über Philosophie; Darmstadt 2012

Mitzscherlich, Beate: *Heimat als sozialer Raum- Heimat als Raum des Sozialen, philosophie.ch, swiss portal for philosophie*

Müller-Gerbes, Sigrun: *Themenwoche Heimat: Interview mit dem Politologen Wolfgang Merkel – Neue Westfälische 23.10.2017*

Nassehi, Armin: *Die empirische Heimatlosigkeit in der Moderne, in: Heimat finden - Heimat erfinden - Politisch-philosophische Perspektiven, Paderborn 2017*

Oberdorfer, Bernd: *Kontingenzformel Gott in: Günter Thomas u.a. Luhmann und die Theologie Darmstadt 2006*

Oeser, Erhard: *Die Angst vor dem Fremden, Theis Verlag, Darmstadt 2015*

Oxfam Deutschland e. V: *Wie die Corona-Pandemie soziale Ungleichheit verschärft und warum wir unsere Wirtschaft gerechter gestalten müssen – Das Ungleichheitsvirus, Januar 2021*

Papasabbas, Lena u.a.   *Progressive Provinz & Rural Cities Zwischen der Sehnsucht nach Landleben und Urbanität als Mindset, Zukunftsinstitut Wien, https://www.zukunftsinstitut.de/artikel/wohnen/progressive-provinz-rural-cities*

Peinbauer, Rene: *Zurück in die Antiheimat, Wien 2007 https://www.univie.ac.at/germanistik/publikation/zurueck-in-die-anti-heimat*

Pöttering, Hans-Gert: *Wir sind Heimat. Annäherungen an einen schwierigen Begriff, St, Augustin: Konrad-Adenauer-Stiftung 2012*

Pollak, Detlef

Der historische Wandel des Kontingenzbegriffs als funktionales Bezugsproblem von Religion, in: K.S. Rehberg (Hrsg.), Die Natur der Gesellschaft, Frankfurt am Main 2008

Prahl, Eckhart:

Das Konzept Heimat. Eine Studie zu deutschsprachigen Romanen der 70er Jahre unter besonderer Berücksichtigung der Werke Martin Walsers, Peter Lang Frankfurt/Main 1993

Radl, Walter:

Parusie, in: Lexikon für Theologie und Kirche, Bd. 7, Herder, Freiburg 2006

Recki, Birgit:

„Transzendentale Heimatlosigkeit" und „exzentrische Positionalität" - Ein kritischer Blick auf die Situation des (modernen) Menschen, in: Heimat finden - Heimat erfinden, Paderborn 2017

Rehberg K.S. (Hrsg.),

Die Natur der Gesellschaft: Verhandlungen des 33. Kongresses der Deutschen Gesellschaft für Soziologie in Kassel 2006. Teilbd. 1 u. 2 (S. 1001-1012). Frankfurt am Main 2008

Reusch, Siegfried:

Der Zauber des Denkens – Gespräche über Philosophie; Darmstadt 2012

Rosa, Hartmut:

Hartmut Rosa über Resonanz; https://www.resonanz.wien/blog/hartmut-rosa-ueber-resonanz/

Ruh, Ulrich

Säkularisierung-II Geistesgeschichtlich, in: LThK Bd. 8, Herder Freiburg 2006

Schäfer, Sebastian:

Religiöser Pluralismus und unsichtbare Religion in der säkularen Gesellschaft (Berger, Luckmann) in: Schmidt, Thomas et. al.: Religion und Säkularisierung.

Scharnowski, Susanne: Heimat - Geschichte eines Missverständnisses, Darmstadt 2019

Scheffer, Christoph: Gespräch mit Hans Joas, Religionsphilosoph und Soziologe – Funkkolleg Religion Macht Politik am 29.12.2018; Hessischer Rundfunk

Schlink, Bernhard: Heimat als Utopie. Frankfurt / Main: Suhrkamp 2000

Schmidt, Thomas et. al.: Religion und Säkularisierung: ein interdisziplinäres Handbuch / hrsg. von Thomas M. Schmidt und Anette Pitschmann Stuttgart / Weimar: Metzeler 2014

Schöbel, Sarah: Mundart und "Heimat to go". Dialekt als identitäts- und kultur-stiftendes Medium. Magisterarbeit, Otto-Friedrich-Universität Bamberg, 2012

Schüle, Christian: Heimat, ein Phantomschmerz, München 2017

Schüler, Sebastian: Religiöser Pluralismus und unsichtbare Religion in der säkularen Gesellschaft (Berger, Luckmann), http://dx.doi.org/10.15496/publikation-39799

Seehofer, Horst: Migration ist die Mutter aller Probleme; in: Spiegel online 05. 09. 2018

Seitz, Janine u.a.: 4 Thesen zur Stadt der Zukunft, Zukunftsinstitut Österreich, Wien, 2018;

Sinus Sociovision: Repräsentativuntersuchung der Lebenswelten von Menschen mit Migrationshintergrund in Deutschland - SINUS Markt- und Sozialforschung GmbH, Heidelberg 2018

Sinus Sociovision: „Die Sinus Milieus", 2015-09-23_Sinus-Bei-trag_b4p2015_slide (1);

Sinus Sociovision: „Der soziokulturelle Wandel in Deutschland", 2008;

Sinus Sociovision: „Informationen zu den Sinusmilieus 2015 / 2016";

Sinus Sociovision: „Sinus-Migrantenmilieus® 2018: Repräsenta-tivuntersuchung der Lebenswelten von Menschen mit Migrationshintergrund in Deutschland" 2017;

Sinus Sociovision: „Sinusmilieus 50+ Deutschland – Die Lebenswelt der Generation 50+"

Sinus Sociovision: „Religiöse und kirchliche Orientierungen in den Sinus-Milieus® 2005"

Hrsg. Sinus Sociovision / SINUS Markt- und Sozialforschung GmbH, Heidelberg;

Sloterdijk, Peter: Nach Gott, Berlin 2017

Sloterdijk, Peter: Philosophie als Zivilisationspädagogik in: Reusch, Siegfried: Der Zauber des Denkens – Gespräche über Philosophie; Darmstadt 2012

Spatscheck, Christian: Theorie- und Methodendiskussion. In: sozialraum.de (1) Ausgabe 1/2009

Speck, Josef: Person, in: dslb. Handbuch Pädagogischer Grundbegriffe, Kösel München 1970

Stier, Fridolin: Das Neue Testament, Düsseldorf 1989

Tanner, Jakob: Die Schweiz als Heimat? 44 Jahre nach dem Vortrag von Max Frisch, Zürich 2018

Thomas, Günter u.a.   *Luhmann und die Theologie, Darmstadt 2006*

Traub, Rainer u.a.:   *Gespräche mit Ernst Bloch; Frankfurt am Main: Suhrkamp 1985*

Ulrich, Hans u.a.:   *Anleitung zum ganzheitlichen Denken und Handeln - Brevier für Führungskräfte, Bern 1990*

Vehrkamp, Robert u.a.:   *Populäre Wahlen - Mobilisierung und Gegenmobilisierung der sozialen Milieus bei der Bundestagswahl 2017 Bertelsmann Stiftung, Gütersloh, Oktober 2017*

Verweyen, Hansjürgen: *Sinn. Fundamentaltheologisch in Lexikon für Theologie und Kirche, Freiburg: Herder 2006, Band 9*

Wächter, Jörg Dieter: *Beheimatung als Erziehungsaufgabe? Heimat und Beheimatung in: Heimat finden - Heimat erfinden – Paderborn 2017*

Wassilowski, Günther: *Dogma in Franz, Albert u.a. – Lexikon philosophischer Grundbegriffe der Theologie Freiburg 2003.*

Wendel, Saskia   *Heimat ist ein Gefühl - und das durch die Zeit pilgernde Volk Gottes nirgendwo zuhause in: Heimat finden - Heimat erfinden Paderborn 2017*

Wendel, Saskia: *Kontingenz – in: Lexikon philosophischer Grundbegriffe der Theologie, Darmstadt 2003;*

Wolf, Walter: *Zur Didaktik der Politischen Bildung Bundeszentrale für Politische Bildung Bonn 1983*

Zudeick, Peter: *Heimat.Volk.Vaterland Eine Kampfansage an Rechts, Frankfurt 2018*